DESTINAZIONE SANTIAGO

Sandro Lusini

Prefazione di Franco Cardini

MORONI
editore

Perchè tu non possa
dimenticare
quante cose ci sono ancora
da insegnarmi
sulle stelle e sulla vita

- In copertina: Cammino francese, *meseta* dopo Hontanas.
- Le foto sono dell'autore.

- www.parrocchieportosantostefano.it
- hasta.siempre@tiscali.it

Progetto Moroni Editore

Grafica e Impaginazione
Roberta Nelli

Moroni Editore
Via Monte Pertica 14/a
58100 Grosseto GR
Tel. 0564.453073

www.moronieditore.it
info@moronieditore.it

Finito di stampare nel mese di Maggio 2012
Stampato in Italia

INDICE

Camminiamo la speranza

Partire è anzitutto uscire da sé,
rompere quella crosta di egoismo
che tenta di imprigionarci nel nostro io.
Partire è smetterla di girare in tondo attorno a noi
come se fossimo al centro del mondo e della vita.
Partire è non lasciarsi chiudere negli angusti problemi
del piccolo mondo cui apparteniamo.
Qualunque sia l'importanza di questo nostro mondo
l'umanità è più grande ed è essa che dobbiamo servire.
Partire non è divorare chilometri,
attraversare i mari, volare a velocità supersoniche.
Partire è anzitutto aprirci agli altri,
scoprirli, farci loro incontro.
Aprirci alle idee, comprese quelle contrarie alle nostre,
significa avere il fiato di un buon camminatore.
Felice chi comprende e vive questo pensiero:
"Se non sei d'accordo con me, tu mi fai più ricco".
Aver vicino a sé un uomo che sa dire solo
"AMEN",
che è sempre d'accordo già prima che glielo chieda
e incondizionatamente, non è avere un compagno,
ma un'ombra.
E' possibile viaggiare da soli, ma un buon camminatore
sa che il grande viaggio è quello della vita
ed esso esige dei compagni.
Beato chi si sente eternamente in viaggio
ed in ogni prossimo vede un compagno desiderato.
Un buon camminatore
si preoccupa dei suoi compagni scoraggiati e stanchi,
intuisce il momento in cui cominciano a disperare,
li prende dove li trova,
li ascolta con intelligenza e delicatezza,
soprattutto con amore,
ridona coraggio e gusto per il cammino.
Andare avanti solo per andare avanti
non è vero camminare.
Camminare è andare verso qualche cosa,
è prevedere l'arrivo, lo sbarco.
Ma c'è cammino e cammino:
partire è mettersi in marcia
ed aiutare gli altri a cominciare la stessa marcia
per costruire un mondo più giusto ed umano!

(Helder Camara)

PREFAZIONE

La strada. Prima di tutto, la strada. Vi diranno che è un mezzo, uno strumento, non un fine. Che, come non l'uomo è fatto per il sabato bensì il sabato per l'uomo, allo stesso modo non il pellegrino è fatto per la strada, bensì la strada per il pellegrino.

Ma non è così. La strada è un percorso iniziatico, un itinerario ascetico. Non a caso, il suo simbolo più appropriato è il Labirinto. La strada ti prende, t'irretisce, ti cambia. Essa stessa è traguardo, essa stessa è fine. A molti praticanti del cosiddetto "turismo religioso" prigionieri dei dogmi utilitaristici della Modernità, pare che in fondo l'importante sia lo scopo ultimo: il Portico della Gloria e l'abbraccio con l'Apostolo si raggiungono anche comodamente in aereo. Certo, le vie della Provvidenza sono infinite: e alcune di esse possono ben essere aerovie. Ma il *Camino de Santiago* resta altra cosa. Il "turista religioso", o il "turista" *tout court,* possono anche accontentarsi. Ma per noialtri pellegrini il discorso è diverso. La strada è il caldo afoso della *Meseta* e la pioggia gelida del Cantabrico, è il vento che ti entra nelle ossa e l'ululato lontano che ti fa rabbrividire la sera, è il passo lento e scandito dai colpi della punta ferrata del bastone sulle pietre, è il sorso di vino e il boccone di formaggio mandati giù camminando, è la preghiera che ti sale da dentro e che ti si arresta a fior di labbra, è il misterioso compagno di strada che per un tratto ti si affianca e ti procura un sottile disagio, è il bruciore dell'unguento sulla piaga dell'alluce e quello del risvegliarsi della sciatica che ti percorre la coscia e ti fa spasimare. La strada è la luce e il calore dell'ospizio, quell'odore di zuppa di sapone e di sudore che t'invade le narici, i canti e le risate attorno al fuoco, il silenzio brumoso o stellato della notte quando sembra che la lontananza dello spazio e quella del tempo congiurino per farti sentire in un altro mondo. Angeli e dèmoni calcano il cammino accanto a te, sui tuoi passi, muti e instancabili.

Anch'io, come l'autore di questo libro, sono un vecchio pellegrino sulle vie di Galizia come su quelle di Terrasanta. Il *Camino,* certo non l'ho percorso in tutti i possibili modi: ma in molti, sì. A piedi, a cavallo, in auto, in pullman; solo, con pochi amici, con vaste e rumorose comitive di studenti, con l'austera compagnia di pochi religiosi o con quella di alcuni signori e signore di età matura e avanzata alla loro prima e forse unica esperienza, con giovani severi e disciplinati che ogni notte montavano le loro tende e ogni alba le ripiegavano alla maniera militare. Ho dormito in angusti e scomodi ospizi, all'aperto chiuso in un sacco a pelo, in splendide stanze di lussuosi *Paradores.* E anch'io, come don Sandro, ho imparato che ha ragione Antonio Machado, che il *Camino* in fondo non esiste ma che è il pellegrino a crearlo con il suo passo, camminando. Il *Camino* è unico e universale: eppure ciascuno ha il suo; e, una volta che lo hai percorso, ti accorgi che non lo abbandonerai mai più per tutta la vita, dovunque tu vada e qualunque cosa tu faccia.

Questo è un libro, a modo suo, molto umile ma anche molto ambizioso. E' un buon manuale di storia del pellegrinaggio e della devozione giacobea. E' una guida storico-artistico-devozionale attenta, accurata, esaustiva. E' un taccuino di viaggio, un diario come tanti ne sono stati scritti dai primi tempi del cristianesimo e – per Santiago – dal medioevo in poi. E' un esercizio di memoria e un espediente di terapia antinostalgica e uno strumento che serve a mantener vivo e intatto il ricordo.

Ma non ci si deve lasciar ingannare dal tono piano e dimesso di queste pagine. Questo libro è anche un impegnato prontuario di battaglia: che insegna a evitare le secche d'una religiosità sentimentale e generica, a contrastare le striscianti istanze consumistiche secondo le quali qualcuno tratta il pellegrinaggio come un balocco per sensazioni fra lo spirituale e l'estetizzante, a combattere le *tentazioni esoteristiche* alla Paulo Coelho e le fantasie *sincretistiche* tipo *new age.* Perché Modernità e Postmodernità sono a loro volta presenti lungo il *Camino* e possono tentarti e ammaliarti come il canto delle sirene: e tu devi tener ben salda la barra del tuo timone e ben fissi gli occhi sulla stella che t'indica la rotta. Il pellegrino cristiano è il vero Guerriero della Luce e Santiago lo guida vessillo al vento, come nella giornata del Clavijo. Uno che di pellegrinaggi s'intendeva non poco, il vescovo domenicano e agiografo Giacomo da Varazze - colui che alla fine del Duecento ha disteso l'anno liturgico nelle pagine della sua *Legenda aurea* -, lo ha detto chiaramente: in questa vita, siamo tutti come pellegrini in battaglia.

Il libro di don Sandro Lusini va letto prima di affrontare il pellegrinaggio lungo la *Via Lactea,* perché il *Camino* va intrapreso solo quando si è preparati a farlo. Va riletto poi giorno per giorno, pagina per pagina, accompagnando il ritmo dei propri passi e scoprendo le tappe che esso descrive in modo da essere ben consci sia di quelle che anche noi attraversiamo, sia di quelle alternative che lasciamo da canto, magari per la prossima volta. E magari va riletto dopo, una volta tornati a casa, magari giorno per giorno e tappa per tappa come un breviario, al fine di riflettere su un'esperienza che, a farla bene, dura tutta la vita.

Portate dunque con voi questo libro, nella vostra sacca da pellegrini segnata dalla *vieira* atlantica. E apprestatevi a un'esperienza che durerà qualche giorno, o magari alcune settimane, e che poi vi accompagnerà per sempre. *Ultreja!*

Franco Cardini

Firenze, 8 maggio 2012
Festa dell'Apparizione dell'Arcangelo Michele

INTRODUZIONE

Amare insieme l'andare e la meta

Caminante son tus huellas
el camino y nada màs:
caminante, no hay camino
se hace camino al andar[1]

A. Machado, *Cantares*

C'è nella vita di ognuno di noi un avvenimento, un episodio, un incontro che in qualche modo ti segna per il resto degli anni, forse anche ti condiziona. *Destinazione Santiago* è, in parte, il racconto di questo "imponderabile" che spesso si presenta nel cammino della vita, nel cammino di ciascuno. "*Magico è il viaggio che unisce l'ordinario all'impossibile*" è stato il titolo di una mostra fotografica di un pellegrino toscano che ha cercato di raccontare attraverso le immagini l'esperienza del Cammino di Santiago. Ho fatto anch'io tante foto in questi anni sulle vie dei pellegrini verso Compostella, ma le emozioni e i sentimenti che ancora oggi mi porto dentro sono più intensi e significativi di qualsiasi immagine. Questo libro è nato camminando, l'ho pensato durante le giornate di marcia, nei tanti momenti di silenzio e solitudine che ho vissuto. In questo cammino "unico" verso Santiago si compie la magia che lega l'ordinario con l'impossibile, o meglio l'ordinario col mistero. Il mistero di Dio, innanzitutto e soprattutto, perché è la relazione con Lui a dare consistenza alla nostra umanità e a rendere buona e giusta la nostra vita. E lungo il cammino è continuo e incessante il desiderio di Dio[2].

Sono stato a Santiago la prima volta nel 1989 per la IV° Giornata Mondiale della Gioventù, in pullman, coi giovani della mia diocesi attratti e affascinati come migliaia di altri giovani dalla figura e dal carisma del Papa Giovanni Paolo II. Più che l'incontro, già di per sé entusiasmante, fu il fascino di questa città che girammo nella notte, dopo la veglia al *Monte do Gozo*[3], che mi catturò. Quelle pietre di granito, quelle vie strette e al tempo stesso luminose, quella piazza straordinaria, quella cattedrale mi entrarono nel profondo. Sentii che stava sbocciando qualcosa di indescrivibile, una sensazione bella. Non riuscii

1 *Viandante sono tue le impronte, la via e nulla più: viandante non c'è un camino, si fa il cammino camminando.*
2 Cfr. AGOSTINO d'IPPONA, *Confessioni* I,1,1 "*Ci hai fatti per te, Signore, e il nostro cuore è inquieto fino a quando non riposa in te!*"
3 *Monte della Gioia*, così detto perché da lì gli antichi pellegrini scorgevano per la prima volta le torri della cattedrale

ad entrare nella basilica, per questo promisi a me stesso che sarei tornato prima o poi, con più calma.

Quel giorno è arrivato nel 1993, anno santo compostellano, quando insieme ad alcuni amici sacerdoti abbiamo percorso in bicicletta da Lourdes alcune tappe del famoso e per me allora sconosciuto "*cammino di Santiago*". Quella volta entrai nella cattedrale, una domenica mattina di fine estate, dopo una tappa quasi interamente sotto la pioggia. E rimasi a bocca aperta: il maestoso Portico della Gloria, il timpano con il Cristo dell'Apocalisse, l'albero di Jesse e la famosa impronta delle cinque dita di una mano che migliaia e migliaia di pellegrini lungo i secoli vi hanno lasciato a testimonianza di un amore e di una fede veramente grandi. E poi l'abbraccio, "*l'abrazo*" all'Apostolo sull'altare maggiore, la sua tomba, quel discendere nelle viscere della terra per onorare un discepolo, martire e amico del Signore. "*Amico del Signor*", non è solo uno dei tanti modi con cui viene chiamato San Giacomo dalla liturgia e dalla tradizione, è qualcosa di più. È un segno di fiducia, di affidamento, di confidenza che il pellegrino vanta nei confronti dell'umile pescatore di Galilea che si è fidato di Cristo e che ha portato "*fino agli estremi confini della terra*"[4] il suo messaggio di salvezza. Sono tornato poi a Santiago nel 1999, ultimo anno santo del secolo scorso, dopo un pellegrinaggio in bicicletta di otto giorni, da solo, gustando tappa dopo tappa il fascino di questa strada che ti conduce non solo verso una meta, verso una fine ma verso *il fine* stesso della vita, Gesù Cristo[5]. Ho cominciato ad amare insieme l'andare e la meta.

Finalmente nel 2001, insieme a due miei parrocchiani, ho fatto tutto il cammino a piedi da Roncisvalle a Santiago: un'esperienza indimenticabile. Giorni e giorni sotto il sole, un sole cocente come non mai. Poi la pioggia e il vento, diversi dolori ai piedi (le famigerate "*ampollas*", le vesciche ben note a tutti i pellegrini), alle ginocchia e alle spalle. Nell'intimo un'energia spirituale mai sperimentata, né in altri pellegrinaggi o ritiri o esercizi spirituali fatti in precedenza: 23 giorni nei quali ho provato e trovato una carica "interiore" unica, quasi irreale. Questo libro è in gran parte nato durante quel pellegrinaggio, anche se poi l'ho tenuto dentro di me fino ad oggi. Ogni pietra, ogni luogo, ogni passo del cammino era come un rivivere i fondamenti della fede cristiana, un nutrirsi continuamente dei "segni" di Dio; veramente come qualcuno ha scritto il cammino di Santiago è una "*geografia dello Spirito*", una sintesi (nel senso delle "*summe medievali*") straordinaria del Cristianesimo, un meraviglioso inno alla grazia divina.

Nel 1968, in pieno clima della contestazione e del rovesciamento dei valori più tradizionali, era uscito il film "*La Via Lattea*" del celebre regista spagnolo

4 At 1,8
5 Gv 14, 8 "*Io sono la via, la verità e la vita*"

Luis Buñuel: è il racconto di due pellegrini del secolo XX, Pierre e Jean, che viaggiano in direzione di Santiago, ma a ritroso nel tempo attraverso i secoli e le varie manifestazioni eretiche alle quali hanno dato luogo i principali dogmi cristiani. La via lattea si prospetta quindi come una parabola surrealista sull'umanità cristiana colta nello sviluppo della sua storia religiosa ed esemplificata nella sua tipologia fondamentale, l'ateo (Pierre) e il credente (Jean) che in un certo senso coesistono in Buñuel stesso. Il film narra le aberrazioni e le eresie della Chiesa cattolica che nel film vengono documentate con evidenti carenze storiche e teologiche fino alla "beffa" finale: i due pellegrini raggiungono la città dell'apostolo, deserta e senza pellegrini, e qui scoprono che il corpo di San Giacomo è stato sostituito da quello dell'eretico vescovo di Avila, Priscilliano[6]. Il film termina con Cristo in cammino che dà la vista a due ciechi e severamente ammonisce "*Non crediate che io sia venuto a portare la pace sulla terra. Non sono venuto a portare la pace, ma la spada*"[7].

Il film di Buñuel in qualche modo ha ispirato questo libro: toccando i luoghi più significativi del camino di Santiago ho voluto riflettere sulla realtà del cristianesimo oggi, all'inizio del terzo millennio. In questi anni sono stati pubblicati diversi saggi[8] sulla realtà e le sfide della fede cristiana oggi che in qualche modo testimoniano l'attualità di questo approccio. Oggi più che mai il cristianesimo è sotto inchiesta; sia all'esterno che all'interno della Chiesa assistiamo ad una continua messa in discussione delle verità cristiane fondamentali e della Chiesa stessa. Questa situazione è stata con un'analisi precisa e schietta messa in evidenza dal card. Ratzinger, oggi Papa Benedetto XVI, con il termine "dittatura del relativismo": «*Quanti venti di dottrina abbiamo conosciuto in questi ultimi decenni, quante correnti ideologiche, quante mode del pensiero... La piccola barca del pensiero di molti cristiani è stata non di rado agitata da queste onde – gettata da un estremo all'altro: dal marxismo al liberalismo, fino al libertinismo; dal collettivismo all'individualismo radicale; dall'ateismo ad un vago misticismo religioso; dall'agnosticismo al sincretismo e così via. Ogni giorno nascono nuove sette e si realizza quanto dice San Paolo sull'inganno degli uomini, sull'astuzia che tende a trarre nell'errore (cf Ef 4, 14). Avere una fede chiara, secondo il Credo della Chiesa, viene spesso etichettato come fondamentalismo. Mentre il relativismo, cioè il lasciarsi portare "qua e là da*

6 Priscilliano (Galizia 340ca -Treviri 385), figura controversa in vita e in morte, fu vescovo di Avila. Fondatore di un movimento ascetico e rigorista ma con posizioni eretiche in materia di fede (gnosi, manicheismo, negazione della divinità e dell'incarnazione di Cristo). Condannato dai vescovi spagnoli e denunciato all'Imperatore Magno Massimo, Priscilliano fu giustiziato a Treviri nel 385, nonostante le forti riserve di S.Martino di Tours, di S. Ambrogio e dello stesso Papa Siricio. Il priscillianesimo riuscì a sopravvivere fino al VI secolo, specialmente in Galizia.

7 Mt 10,34

8 Qualche titolo : Scoppola, *La nuova cristianità perduta*; Giussani, *Il senso religioso*; Ferrarotti, *Una fede senza dogmi*; Prini, *Lo scisma sommerso*; Rusconi, *Come se Dio non ci fosse*; Vattimo, *Dopo la cristianità. Per un cristianesimo non religioso*; Melloni, *Chiesa madre,chiesa matrigna*; Politi, *Il ritorno di Dio*; Onfray, *Trattato di ateologia*; Biffi, *Verità cristiane nella nebbia della fede*; Giorello, *Di nessuna chiesa. La libertà del laico*; Mucci, *I cattolici nelle temperie del relativismo*; Bianchi, *La differenza cristiana*; Lecaldano, *Un'etica senza Dio*; Augias-Pesce, *Inchiesta su Gesù*; Habermas, *Tra scienza e fede*; Girard-Vattimo, *Verità o fede debole? Dialogo su cristianesimo e relativismo*; Jervis, *Contro il relativismo*; Viano, *Laici in ginocchio*; Ruini, *Nuovi segni dei tempi*.

qualsiasi vento di dottrina", appare come l'unico atteggiamento all'altezza dei tempi odierni. Si va costituendo una dittatura del relativismo che non riconosce nulla come definitivo e che lascia come ultima misura solo il proprio io e le sue voglie»[9].

Le parole di Papa Benedetto mi hanno in qualche modo incoraggiato a mettere per scritto quella che era stata un'intuizione pellegrinando a Compostella sotto la spinta del film di Buñuel. Ripercorrere l'essenza del cristianesimo a partire dai "luoghi" del cammino di Santiago, coglierne il messaggio perenne quasi come un «*quinto evangelio*». Il cammino di Santiago non come un retaggio del passato ma quasi una mappa di orientamento nel labirinto della cultura contemporanea, dove l'esperienza cristiana tende ad essere emarginata, stravolta o addirittura ridotta al silenzio. In positivo, leggere il cammino di Santiago come un'eccellente catechesi, un'introduzione all'essenza della fede. Ecco allora la composizione di questo libro. La prima parte, "*Una strada pellegrina*", è un excursus sull'origine, lo sviluppo e la riscoperta attuale (qualcuno parla giustamente di "fenomeno" Santiago) del cammino di Santiago come via di pellegrinaggio della cristianità verso la tomba dell'apostolo Giacomo, pescatore di Galilea approdato nelle estremi regioni d'Europa come annunciatore del Vangelo. La seconda parte dal titolo "*L'avventura cristiana*", una via di mezzo tra diario e racconto interiore di un'esperienza ripetuta più volte nel corso degli anni, una riflessione a voce alta sul pellegrinaggio inteso come riscoperta della perennità della fede in continuo confronto e dialogo con l'avventura umana. La terza, "*Uno sguardo al futuro*", vuol essere una presa di posizione "critica" su come il Cammino di Santiago sia inteso e vissuto da molti, quasi una sorta di «trekking» naturalistico con risvolti pseudo mistici o da new age; non manca neanche una vena polemica, che nasce dall'esperienza maturata lungo i cammini verso Compostella, nei confronti della chiesa spagnola. Al di là di qualche lettera pastorale in occasione dei vari giubilei che si sono succeduti, mi è sembrato di intravedere, salvo rare eccezioni, un'assenza pastorale lungo il cammino sia per quanto riguarda le persone (sacerdoti, religiosi o laici) sia sul fronte delle iniziative, il più delle volta appannaggio delle amministrazioni locali o regionali, di associazioni culturali o di privati che ne sfruttano il successo in termini esclusivamente commerciali.

Dopo il pellegrinaggio "*iniziatico*" del 2001 altre volte sono stato a Santiago percorrendo a piedi negli anni altri cammini: nel 2003 il *Camino Aragonese* dal Somport fino a Burgos; nel 2004 di nuovo il *Camino Francese*; nel 2005 il *Camino de Madrid*; nel 2006 la *Via de la Plata* da Mérida fino a Zamora; nel 2007 il *Camino Primitivo*, nel 2008 il *Camino Sanabrés o Ruta de Fonseca*, nel 2009 il *Camino de Levante*, nel 2010 il *Camino portugués* e nel 2011 la prima parte del *Camino del Norte*. Ormai la terra di Spagna mi è familiare; ho attraversato monti

9 RATZINGER J., *Omelia della Missa pro eligendo Romano Pontifice*, Basilica di S. Pietro 18 aprile 2005

e colli, pianure e altopiani deserti, minuscoli borghi e grandi città, camminato per antiche strade romane e moderne vie, sentieri e viottoli di ogni genere, visitato piccole chiese e grandi cattedrali, romaniche, gotiche, rinascimentali e barocche, trovato ospitalità in monasteri e *albergue de peregrinos* di ogni genere e stato, incontrato tanti pellegrini o presunti tali, di ogni nazionalità, lingua, condizione sociale e religione. Veramente nel cammino di Santiago si trova qualcosa che non è possibile riscontrare altrove: storia antica e tradizione, cultura e arte, bellezze naturalistiche e spiritualità. Ecco, è in questa parola che sta forse il valore aggiunto del cammino e che lo distingue e lo caratterizza da qualsiasi altra via, da qualsiasi altra esperienza: vero "*trekking spirituale*" la via verso Compostella è unica. Qui è altrettanto importante, più che in ogni altro cammino, l'andare e la meta, il camminare e il fine da raggiungere.

Il cammino a Compostella non termina a Santiago, alla venerazione di una tomba e nemmeno a Finisterre davanti all'immensità dell'oceano, il cammino di Santiago ci conduce a Cristo, il Vivente per sempre[10]: ecco perché il pellegrino di ieri come quello di oggi amano insieme l'andare e la meta. Solo il Cristo è insieme l'andare e la meta[11], solo lui, Dio infinito e immutabile, si è fatto pellegrino per le strade del mondo, solo lui ha promesso ai suoi discepoli di essere sempre con loro[12]. Un poeta francese contemporaneo, Christian Bobin ha intitolato un piccolo testo sulla figura di Gesù "*L'uomo che cammina*", pubblicato in Italia dalla Comunità di Bose[13]. In questa metafora così semplice viene racchiusa l'identità della persona di Cristo non a partire da un concetto ma da un gesto, che è quello del camminare. Sulla copertina del libretto una delle immagini più conosciute dell'arte spagnola, Gesù con la bisaccia del pellegrino (con impressa la conchiglia di san Giacomo) e i discepoli di Emmaus, bassorilievo di un capitello del chiostro romanico dell'Abbazia benedettina di Silos (sec. XI) che ritrae l'episodio narrato dal Vangelo di Luca[14]: un misterioso personaggio affianca due uomini, discepoli di Gesù, che ritornano al loro villaggio delusi e sfiduciati dopo i fatti accaduti a Gerusalemme in quella tragica Pasqua dell'anno 30 d.C.

La scultura fissa la scena nel momento dell'incontro sulla via e del dialogo tra i due discepoli e il viandante sconosciuto che si dimostra ignaro degli avvenimenti che li hanno resi così tristi. Ecco allora la domanda di uno dei due, Clè opa: "*Tu solus peregrinus es in Jerusalem ...?* (*Tu solo sei così forestiero in Gerusalemme...*). Il testo, nel latino della Vulgata, assume più che la constatazione di un fatto, un vero e proprio atto di fede: "*Tu solus peregrinus*", tu solo sei pellegrino, il pellegrino per eccellenza, l'unico pellegrino. Sta qui sicuramente "*la magia*"

10 cfr Ap 1,18
11 Gv 14,6 "*Io sono la via, la verità, la vita*"
12 Mt 28,19-20: "*Andate dunque... Io sono con voi tutti i giorni, fino alla fine del mondo*"
13 BOBIN Ch., *L'uomo che cammina*, Edizioni Qiqajon, Comunità di Bose (BI) 1998
14 Lc 24,13 35

del Cammino di Santiago, l'unica magia di cui sia lecito parlare: la presenza di Cristo che si avvicina e cammina con discrezione a fianco di ciascuno, che con infinita pazienza si comunica a noi e condivide con noi il pane della vita. L'episodio di Emmaus caratterizza non solo l'esperienza del pellegrinaggio a Santiago, ma diventa parabola dell'intera esistenza umana e cristiana. Ecco perché il cammino verso Santiago è e rimane, nonostante tanti travisamenti passati e recenti, un cammino spirituale, un cammino cristiano, anzi cristologico, "*Tu solus peregrinus es, Christe*".

Amico lettore, se avrai la pazienza e la bontà di leggere questo libro ti auguro che queste riflessioni ed emozioni nate "sul cammino" ti spingano a cominciare, simbolicamente, la "*rotta*" che porta a Compostella, e, nel farla, proverai che essa custodisce i suoi segreti solamente per colui che pellegrina e pellegrinando ti accorgerai quanto preziosa sia, per la nostra esistenza, la compagnia e l'immagine di Gesù, il pellegrino per eccellenza.

I. UNA STRADA PELLEGRINA

Giacomo, apostolo e martire di Cristo

I primi dati biografici sull'Apostolo Giacomo, detto il Maggiore per distinguerlo dall'apostolo omonimo Giacomo di Alfeo, provengono fondamentalmente dai Vangeli. Sappiamo che era figlio di Zebedeo, pescatore in Betsaida, e di Salomé, nonché fratello di Giovanni l'Evangelista. Si suole pensare che la famiglia di Zebedeo fosse imparentata con la famiglia di Gesù, a giudicare dalla familiarità con cui Salomé chiedeva a Gesù incarichi privilegiati per i suoi due figli[1]. Circa il luogo di nascita, sono molti gli autori che lo collocano nella località di Jaffa, vicino a Nazareth, sulle rive del lago Genesareth. Il suo mestiere era la pesca, attività a cui partecipavano anche gli altri due fratelli Simone (Pietro) e Andrea. Dai pescatori di Galilea Gesù elesse i suoi primi quattro discepoli: Pietro e Andrea, Giacomo e Giovanni.

San Luca racconta che andando verso Gerusalemme, mentre passavano per un villaggio della Samaria, gli abitanti non vollero dar loro riparo e Giacomo con suo fratello si rivolsero a Gesù: "*Signore, vuoi che diciamo che scenda un fuoco dal cielo e li consumi?*"[2]. In un'altra occasione chiesero a Gesù di essere i primi, al di sopra di Pietro[3]. Tutto ciò pare indicare in loro un temperamento ed un carattere forte e deciso. Per questo Gesù dette loro il nome di "*Boanerghes*", cioè figli del tuono[4] nome che ne rispecchia l'indole ardente, schietta ed aperta. La veemenza e perseveranza di Giacomo nella predicazione sono testimoniate nel *Codice callistino*[5] (XII secolo), libro fondamentale della tradizione jacobea[6], che lo qualifica come «*gloria della Spagna e protettore della Galizia, santo nella sua vita, magnifico per la sua virtù, appassionato nella carità, meraviglioso nelle opere e mirabile nei discorsi... degno di venerazione, detiene il primato nella gloriosa corte*

1 Mt 20, 20-23
2 Lc 9, 54
3 Mc 10,35-36: "*Gli si avvicinarono Giacomo e Giovanni, i figli di Zebedeo, dicendogli:Maestro, vogliamo che tu faccia per noi quello che ti chiederemo...Concedici di sedere, nella tua gloria, uno alla tua destra, uno alla tua sinistra*"
4 Mc 3,17
5 *Codex calixtinus* o *Liber Sancti Jacobi*, custodito nella cattedrale di Santiago di Compostella (purtroppo rubato il 5 luglio 2011) è un codice latino del XII secolo (attribuito erroneamente a Papa Callisto II) di 225 fogli numerati, riuniti in un unico tomo. La compilazione di questo codice sembra attribuirsi al chierico Aymeric Picaud, il quale accompagnò Guido di Borgogna, poi Papa Callisto II (1119-1124) nel suo pellegrinaggio a Santiago intorno all'anno 1109. Il *Codex* è suddiviso in cinque libri di diversa estensione e argomento, introdotti da una epistola prefatoria, attribuita falsamente allo stesso papa Callisto. Il Libro I riporta una serie di testi sacri con innumerevoli citazioni bibliche, sermoni, omelie e cantici propri della liturgia di Santiago; il Libro II contiene la narrazione di 22 miracoli compiuti dall'apostolo; il Libro III racconta la traslazione delle spoglie da Gerusalemme in Galizia; il Libro IV descrive la cosiddetta *Historia Turpini*, una cronaca delle gesta di Carlo Magno e dei suoi paladini impegnati a liberare dai Saraceni la strada per Compostella; il libro V, infine, è costituito dalla *Guida del pellegrino di san Giacomo* che indica, a coloro che si recano a Santiago, quali sono gli itinerari da seguire e i luoghi santi da visitare lungo il cammino. Conclude il *Codex* un'appendice costituita da una raccolta di composizioni poetiche e musicali in onore dell'apostolo.
6 "vera pietra angolare di tutta la problematica compostellana" secondo la felice espressione di uno dei più importanti studiosi del Cammino di Santiago, CAUCCI von SAUCKEN P., *Santiago. L'Europa del pellegrinaggio*, Jaca Book, Milano 1993, pag. 14

degli apostoli, primo fra loro a meritare di essere incoronato con il martirio, ad innalzarsi al cielo, primo a possedere lo scettro della vittoria, la corona della gloria e un trono nella sede celeste»[7]. Negli avvenimenti chiave viene scelto come testimone speciale. È uno degli eletti che assiste nel Tabor alla Trasfigurazione; accompagna Cristo nell'orto di Getsemani; è testimone della resurrezione della figlia di Giairo. Queste circostanze indicano senza dubbio l'affetto che nutriva Cristo per questo Apostolo. Dopo la crocifissione di Cristo, Giacomo il Maggiore, totalmente identificato con la dottrina del suo maestro, si convertì nel principale predicatore nella comunità di Gerusalemme, riscuotendo grande ammirazione per il fervore e la sincerità delle sue parole.

Si pensa che l'Apostolo abbia realizzato il viaggio dalla Palestina alla Spagna in una delle tante navi commerciali che veleggiavano lungo tutto il Mediterraneo, sbarcando nelle coste dell'Andalusia, terra in cui cominciò la sua predicazione. Proseguì la sua missione evangelizzatrice a Coimbra e a Braga, passando, secondo la tradizione, attraverso Iria Flavia nel "*Finis Terrae*" ispanico, dove proseguì la predicazione. Nel *Breviarium Apostolorum* (versione latina di un'opera bizantina della fine del VI secolo) viene attribuita per la prima volta a Giacomo l'evangelizzazione della "*Hispania*" e delle regioni occidentali, si sottolinea il suo ruolo di strumento straordinario per la diffusione della tradizione apostolica, così come si parla della sua sepoltura in *arca marmárica*. Successivamente, già nella seconda metà del VII secolo, un erudito monaco inglese chiamato Beda il Venerabile[8], cita di nuovo questo avvenimento nella sua opera, ed indica con sorprendente esattezza il luogo della Galizia dove si troverebbe il corpo dell'Apostolo.

La tradizione popolare indica la presenza del corpo di Giacomo nelle cime prossime alla valle di Padrón, ove esisteva il culto delle acque. Ambrosio de Morales[9] nel XVI secolo, nella sua opera il *Viaggio Santo* dice: "*Salendo sulla montagna, a metà del fianco, c'è una chiesa dove dicono che l'Apostolo pregasse e dicesse messa, e sotto l'altare maggiore si protende sin fuori della chiesa una sorgente ricca d'acqua, la più fredda e delicata che abbia provato in Galizia*". Questo luogo esiste attualmente ed ha ricevuto il nome di "*O Santiaguiño do Monte*". Uno degli autori dei sermoni raccolti nel *Codice callistino*, riferendosi alla predicazione di San Giacomo in Galizia, dice che «*È verso di lui, infatti, che dal mondo intero accorrono costantemente fino in Galizia masse di pellegrini, affrontando i dirupi*

7 CENTRO ITALIANO DI STUDI COMPOSTELLANI, Il Codice Callistino. Prima edizione italiana integrale, CISC-Edizioni Compostellane, Perugia-Pomigliano d'Arco 2008, pag. 84

8 Beda il Venerabile (672-735), entrato giovanissimo nel monastero benedettino di Jarrow, fu un grande erudito e studioso (teologia, musica, sacra scrittura, storia, grammatica, scienza). La sua opera più celebre che gli è valso il titolo di padre della storia inglese fu la *Historia ecclesiastica gentis Anglorum* in cinque libri, completatata nel 731.

9 Ambrosio de Morales (1513-1591) si formò a Salamanca, umanista e insegnante poi all'Università di Alcalá, fu storico incaricato da Filippo II di intraprendere un viaggio di studio nei regni di León, Galizia e Asturie.

scoscesi dei monti, le imboscate tese dai banditi, i furti dei ladri e le innumerevoli frodi degli osti. Ed è certamente degno di essere onorato sulla terra da tutti gli uomini colui che, splendente per le sue innumerevoli virtù, è stato innalzato da Dio nei cieli»[10]. Il ritorno in Terra Santa, si svolse lungo la via romana di Lugo, attraverso la penisola, passando per Astorga e Zaragoza, ove, sconfortato, Giacomo riceve la consolazione ed il conforto della Vergine, che gli appare (secondo la tradizione il 2 gennaio del 40) sulle rive del fiume Ebro, in cima ad una colonna (*pilar*) romana di quarzo, e gli chiede di costruire una chiesa in quel luogo. Questo avvenimento servì per spiegare la fondazione della Chiesa di *Nuestra Señora del Pilar* a Zaragoza, oggi basilica ed importante santuario mariano del cattolicesimo spagnolo. Da questa terra, attraverso l'Ebro, Giacomo probabilmente si diresse a Valencia, per imbarcarsi poi in un porto della provincia di Murcia o in Andalusia e far ritorno in Palestina tra il 42 ed il 44 d.C..

Oramai in Palestina, Giacomo, assieme al gruppo dei Dodici, entra a far parte delle colonne portanti della Chiesa di Gerusalemme, ricoprendo un ruolo di grande importanza all'interno della comunità cristiana della Città santa. In un clima di grande inquietudine religiosa, dove di giorno in giorno aumentava il desiderio di sradicare l'incipiente cristianesimo, sappiamo che fu proibito agli apostoli di predicare. Giacomo tuttavia, disprezzando tale divieto, annunciava il suo messaggio evangelizzatore a tutto il popolo, entrando nelle sinagoghe e discutendo la parola dei profeti. La sua gran capacità comunicativa, la sua dialettica e la sua attraente personalità, fecero di lui uno degli apostoli più seguiti nella missione evangelizzatrice. Erode Agrippa I, re della Giudea, per placare le proteste delle autorità religiose, per compiacere i giudei ed assestare un duro colpo alla comunità cristiana, lo sceglie in quanto figura assai rappresentativa e lo condanna a morte per decapitazione come ci narra il Libro degli Atti degli Apostoli "*in quel tempo il re Erode cominciò a perseguitare alcuni membri della Chiesa. Fece uccidere di spada Giacomo, fratello di Giovanni*"[11]. In questo modo diventa il primo martire del collegio apostolico.

Questa del martirio di Giacomo il Maggiore è l'ultima notizia tratta dal Nuovo Testamento. Secondo la tradizione, lo scriba Josias, incaricato di condurre Giacomo al supplizio, è testimone del miracolo della guarigione di un paralitico che invoca il santo. Josias, turbato e pentito, si converte al cristianesimo e supplica il perdono dell'Apostolo: questi chiede come ultima grazia un recipiente pieno d'acqua e lo battezza. Ambedue verranno decapitati nell'anno 44. Dice la leggenda che due dei discepoli di Giacomo, Attanasio e Teodoro, raccolsero il suo corpo e la testa e li trasportarono in nave da Gerusalemme fino in Gali-

10 CENTRO ITALIANO DI STUDI COMPOSTELLANI, *Il Codice Callistino*, o.c. pag. 189
11 At 12,1-3

zia. Dopo sette giorni di navigazione giunsero sulle coste della Galizia, ad Iria Flavia, vicino l'attuale paese di nome Padrón. Una volta approdati, i discepoli incontrarono seri problemi per seppellire il corpo del loro maestro, a causa della regina Lupa, ma soprattutto del re Duyo, nemico dichiarato del cristianesimo. Dopo una serie di fatti miracolosi, la regina Lupa si convertì al cristianesimo e l'Apostolo fu sepolto nel luogo che successivamente vedrà la nascita della città di Santiago.

Esaltante e commovente al riguardo è il sermone riportato dal *Codice callistino* circa il martirio e la sepoltura dell'apostolo: «*Fu trascinato per primo dal Signore poiché, pur avendo aspirato al regno senza sforzo, poco dopo meritò di essere esaltato per essersi guadagnato con le virtù lo stesso regno... E per di più non furono inutili le preghiere di sua madre, che aveva implorato per i figli un posto nel regno, poiché, come assicura un uomo sapiente nei canti di lode, all'epoca della ripartizione delle province a Giovanni toccò l'Asia, che è a destra, mentre a Giacomo la Spagna, che è a sinistra. E san Giacomo, come crediamo, fu traslato in Spagna dopo il martirio dai suoi discepoli per suo espresso desiderio, e ricevette una degna sepoltura in quel luogo della Galizia ora chiamato Compostella per guidare gli spagnoli cui non soltanto era capitata la fortuna del suo patrocinio, ma anche la felice possibilità d'essere confortati dal tesoro del suo corpo. Gioisci dunque, Spagna, rischiarata da un tale splendore, danza gioiosamente, liberata dal delirio della superstizione! Rallegrati, perché, grazie all'arrivo di un tale ospite, hai abbandonato la ferocia brutale e con umiltà hai curvato la tua nuca un tempo indomita sotto il giogo di Cristo*»[12].

12 CENTRO ITALIANO DI STUDI COMPOSTELLANI, *Il Codice Callistino*, o.c. pag. 198

Alle radici dell'Europa cristiana

Per secoli della tomba dell'Apostolo non abbiamo altre notizie, mentre abbiamo alcune importanti testimonianze circa la predicazione e il culto come il *Martirologium* di Floro (840) e le notizie di Didimo il Cieco, Girolamo, Ilario di Poitiers, Eusebio di Cesarea e il *Breviarium Apostolorum* (secoli VI-VII). Sicuramente la testimonianza più autorevole ci è stata tramandata da Isidoro di Siviglia[13] nella sua opera *De ortu et obitu Patrum* e nella seconda metà del secolo VIII dal presbitero Beato di Liébana[14] nei suoi celebri *Commentari all'Apocalisse*. A lui è attribuito l'*inno liturgico "O Dei Verbum, Patris ore proditum"*, parte dell'ufficio divino del rito nella festività dell'Apostolo san Giacomo. È il primo documento che cita la venuta di Santiago in Spagna (e lo elegge come patrono della Spagna, "*cabeza refulgente de España*"), già prima dell'*invenzione* (della scoperta) della tomba a Finisterre. Scritto tra il 738 ed il 788 (il periodo di regno di Mauregato, espressamente citato nell'inno) si compone di 60 versi, distribuiti in dodici strofe di cinque versi ciascuna, che riprendono l'Apocalisse, il commento di Tyconio, il culto mozarabico, il tema della *dispersio apostolorum* in dodici diversi paesi del mondo. Cristo è il verbo di Dio creatore, luce del mondo, figlio di Maria, re e sacerdote, adornato di dodici pietre preziose. Comincia il giorno mette in fuga le tenebre nel suo percorso di dodici ore. Brilla la luce di Cristo nelle lampade dei dodici candelabri, che sono il simbolo degli apostoli, i quali diedero testimonianza in tutto il mondo, ciascuno in un paese diverso. Tra loro emergono i "*Figli del Tuono*", Giovanni e Giacomo il Maggiore, la cui madre sollecitò per loro i primi posti nel regno ed entrambi stavano ai lati di Cristo nell'Ultima Cena. Il primo con il capo appoggiato sul suo petto. Entrambi hanno avuto il premio del cielo. Il secondo mediante il martirio, con la decapitazione.

All'inizio del secolo IX avviene la svolta, e come spesso accade storia e leggenda si mescolano insieme: il nord della Spagna appartiene al regno cristiano delle Asturie, che include la Galizia e la frangia cantabrica, con capitale Oviedo e sovrano è il re Alfonso II, detto il Casto (791-842). Il resto della penisola è sotto la dominazione araba e dal secolo antecedente vi è una lotta per il predominio politico e religioso della penisola iberica che durerà circa ottocento anni, periodo

13 Isidoro di Siviglia (+636), ultimo dei Padri della Chiesa latina, fu molto letto in tutto il Medioevo, famoso per la sua opera "*Etymologiae*", enciclopedia di tutto lo scibile del tempo, presiedette vari concili, soprattutto il IV di Toledo (633). Fiero oppositore dell'eresia ariana, convertì al cristianesimo i Visigoti. Il suo corpo riposa a León, nella omonima basilica, voluta dal re Ferdinando I per accogliere le sue spoglie e consacrata nel 1063. Famosa per il suo *Panteón de los Reyes* (vi sono sepolti diversi reali di Castiglia e León) e la *Puerta del Cordero*, con il sacrificio di Isacco nel timpano.

14 Beato di Liébana (730ca-798), enigmatico personaggio fu probabilmente un monaco toledano rifugiatosi nel Nord della Spagna alla fine del secolo VIII, a Liébana, monastero delle Asturie a causa della sua ostilità nei confronti del Vescovo di Toledo Elipando, il quale propugnava l'eresia adozionista. La sua opera più celebre scritta in varie fasi fu il *Commento sull'Apocalisse di Giovanni*.

che ha avuto il nome di *Reconquista*[15]. La cristianità sta vivendo uno dei periodi più cruciali della sua storia: in oriente la polemica iconoclasta, in occidente, superata la crisi dell'adozionismo (un rigurgito dell'eresia ariana) patrocinato dal vescovo di Toledo Elipando, comincia un periodo di grandi controversie teologiche sulla predestinazione e sull'Eucaristia che vide protagonisti figure di spicco (Pascasio Radberto, Rabano Mauro, Gottschalck, Ratrammo, Incmaro di Reims, Giovanni Scoto Eriugena, Prudenzio di Troyes, perfino i sovrani Carlo il Calvo e Lotario, il Papa Nicola I, Berengario di Tours). In questo clima d'incertezza politica e di confusione teologica si sentì la necessità della ricerca e dell'incontro con le radici apostoliche, unica garanzia della Tradizione cattolica[16]. Nella prima metà del secolo IX, nell'estremo lembo d'Europa, un eremita di nome Pelagio (uomo del mare), che viveva in un luogo chiamato Solovio (ora sede della chiesa di San Fiz de Solovio, nell'attuale Santiago de Compostela), osservò durante numerose notti, nel bosco di Libredón, delle luci nel cielo, simili a stelle cadenti, che rischiaravano un punto preciso del bosco (anno 813). Quella stella rivelatrice e artefice del ritrovamento della tomba di San Giacomo, diventerà un'altro dei simboli legati all'Apostolo ed al suo culto. Ma non si trattò di una semplice pioggia di stelle, la rotta del Cammino di Santiago è impressa da sempre nella volta celeste ed è nota col nome di *Via Lattea*[17]. Per questo motivo, il cammino che porta alla città di Santiago è detto anche il "*Cammino delle stelle*".

Pelagio, impressionato dalle visioni, si presentò a Teodomiro (+847), vescovo della diocesi di Iria Flavia, per comunicargli il ritrovamento. Il vescovo di fronte alle insistenze di Pelagio, riunì un piccolo seguito e si diresse immediatamente al Libredón. Nel mezzo del bosco egli stesso fu testimone del miracoloso fenomeno descritto dall'eremita. Una gran luce illuminava il luogo dove rinvennero, tra la fitta vegetazione, il sepolcro di pietra contenente tre corpi, identificati come quello di Giacomo il Maggiore e dei suoi due discepoli Teodoro e Attanasio. Il primo documento che descrive con dovizia di particolari il ritrovamento, è la *Concordia de Antealtares* del 1077[18]. Teodomiro avvisò immediatamente il re Alfonso II, che giunse rapidamente da Oviedo per visitare il luogo e constatare il miracoloso ritrovamento. Del ritrovamento furono informati anche il papa Leone III, l'imperatore Carlo Magno e gli altri principi cristiani. Soprattutto Carlo Magno vedrà il suo nome legato al culto di San Giacomo e allo sviluppo del pellegrinaggio in chiave di "crociata" *ante litteram* contro l'espansionismo

15 Si considerano come momenti di inizio e fine della Riconquista la battaglia di Covadonga (722) e la presa di Granada (1492)
16 Si veda per tutta la ricostruzione storica SINGUL F., *Il cammino di Santiago. Cultura e pensiero*, Carocci editore, Roma 2007, pp.49ss
17 La *Via lattea* appartiene già alla mitologia egizia: Iside inseguendo il mostro Tifone perse i chicchi della spiga che teneva in mano, facendo nascere la via lattea, controparte celeste del sacro fiume Nilo. Si riteneva fosse stata tracciata nel cielo come una mappa stellare per indicare l'ingresso nella fortezza degli dèi, per questo fu identificata con l'insieme dei cammini che portavano a Santiago, significando così il viaggio alla ricerca del Cielo.
18 Si tratta di un preambolo di un contratto sottoscritto nel 1077 tra il vescovo di Compostella Diego Peláez e l'abate Fagildo del monastero di Antealtares per la ripartizione di diritti e competenze relativi alla costruzione della cattedrale. Il documento è riportato integralmente da FLORENZ H., *España sagrada*, t. 19, Madrid 1972, pp. 64-65.

degli Arabi e il pericolo dell'Islam[19]. Sopra la tomba il re delle Asturie Alfonso II il Casto fece innalzare una prima modesta basilica, segno della venerazione di cui il potere laico voleva circondare il corpo dell'Apostolo. Alfonso III il Grande (866-912) la ricostruì in marmo e trasferì a Compostela il seggio episcopale che prima era a Iria Flavia. Il re confidava nel cristianesimo come elemento unificatore contro l'Islam, e capì che le reliquie dell'Apostolo avrebbero costituito un poderoso strumento politico e religioso che avrebbe rafforzato la chiesa asturico-galaica nei confronti degli attacchi arabi e dell'espansionismo carolingio.

Non è difficile cercare una spiegazione di tale fervore. Senza dubbio i re cristiani del nord della Spagna hanno, dopo il IX secolo, usato il patronato dell'apostolo come simbolo dell'unità cristiana nella lotta contro i musulmani, mentre gli ordini religiosi e in particolare Cluny, hanno messo a disposizione del pellegrinaggio la loro influenza e una parte delle loro immense risorse. Santiago simboleggia la *reconquista* della Spagna sui mori: croce contro mezzaluna, Cristo contro Maometto. Nonostante che il flusso e il riflusso degli infedeli abbia alternativamente sommerso e liberato la Spagna per molti secoli, è soprattutto durante l'XI e il XII secolo che esplode questo movimento politico-religioso. Questa crociata fu posta sotto il segno di un santo e si scelse san Giacomo: nell'844, a Clavijo, località ad una quindicina di chilometri da Logrono, mentre il re asturiano Ramiro I combatteva i saraceni, sarebbe apparso, spada alla mano, cavalcando un cavallo bianco: il figlio del tuono avrebbe letteralmente sconvolto e messo in fuga gli arabi. San Giacomo divenne allora il *Matamoros*, lo sgominatore dei mori. Da allora sarà testimone delle più importanti battaglie della *Reconquista*. Questo Santo belligerante troverà ampio risalto nell'iconografia jacobea: l'immagine dell'Apostolo cavaliere e guerriero si inserirà nel filone della *Chanson de geste* del ciclo carolingio e nell'idea politico-religiosa della riconquista fino ai giorni nostri (nel secolo XVI diventerà *Mataindios* nella conquista del continente latinoamericano e successivamente durante la Guerra Civile spagnola *Matarojos*). Poco a poco i cristiani recuperarono i loro domìni e convertirono Compostela nel punto focale di rinascita spirituale del regno asturico-leonense. La città col tempo finì col rivaleggiare con Roma e Gerusalemme in quanto a potere di attrazione, diventando il maggior centro di peregrinazione di tutta la cristianità.

Non solo. Compostella risultò nel x secolo insieme a Cordova la città simbolo della "*guerra santa*" e della *reconquista*. Il 10 agosto del 997 l'esercito moro guidato dal generale arabo Al-Manzor distrugge totalmente la capitale della Galizia, radendo al suolo anche la seconda basilica fatta edificare da Alfonso III. Al-

19 La figura di Carlo Magno fu al centro dell'opera *Historia Karoli Magni et Rotholandi*, attribuita a Turpino, arcivescovo di Reims e che diventerà il libro IV del testo chiave del culto jacobeo, il *Codex Calixtinus*.

Manzor incendiò e saccheggiò completamente la città, ma non osò distruggere la tomba dell'Apostolo, forse per rispetto alla meta del pellegrinaggio che anche nella religione araba riveste un ruolo sacro particolarmente importante. Si portano via come trofeo le campane e le porte della Chiesa che, a spalle dei cristiani fatti schiavi, vengono trasferite a Cordova per servire come lampade nella sontuosa moschea califfale. Nel 1236 campane e porte ritorneranno trionfalmente a Compostella quando il re Fernando III di Castiglia riuscirà a conquistare Cordova: più di duemila prigionieri mori catturati nella presa della città le riporteranno scalzi e ricolme d'acqua nella Cattedrale di Santiago. Prima di questo episodio è da ricordare come già dal 1075 con il Vescovo Diego Peláez era iniziata la ricostruzione di quella che poi sarà l'attuale basilica, sostenuto nell'impresa dal re Alfonso VI di Castiglia e León. Dieci anni più tardi il vescovo Peláez cadde in disgrazia, i lavori proseguirono a rilento fino alla elezione di Diego Gelmírez[20]. Sotto la sua guida Compostella diventò sede arcivescovile (anno 1120 con la bolla *Omnipotentis dispositione* di Papa Callisto II), egli costruì l'imponente palazzo vescovile (che ancora oggi ammiriamo a fianco della cattedrale) e portò avanti con energia la costruzione della chiesa. Entriamo così nella terza fase dei lavori, durante la quale fra le torri occidentali si costruì un nartece con matroneo e con un ricchissimo portale tripartito decorato di statue, il portico occidentale denominato poi per la sua ricchezza simbolica e teologica il *Portico de la Gloria*. Nel 1168 Ferdinando II di Leon affidò l'incarico al suo giovane architetto conosciuto con il nome di *Maestro Matèo* il quale nel 1188 portò a termine il portale centrale come è attestato da una iscrizione[21] e fu attivo nel cantiere della cattedrale fino al 1211, anno della consacrazione conclusiva della chiesa ad opera dell'arcivescovo Pedro Muñiz. Della solenne cerimonia ci danno testimonianza le dodici croci di consacrazione, in marmo, incassate nei muri interni delle navate dell'edificio. Le dodici croci simboleggiano precisamente le dodici porte della Gerusalemme celeste, secondo la visione dell'Apocalisse di Giovanni nell'isola di Patmos[22].

A protezione del *Portico de la Gloria*, che resta una delle meraviglie della scultura romanica, nel 1606 fu aggiunta la doppia scalinata esterna e tra il 1738 e il 1750 dall'architetto Ferdinando de Casas Novoa l'attuale facciata occidentale

20 Diego Gelmírez, vescovo di Compostella nel 1101, fu legato alla potente casa di Borgogna, a Cluny e al Papato. Fu il prelato medievale che s'impegnò maggiormente per la causa di Santiago, capace di avvicinare il mondo gallego ai centri decisionali dell'Occidente. Assunse senza riserve la Riforma gregoriana e incentivò una maggiore istruzione del clero compostellano. Favorì il processo di adozione del rito romano, che andò a sostituire la liturgia mozaraba. Nel 1104 andrà a Roma per ricevere dalle mani del papa Pasquale II il privilegio del pallio, segno distintivo dei vescovi a capo di una provincia ecclesiastica costituita da varie diocesi. Legato alla potente abbazia di Cluny e ai suoi abati (Ugo e Pietro il Venerabile in particolare), riceverà dal papa cluniacense Callisto II la nomina ad arcivescovo e Santiago sarà sede metropolitana di una vasta zona (la Galizia, Salamanca, Mérida, Avila, Coimbra, Braga). Morirà nel 1140, giorno della vigilia di Pasqua, sabato 6 aprile.

21 'ANNO AB INCARNATIONE DOMINI MCLXXXVIII ERA MCCXXVI, DIE KALENDIS APRILIS, SUPERLINIHARIA PRINCIPALIUM PORTALIUM ECCLESIAE BEATI JACOBI SUNT COLLOCATA PER MAGISTRUM MATHEUM, QUI A FUNDAMENTIS IPSORUM PORTALIUM ERESIT MAGISTERIUM'

'Nell'anno 1188 dalla Incarnazione del Signore, era spagnola 1226, il primo di aprile, l'architrave della porta principale della Cattedrale di Santiago è collocato dal Maestro Matèo, che ha diretto l'opera dei portali fin dalle fondamenta '.

22 Cfr Ap 21,9ss

barocca (*Obradoiro*) con le due torri, quella *de las Campanas* a destra e all'altro lato, quella *de las Carracas*. All'interno l'impronta romanica si è ben conservata: con ben 100 metri di lunghezza (nel 1258 fu allungata di oltre 30 metri), 70 metri di estensione del transetto e 24 metri di altezza della navata maggiore, la cattedrale compostellana è la chiesa più grande del romanico spagnolo. Come la maggior parte delle chiese, la cattedrale di Santiago non è costruita su una linea retta, bensì il coro si trova inclinato sulla sinistra, verso nord rispetto all'allineamento della navata centrale. Gli stessi transetti non sono perfettamente perpendicolari alla navata centrale, essendo inclinati nello stesso senso. La "torsione" quasi costante nelle grandi chiese è persistita fino alla fine del Medioevo e talora anche dopo: una probabile spiegazione ne manifesta il forte simbolismo. Poiché la chiesa rappresenta il corpo di Cristo in croce, il coro era inclinato verso sinistra perché la testa del crocifisso era inclinata a quel modo durante l'agonia e la morte sul Calvario.

La maestosa costruzione rappresenta la figura della Gerusalemme celeste nella sua grandiosità terrena: la sua facciata si staglia sulla piazza, conquistandosi così uno spazio sacrale di grande impatto. La potente facciata chiamata per questo *Obradoiro* evoca al tempo stesso la purezza del metallo più prezioso, l'oro, come pure l'opera industriosa dell'uomo per raggiungere questa finezza, per tendere a questa meta (*obrador* significa anche laboratorio, officina, lavoro): dinanzi a questa opera, si è veramente alle porte del cielo, il cammino spirituale del pellegrino si trova al cospetto della sublimazione più alta della materia, nello sforzo più alto di elevazione e purificazione. Ancora oggi, appena arrivati nella piazza, dopo giorni e giorni di cammino, di fatica e sudore, di speranza e tenacia, tanti pellegrini rimangono immobili a contemplare la maestosità della facciata della Cattedrale, a scrutarne tutti i particolari architettonici e iconografici, ma soprattutto lo sguardo si volge più in alto, lassù "*donde se cruza el camino del viento con el de las estrellas*"[23], dove si incrocia il cammino del vento con quello delle stelle. È quasi un ulteriore sforzo di purificazione, una necessità di abbandonare ogni legame con la terra e la materia prima di entrare nel luogo santo, pronti all'abbraccio con l'Apostolo e all'incontro col Signore, giudice misericordioso e compassionevole.

23 La frase è sulle sagome di ferro del *Monumento al pellegrino* nell'Alto del Perdòn tra Pamplona e Puente la Reina

Destinazione Assoluto

Il primo pellegrino di cui abbiamo notizie certe fu Godescalco, vescovo di Le Puy (951): da allora folle sempre più numerose faranno di Compostella la meta del loro cammino spirituale e penitenziale e Santiago diventerà lungo i secoli anche la meta privilegiata di santi che hanno illuminato la storia della Chiesa (fra i tanti si può ricordare: Hildegard von Bingen, Teobaldo di Germania, Guglielmo di Vercelli, Matilde d'Inghilterra, Bona di Pisa, Francesco d'Assisi, Domenico di Guzman, Raimondo Lullo, Brigida di Svezia, Isabella di Portogallo, Bernardino da Siena, Vincenzo Ferrer, Giovanni di Dio e Toribio di Mongroevio).

Nel secolo XII il chierico francese, Aymeric Picaud, fu l'autore-compilatore di quello che passerà alla storia come *Codex calixtinus*[24] (così chiamato in quanto il testo si riteneva attribuibile al pontefice Callisto II[25]), in cui già si descrive il cammino francese e si forniscono un'infinità di consigli per percorrerlo. Si tratta senza dubbio della prima guida turistica dell'umanità, fortemente influenzata dall'ambiente religioso cluniacense. Questo testo detto anche *Liber Sancti Jacobi* è composto da cinque libri: mentre le prime quattro parti erano dedicate a celebrare le gesta dell'apostolo Giacomo Maggiore nella quinta si poteva consultare una precisa descrizione dei percorsi che dalla Francia conducevano al celebre santuario spagnolo nel limite ultimo della Galizia presso *Cabo Finisterrae*. L'autore stesso, prevedendo le difficoltà che i viandanti avrebbero incontrato inoltrandosi in terre ancora sconosciute, dopo una personale ricognizione a cavallo aveva steso questa guida tanto ricca di particolari da poter sembrare un itinerario turistico: bisogna invece star ben attenti a non conferire questa limitazione moderna al lavoro perché la Guida è soprattutto una *guida spirituale*, il disegno di un *itinerario santo* che conduceva tanti pellegrini al luogo spirituale per eccellenza, appunto Santiago de Compostela dopo aver obbligatoriamente disegnato un percorso entro cui tutte le tappe di avvicinamento, caratterizzate dalla visita ad altri importanti Santuari, costituivano momenti essenziali di un più esteso processo di purificazione che raggiungeva appunto la sua meta nel sublime arrivo a Santiago.

Questo documento storico, monumentale per struttura e contenuti, elaborato in un periodo compreso tra il 1139 e il 1173, è la testimonianza più autorevole della forte e universale attrazione esercitata dal sepolcro dell'Apostolo sulle

24 Cfr sopra nota n. 5 pag. 13.

25 Callisto II, al secolo Guido dei Conti di Borgogna (1060-1124), fratello di Raimondo, che aveva sposato Urraca, figlia ereditaria di Alfonso VII di Castiglia e León. Ecclesiatico riformatore e abile diplomatico, nel 1088 diviene arcivescovo di Vienne. Eletto Papa nel 1119 col nome di Callisto II, pone fine allo scisma dell'antipapa Gregorio VIII. Firma nel 1122 con l'imperatore Enrico V quello che fu chiamato il *Concordato di Worms*, con il quale venivano stabiliti i mutui diritti della Chiesa e dell'Impero. Nel 1123 convocò a Roma il Concilio primo del Laterano, nono ecumenico. Muore nel dicembre del 1124.

genti d'Europa «*Lì vanno innumerevoli genti di tutte le nazioni... Non c'è lingua o dialetto le cui voci lì non risuonano... le porte della basilica mai si chiudono, né di giorno né di notte... Tutto il mondo va lì acclamando Ultreya e Suseya*»[26]. Il *Codex Calixtinus* ha la sua fonte ispiratrice nell'opera dell'Arcivescovo Diego Gelmirez: il manoscritto è una compilazione di differenti testi che vengono elaborati e riunificati da uno (il già citato Aymeric) o più autori, di origine francese, quasi certamente cluniacensi, collaboratori di Gelmírez[27]. Dei cinque libri, da menzionare il primo, di carattere essenzialmente liturgico, che include il celebre sermone *Veneranda dies*[28] e il quinto, il *Liber Sancti Jacobi*, conosciuto come *Guida del pellegrino*, che descrive dettagliatamente l'itinerario da seguire per raggiungere dal resto dell'Europa Santiago, illustrando inoltre la città e la cattedrale[29].

Il primo tragitto della guida riguardava il percorso che avrebbero dovuto fare i pellegrini che fossero giunti dalla valle del Rodano e naturalmente dall'Italia (*via Tolosana*). La prima tappa in territorio francese era la città di Arles. Nella cattedrale, celebre per lo splendido portale si custodivano i resti di S. Trofimo evangelizzatore della Provenza oltre che primo vescovo della città e quelle di S. Cesario suo successore nel IV sec. ed autore di importanti testi sacri. Ai margini della città si potevano poi visitare gli *Aliscamps* che nel ricordo collettivo e tradizionale erano noti come Campi Elisi in quanto vi si vedeva ancora una grande necropoli romana su cui, per processo di interazione tra paganesimo e cristianità o se vogliamo di sovrapposizione culturale, era sorto un cimitero cristiano. La sosta successiva di questo primo tragitto citato dalla guida era a poche miglia da Arles, al limite della selvaggia area della Camargue, presso il *santuario di Saint Gilles*. Procedendo verso Narbonne al Capo d'Agde, ove sarebbe sorta un'antica *statio* romana lungo la *Via Domitia*, ogni pellegrino non avrebbe potuto far a meno di venerare i protomartiri cristiani Tiberio, Modesto e Fiorenzo vittime di una persecuzione dei tempi di Diocleziano. Prima di valicare i Pirenei ed entrare in Spagna un'importante sosta spirituale era d'obbligo a Tolosa, sulle rive della Garonna, città fondata dai Celti ma poi colonizzata e resa importante (dal 106 a.C.) ad opera dei Romani. La guida invitava i pellegrini ad entrare nell'importante basilica ove si custodiva il corpo di S. Saturnino, primo vescovo della città, che tanto si adoperò per diffondere il cristianesimo oltre la catena dei Pirenei, martirizzato in modo spaventoso dopo essere stato legato e fatto trascinare da un toro, quindi gettato dall'alto del palazzo di Tolosa (ove ancora si veneravano gli dei pagani) a sfracellarsi su una pietra miliare sottostante.

26 CENTRO ITALIANO DI STUDI COMPOSTELLANI Il Codice Callistino. Prima edizione italiana integrale, CISC-Edizioni Compostellane, Perugia-Pomigliano d'Arco 2008, p. 215
27 Per una sintesi delle differenti ipotesi circa la data e gli autori del Codex si veda CAUCCI von SAUCKEN P., *Guida del pellegrino di Santiago. Libro quinto del Codex Calixtinus*, Jaca Book, Milano 1983, pp. 7-30
28 Ibidem, o.c. , pagg. 205-247
29 Ibidem, o.c., pagg. 461-507

Il secondo itinerario (*via Podense*) segnato dalla guida era la strada percorsa dai pellegrini che giungevano dalla Renania e dalla Borgogna: il viaggio iniziava in un paesaggio sconvolgente tra picchi vulcanici e procedeva verso le terre aspre d'Alvernia sin a raggiungere Moissac e quindi toccare la Garonna per proseguire verso Ostabat. L'estensore della guida si preoccupava soprattutto di siti in cui si conservassero reliquie e tombe di martiri: questo spiega l'apparente dimenticanza di Le-Puy e Moissac a tutto vantaggio di Conques nella cui Abbazia si conservavano i resti di Sante Foy la giovinetta di Agen che, coi fratelli, sarebbe stata vittima delle persecuzioni di Diocleziano. A Conques la reliquia fu portata dai monaci benedettini per rendere ancora più celebre la loro abbazia peraltro fondata direttamente da Carlo Magno: l'enorme tesoro della chiesa e la grande venerazione fu prova nei secoli del fascino spirituale esercitato sui viandanti dall'abbazia di Conques.

Il terzo percorso (*via Lemovicense*) era seguito da chi giungeva dalla Germania o dalle regioni della Lorena e della Champagne. A Vezelay, villaggio collinare della Borgogna ai limiti della selva del Morvan, sorgeva l'illustre Chiesa abbaziale di Sainte-Madeleine, uno dei luoghi più venerati della Francia medievale. Si voleva che qui sorgesse la sepoltura della Maddalena: secondo l'estensore della guida verso Santiago la peccatrice pentita Maria di Magdala dopo l'Ascensione da Gerusalemme avrebbe raggiunto il porto di Marsiglia e prima di morire ad Aix sarebbe vissuta dedicandosi alla preghiera nascosta fra i boschi della Provenza. Una posteriore traslazione avrebbe portato il suo corpo a Vezelay nello stesso periodo in cui sarebbero state portate nell'Abbazia di Autun le supposte spoglie di Lazzaro: nella Borgogna si trovavano così ad esser oggetto di culto due fra i personaggi più intimi ed amici del Cristo. Il cammino proseguiva quindi per Saint-Leonard de Noblat nel Limosino, giungendovi attraverso le regioni del Berry e delle Marche. Notre-Dame sous les Arbres si trovava in un'area tra i corsi fluviali della Vienne e del Tauron, limitata dalle propaggini delle alture d'Alvernia e dell'Ambrazac dove viveva in isolamento il giovane Leonardo, di nobile famiglia, che a Reims era stato discepolo di S. Remigio. Egli aveva contribuito a cristianizzare l'Aquitania ed in seguito aveva deciso di condurre solitaria e religiosa esistenza in questi luoghi disabitati. Era il Santo dei carcerati e dei prigionieri: gli erano riconosciute miracolose qualità curative come testimoniavano le catene, i cippi, le gogne, gli strumenti di tortura quali ex-voto appesi alle pareti della basilica.

A Tours si radunavano i viandanti provenienti da Parigi e dalle zone centro-settentrionali della Francia e davano via così al quarto itinerario (*Via Turonense*). L'estensore della guida per Santiago consigliava di arrivare sin ad Orleans ad onorare i resti di Sain-Euverte e quindi soffermarsi in Cattedrale dinanzi al celebre frammento della Croce che vi sarebbe stato custodito. In Tours era invece conservato, intatto, nella Basilica il corpo di S. Martino, il legionario di Roma divenuto vescovo della città nel IV secolo. Il suo nome era legato alla leggenda del mantello donato al viandante ed era particolarmente venerato in ambiente rurale e contadino ritenendosi che avesse il potere di fermare i serpenti e le tempeste. A Tours era celebrato in diversi periodi: l'11 novembre in occasione del ciclo santoriale, il 12 maggio in memoria della liberazione della città da un'invasione normanna nell'840, il 13 dicembre per ricordare che in tal giorno il suo corpo era stato traslato a Tours dopo un periodo d'esilio ad Auxerre per ragioni di sicurezza. Risalendo il corso della Vienne si giungeva quindi a Poitiers dove c'era da rendere omaggio a S. Ilario, vescovo e confessore impegnato a combattere in Gallia l'eresia ariana. Procedendo la guida indicava che a Bayle si trovava la tomba del Paladino Orlando, eroe carolingio della lotta contro gli Arabi invasori. Nelle prossimità di Belin si sarebbero invece trovate le sepolture di tutti gli altri eroi di Roncisvalle cioè dei paladini della retroguardia dell'armata di Carlo Magno lì morti per intercettare e fermare l'avanzata degli Arabi. A Bordeaux nella Cattedrale era invece da visitare la tomba di S. Severino, un nobile dell'Aquitania, divenuto poi vescovo di Colonia.

Per valicare i Pirenei quanti giungevano da Tolosa si imbattevano in Oloron-Sainte-Marie, roccaforte medievale del Béarn, incontravano la Valle verso *les Ports d'Aspe* (odierna Somport, *Summus Portus*) ed entravano in Aragona. Quelli che partivano espressamente da Ostabat risalivano da Saint-Jean-le-Vieux sino a Roncisvalle dove sorgeva un monastero nel quale potevano esser ospitati: da lì sarebbero quindi penetrati in Navarra. Ancora oggi la *Collegiata y Hospital de Santa Maria la Real de Roncesvalles* sono uno dei luoghi simbolo del Camino, dove il tempo sembra essersi fermato e dove ancora i pellegrini ricevono la solenne benedizione al termine della Messa celebrata dai canonici agostiniani. A Puente la Reina le strade si congiungevano[30] e i pellegrini dovevano superare il ponte sul rio Arga, fatto edificare da Donna Munìa o Mayor, moglie di Sancho III il Grande, onde agevolare il cammino per Santiago de Compostela. Nel territorio de La Rioja, ai limiti fra Navarra e Castiglia, ci si doveva fermare ancora a venerare il Beato Domenico, *Santo Domingo de la calzada* che tra Redecilla e Najera aveva costruito un tratto viario di 7 miglia detto la *calzada*. Il centro di Burgos smistava il traffico dei fedeli nella ricca successione di importanti cittadine della Tierra de Campos. La cittadina di Fromista era famosa per le ampie coltivazioni di biondo frumento che le davano il nome. A Carrion de Los Condes, località legata alle gesta dell'eroe spagnolo per eccellenza contro gli Arabi cioè *El Cid Campeador*, esisteva la Chiesa di S. Maria del Cammino. A Sahagun i pellegrini dovevano pregare sulle tombe dei legionari cristiani Facondo e Prudenzio. Poi a León, capitale del regno medievale che dalla capitale prendeva nome, i viandanti

30 *Desde aqui todos los caminos se hacen uno*, come è scritto alla base del monumento al pellegrino all'ingresso di Puente la Reina

pregavano e veneravano il corpo di S. Isidoro, il grande dottore della Chiesa dell'VIII secolo, qui trasportato da Siviglia. Altre tappe del cammino erano poi Astorga (*Asturica Augusta*), all'incrocio con la strada che giungeva da Mérida (*Emerita Augusta*), Caceres (*Castra Caecilia*) e Salamanca (*Salamantica*).

Continuando nel viaggio di avvicinamento i pellegrini, passati vicino al monte Irago, vedevano dominare la via la grande fortezza dei Cavalieri Templari sulle alture di Ponferrada. A Villafranca del Bierzo un soggiorno era meritevole dato che nel medioevo vi sorgeva un importante Monastero. Si raggiungeva quindi la località di Lugo (*Lucus Augusti*) caratterizzata da abbondanza di boschi: quest'ultimo particolare e la prima parte del nome (*Lucus* = "bosco sacro dedicato ad Augusto") fa pensare ad un'antica sacralità pagana del luogo connessa alla venerazione dei boschi sacri. Da Lugo si giungeva, procedendo verso l'Atlantico, alla località di Iria Flavia e nei suoi pressi, nella zona cimiteriale di *Compostum* si sarebbe rinvenuto, secondo la leggenda, il tumulo che costituiva l'umile tomba di Giacomo, segnata da una stella. A 2 miglia da Santiago i pellegrini si sarebbero lavati e purificati nelle acque del torrente *Lavamentula*: quindi si recavano sulla cima del *monte do Gozo o Monte della Gioia* donde avrebbero potuto intravedere il santuario verso cui, dopo il lungo cammino, avrebbero preso a correre, raggiungendo il vasto sagrato, detto *paradiso*[31], e da lì la porta settentrionale[32] della basilica sin a poter vedere l'agognato altare con il sepolcro che custodisce il corpo di san Giacomo il Maggiore, coronando così il sogno della propria vita e sentendosi ancor più vicini a Dio.

31 Con *paradisus* veniva indicato nel Medioevo l'atrio, il *parvis*, dell'entrata principale della chiesa. A Santiago corrisponde all'attuale piazza dell'Immacolata, nota anche con il nome di Azabachería

32 La descrizione riportata dal *Codex calixtinus* non riguarda evidentemente il *Portico de la Gloria*, di alcuni anni posteriore alla guida. Per il testo del libro V del *Codex* riguardante la città e la basilica dell'Apostolo cfr. CENTRO ITALIANO DI STUDI COMPOSTELLANI, *Il Codice Callistino,* o.c. pagg. 494-505

Decadenza e rinascita

Nel Medio Evo, i principali promotori delle peregrinazioni furono i monaci del potente ordine di Cluny. I pellegrinaggi partivano da tutti i punti d'Europa, incluso l'Oriente, ma fu nell'XI secolo, quando i re Sancho il Maggiore di Navarra e Alfonso VI di León segnarono quello che in seguito fu chiamato il *Cammino francese*, che il fenomeno del pellegrinaggio assunse grandi proporzioni. Il cammino fu tracciato utilizzando fondamentalmente le antiche vie romane che univano i differenti punti della penisola. Di fronte all'impressionante afflusso di gente, si vide la necessità di dotare il cammino dell'infrastruttura necessaria per fornire sostegno ai pellegrini; così furono costruiti ostelli, edificati ospedali e cimiteri, si crearono ponti, si eressero chiese, monasteri e abbazie e, quel che è più importante, furono fondati lungo la rotta un'infinità di piccoli paesi, che costituiscono un'eredità storica ed artistica di immenso valore. Soprattutto i monasteri benedettini, e poi quelli dei cistercensi e degli ordini mendicanti furono le istituzioni che guidarono l'ospitalità, in seguito appannaggio degli ordini cavallereschi e militari, delle corporazioni e delle confraternite.

La peregrinazione a Santiago ricevette un impulso decisivo quando il papa Callisto II istituì l'Anno Santo Jacobeo (1122) ed il suo successore Alessandro III, attraverso la Bolla *Regis Aeterni* (1179) concesse la grazia del Giubileo (Indulgenza Plenaria) a chi visitasse il tempio compostellano negli anni in cui il 25 di luglio (festa di Santiago) cadesse di domenica. Nel XIV secolo inizia un profondo declino delle peregrinazioni, a causa di una serie di catastrofi (la peste nera del 1348 e la crisi generale riguardante la Chiesa e la società feudale occidentale) che caratterizzarono il secolo, ed anche a causa di numerose guerre in cui venne coinvolto il continente europeo (come ad esempio la Guerra dei Cento Anni). Lo sviluppo del cammino di Santiago fu strettamente legato, come abbiamo visto, alla *Reconquista* spagnola. Nel 1492 si collocano alcuni avvenimenti importanti per la storia dell'umanità come la scoperta dell'America (per cui la fine del mondo non è più *Finisterre* e nuovi traffici e itinerari ormai sono aperti sia per lo sviluppo economico sia per l'evangelizzazione) e la storia di Spagna e d'Europa: la presa di Granada da parte di Isabella di Castiglia e Fernando di Aragona; il decreto di espulsione degli ebrei e infine l'elezione al Pontificato del valenciano Rodrigo de Borja (Borgia) con il nome di Alessandro VI. Il nuovo Papa nel 1494 concederà a Isabella e Fernando, il cui matrimonio nel 1469 aveva finalmente riunito le due corone più importanti di Spagna, il titolo di Re Cattolici *(Reyes Catolicos)*. È in questo periodo che a ricordo della presa di Granada a Santiago viene eretto per accogliere il gran numero di pellegrini *l'Hostal de los Reyes Catolicos*, trasformato nel 1954 da Francisco Franco in un *Parador nacional* (albergo di gran lusso), nella stupenda cornice della piazza dell'*Obradoiro*. La struttura architettonica dell'*Hostal de los Reyes Catolicos* si basa sulla modalità di costruzione tipica degli ospedali dell'epoca: la pianta disegna una croce inscritta in un quadrato e al centro della croce è costruita la cappella. L'entrata principale, in stile plateresco, presenta una decorazione ricercatissima. Sopra il portale, dominano in due tondi le effigi dei *Reyes Catolicos*, Fernando e Isabella, gli sposi che, attraverso la loro unione, celebrano il mistico contatto tra cielo e terra.

La decadenza del pellegrinaggio si accentuò nel XVI secolo: vale come esempio la vigorosa requisitoria pronunciata da Lutero il 25 luglio 1522 contro il pellegrinaggio a Santiago, dove, a suo dire, non esiste alcuna prova certa dell'esistenza della tomba dell'apostolo. Egli si dichiara ostile al lungo viaggio, che assimila a un atto di idolatria, e, pur intessendo un panegirico del santo, condanna energicamente questa forma di culto. L'irruzione del protestantesimo e le guerre di religione che sconvolsero l'Europa determinarono un progressivo disinteresse verso l'istituzione del pellegrinaggio; così come l'occultamento dei resti dell'Apostolo durante quasi 300 anni, per evitare che cadessero nelle mani dei pirati inglesi guidati da sir Francis Drake poste in atto dall'arcivescovo Don Juan de Sanclemente, per evitare saccheggi e nuove profanazioni simili a quelle perpetuate alcuni secoli prima da Al-Manzor. L'arcivescovo trasferì una parte del sepolcro a Ourense. Questo episodio creò per i secoli futuri confusione perché non furono chiare le circostanze di questo occultamento parziale o totale delle reliquie dell'Apostolo. La confusione che si creò andò di pari passo con il declino del pellegrinaggio e della stessa devozione all'apostolo, tanto che nel Seicento si arriva a mettere in discussione persino il ruolo di Patrono di Spagna da sempre assegnato a san Giacomo per sostituirlo con Santa Teresa d'Avila o San Michele. Successivamente l'Illuminismo e la Rivoluzione francese assesteranno al mondo religioso legato al pellegrinaggio e al culto delle reliquie un colpo ancora più forte di quello della Riforma protestante.

Questo processo involutivo culminò nel XIX secolo con la pressoché totale scomparsa delle peregrinazioni. Recenti studi hanno dimostrato che per quanto flebile il pellegrinaggio a Compostella non si è mai veramente interrotto, nonostante la guerra d'Indipendenza contro Napoleone, le ripetute leggi di alienazioni dei beni ecclesiastici che eliminavano praticamente tutta l'infrastruttura di accoglienza indispensabile per i pellegrini, epidemie di colera e il riconoscimento ufficiale delle apparizioni mariane a Lourdes, luogo che negli anni vedrà sempre più aumentare il numero dei pellegrini. Commentano le cronache che il 25 luglio del 1867 c'erano solo quaranta pellegrini nella città di Compostela. È solo alla fine del secolo XIX che avviene il miracolo: grazie all'impegno del cardinale Miguel de Payà y Rico viene effettuata una campagna di scavi sotto l'altare maggiore della Cattedrale e scoperte le reliquie a suo tempo occultate per paura di

Drake nel XVI secolo. Una speciale Commissione Pontificia studiò i resti ritrovati e attraverso una indagine *scientifica* e anche *empirica* (la Commissione si avvalse di una reliquia conservata a Pistoia, un pezzetto di apofisi mastoidea che era stata prelevata da Diego Gelmirez e donata all'arcivescovo della città toscana che combaciava perfettamente con la mandibola ritrovata negli scavi) poté garantire l'autenticità. Nel 1884 il papa Leone XIII emise la Bolla *Deus Omnipotens* ove confermava l'autenticità dei resti dell'Apostolo che erano stati recuperati e questo evento fece risorgere poco a poco le peregrinazioni, stimolando il desiderio di mettersi in cammino di nuovo sulla rotta di Compostella[33].

Pian piano durante il novecento assistiamo a diversi tentativi di promozione del pellegrinaggio, anche se non mancarono difficoltà (prima guerra mondiale, guerra civile spagnola, seconda guerra mondiale): è in questo tragico periodo che una studiosa francese, Jeanne Vielliard nel 1938 copia e traduce per la prima volta[34] il *Codex Calixtinus*, contribuendo ad un sempre più maggiore interesse alla questione jacobea. Solo a guerra finita, con l'Anno Santo del 1948, grazie all'impegno inarrestabile del cardinale Fernando Quiroga Palacios, arcivescovo compostellano di grandi qualità spirituali e organizzative, il pellegrinaggio a Santiago vivrà un nuovo e sempre più crescente interesse storico e religioso. Gli anni Cinquanta e Sessanta vedranno sorgere centinaia di associazioni culturali, religiose di promozione e riscoperta del cammino e un sempre più incremento del pellegrinaggio a piedi o in bicicletta. Storiografia e letteratura ma anche il cinema (film come la *Via Lattea* di Luis Buñuel, capolavoro sul *camino* anche se con forti accentuazioni anticattoliche del geniale ed irrequieto regista) determinarono la crescita dell'interesse europeo verso Santiago. Infine la recuperata democrazia in Spagna alla morte del "*caudillo*" Franco (1975) darà ulteriore slancio al fenomeno del pellegrinaggio.

Fra i primi che contribuirono alla grande ripresa merita una menzione il sacerdote Elias Valiña, curato del Cebreiro, per aver dedicato al Cammino importanti studi di ampio respiro storico e spirituale, anche se molti lo ricordano quasi esclusivamente per aver "*inventato*" la famosa freccia gialla, "*la flecha amarilla*", con la quale ha segnato muri, cippi, cartelli, alberi e pali, strade, sentieri, viottoli, campi e città per indicare la rotta verso Compostella. La sua tomba, a fianco della chiesa del Miracolo eucaristico del Cebreiro, è ancora oggi meta di tanti pellegrini che lì si fermano per una preghiera e un ricordo commosso di uno dei grandi pionieri e promotori del *Camino*.

33 Cfr n. 1 in SINGUL F., *Il cammino di Santiago. Cultura e pensiero*, Carocci editore, Roma 2007, pg. 15
34 VIELLIARD J., *Le guide du pelerin de Saint-Jacques de Compostelle. Texte latin du XII siè cle, édité et traduit en français d'aprè s le manuscrits de Compostelle et de Ripoll*, 1938. V edition, Paris Librairie philosophique J. Vrin 2004

Il "fenomeno Santiago"

Oggi, in un rinnovato fervore spirituale, migliaia di persone raggiungono Santiago a piedi, in bicicletta, a cavallo ripercorrendo le antiche vie, ricevendo ospitalità negli ospizi e nelle chiese disseminate lungo il percorso che nel 1987 il Consiglio d'Europa ha proclamato "*Primo Itinerario Culturale d'Europa*" e nel 1993 l'UNESCO ha dichiarato "*Patrimonio Culturale dell'Umanità*". Lo stesso Papa Giovanni Paolo II nel 1982 radunò a Santiago gli abati delle principali abbazie d'Europa e consegnò alla città un memorabile discorso sulle radici cristiane dell'Europa: «*Per questo, io, Giovanni Paolo, figlio della Nazione polacca, che si è sempre considerata europea, per le sue origini, tradizioni, cultura e rapporti vitali, slava tra i latini e latina tra gli slavi; io, successore di Pietro nella Sede di Roma, Sede che Cristo volle collocare in Europa e che l'Europa ama per il suo sforzo nella diffusione del Cristianesimo in tutto il mondo; io, Vescovo di Roma e Pastore della Chiesa universale, da Santiago, grido con amore a te, antica Europa: "Ritrova te stessa. Sii te stessa". Riscopri le tue origini. Ravviva le tue radici. Torna a vivere dei valori autentici che hanno reso gloriosa la tua storia e benefica la tua presenza negli altri continenti. Ricostruisci la tua unità spirituale, in un clima di pieno rispetto verso le altre religioni e le genuine libertà. Rendi a Cesare ciò che è di Cesare e a Dio ciò che è di Dio. Non inorgoglirti delle tue conquiste fino a dimenticare le loro possibili conseguenze negative; non deprimerti per la perdita quantitativa della tua grandezza nel mondo o per le crisi sociali e culturali che ti percorrono. Tu puoi essere ancora faro di civiltà e stimolo di progresso per il mondo. Gli altri continenti guardano a te e da te si attendono la risposta che san Giacomo diede a Cristo: "Lo posso"*»[35].

Infine nel 1989 a Santiago si svolse una delle famose Giornate Mondiali della Gioventù: da allora sempre più numerosi sono i giovani e non che dalla vecchia Europa e dagli altri continenti si muovono, come gli antichi pellegrini, verso la città dell'Apostolo. Durante quell'incontro oltre alla veglia notturna e alla S. Messa sul *Monte do Gozo* particolarmente coinvolgente fu la preghiera recitata nella basilica compostellana dal Papa dopo il gesto dell'*abrazo*, l'abbraccio all'Apostolo che ogni pellegrino compie al termine del suo pellegrinaggio a suggellare l'intima comunione e confidenza con Santiago l'amico del Signore. Ecco il testo di quella preghiera che racchiude in sé l'autentico e genuino significato del pellegrinaggio cristiano e jacobeo in particolare[36]:

35 GIOVANNI PAOLO II, *Atto europeistico a Santiago de Compostella*, 9 novembre 1982. Il passaggio principale è stato riprodotto in una targa nella cripta davanti all'urna contenenti le spoglie dell'Apostolo
36 GIOVANNI PAOLO II, *Preghiera davanti alla tomba di san Giacomo*, Santiago de Compostella 19 agosto 1989

«San Giacomo!

Sono qui, nuovamente, presso il tuo sepolcro / al quale mi avvicino oggi, / pellegrino da tutte le strade del mondo, / per onorare la tua memoria ed implorare la tua protezione. / Giungo dalla Roma luminosa e perenne, / fino a te che ti sei fatto pellegrino sulle orme di Cristo / ed hai portato il suo nome e la sua voce / fino a questo confine dell'universo. / Vengo dai luoghi di Pietro / e, quale suo successore, porto a te / che sei con lui colonna della Chiesa, / l'abbraccio fraterno che viene dai secoli / ed il canto che risuona fermo ed apostolico nella cattolicità. / Viene con me, san Giacomo, un immenso fiume giovanile / nato dalle sorgenti di tutti i paesi della terra. / Qui lo trovi, unito e sereno alla tua presenza, / ansioso di rinnovare la sua fede nell'esempio vibrante della tua vita. / Veniamo a questa soglia benedetta in animato pellegrinaggio. / Veniamo immersi in questo copioso esercito / che sin dalle viscere dei secoli è venuto portando le genti fino a questa Compostela / dove tu sei pellegrino ed ospite, apostolo e patrono. / E giungiamo qui al tuo cospetto perché andiamo uniti nel cammino. / Camminiamo verso la fine di un millennio / che desideriamo sigillare con il sigillo di Cristo. / Camminiamo ancora oltre, verso l'inizio di un millennio nuovo / che desideriamo aprire nel nome di Dio. / San Giacomo, / abbiamo bisogno per il nostro pellegrinaggio / del tuo ardore e del tuo coraggio. / Per questo veniamo a chiederteli / fino a questo "finisterrae" delle tue imprese apostoliche. / Insegnaci, Apostolo ed amico del Signore, / la via che porta a lui. / Aprici, predicatore delle Spagne, / alla verità che hai imparato dalle labbra del Maestro. / Dacci, testimone del Vangelo, / la forza di amare sempre la vita. / Mettiti tu, patrono dei pellegrini, / alla testa del nostro pellegrinaggio di cristiani e di giovani. / E come i popoli all'epoca camminarono verso di te, / vieni tu in pellegrinaggio con noi incontro a tutti i popoli. / Con te, san Giacomo apostolo e pellegrino, / desideriamo insegnare alle genti d'Europa e del mondo / che Cristo è – oggi e sempre – / la via, la verità e la vita».

I due eventi con protagonista il Papa "*venuto da un paese lontano*" hanno sicuramente incrementato il valore del pellegrinaggio: soprattutto il pellegrinaggio a piedi sta rivivendo una stagione particolarmente feconda dato il significato religioso e penitenziale dello stesso, recuperando quei valori dello spirito, della capacità di riflessione ed interiorizzazione della fede che un percorso non legato ai ritmi frenetici e spesso alienanti della nostra era, sa ancora conservare intatti e nuovi per l'uomo contemporaneo. Dopo secoli di oblío, dovuti in parte a situazioni storiche e religiose che abbiamo ricordato (la Riforma protestante, le guerre di religione, il brigantaggio, le varie epidemie e i conflitti fra gli Stati nazionali dell'Europa), oggi si può parlare di un "*fenomeno Santiago*" e non si conosce nessun altro itinerario che come questo catturi l'immaginazione di migliaia di viaggiatori e pellegrini che ogni anno a piedi, in bicicletta o a cavallo muovono verso questo estremo lembo del vecchio continente per andare ad onorare la memoria e la tomba di un umile pescatore di Galilea, discepolo e Apostolo del Signore, lì arrivato per annunciare il messaggio religioso più sconvolgente e straordinario che il mondo abbia conosciuto: il Vangelo.

Esiste oggi sicuramente un'esigenza spirituale profonda che pare soddisfatta dal pellegrinaggio, in particolare per coloro che osano affrontarlo a piedi. Camminare ha l'effetto di sollevarci dalle preoccupazioni del mondo moderno, è un'esperienza "*catartica*", di purificazione, di riscoperta dell'essenzialità della vita e forse anche della stessa fede. Il pellegrinaggio a Santiago offre poi un *valore aggiunto*, nel senso che è anche un cammino attraverso la storia, la civiltà, l'esperienza artistica e religiosa: ogni giorno si incontra qualche rovina o qualche grandioso monumento che ricorda al viaggiatore di essere sulle orme di un passato illustre, di un tempo in cui milioni di persone percorrevano la medesima via, per amore, per scontare una pena, per senso del dovere, per paura, o per pura e semplice fede. E tale pellegrinaggio, anche per un ateo, è un'esperienza che lascia un segno profondo. È un viaggio popolato di fantasmi, spiriti di grandi uomini, poveri e criminali, menestrelli e visionari, costruttori e artisti, santi e prìncipi. Un intero catalogo di umanità è passato di qui, calpestando questa lunga strada. Ha scritto un giornalista francese «*il Camino di Compostella non è che uno spezzone pedestre di una strada sinuosa cominciata col nostro concepimento. La vita intera è un pellegrinaggio. Essa ci conduce fino alla Vita che non avrà fine e di cui la morte umana è il misterioso passaggio*»[37].

Il grande Papa Giovanni Paolo II nel messaggio d'inizio dell'Anno Santo del 2004, il primo del terzo millennio del cristianesimo, ne ha fortemente sottolineato il carattere spirituale: «*il Cammino di Santiago, attraverso il quale molti pellegrini hanno purificato e accresciuto la loro fede nel corso della storia, e che ha lasciato la sua impronta nettamente cristiana nella cultura umana, non può dimenticare la sua dimensione spirituale. Il fenomeno jacobeo, che fa riferimento unicamente al secolare itinerario di Compostela, non può alterare la propria identità a causa dei fattori culturali, economici e politici che porta con sé. Qualunque iniziativa che cerchi di svilire o di adulterare il suo carattere specificatamente religioso eluderebbe le sue origini autentiche. A questo riguardo, il pellegrino non è , dunque, solo un viandante: è , innanzitutto, un credente che, attraverso quella esperienza di vita e con lo sguardo fisso sulla intrepidità dell'Apostolo, vuole seguire fedelmente Cristo...Nei secoli, l'essenza del pellegrinaggio a Santiago de Compostella, è stata la conversione al Dio vivente attraverso l'incontro con Gesù Cristo... Il pellegrinaggio, dunque, nonostante il suo rigore e la sua fatica, è un gioioso annuncio di fede. È un cammino personale dove i pellegrini, seguendo l'esempio del "Figlio del Tuono", si trasformano in intrepidi e zelanti apostoli. I pellegrini, nel loro cammino di riflessione, abbandonati all'intimità con il Signore nella preghiera e nel silenzio, appoggiati al bastone della sua Parola, contemplando le meraviglie che il Creatore ha plasmato nella natura, con la loro ascesi personale, con poche provviste e*

37 ADRIAN L., *Compostelle. Carnet de route d'un pèlerin*, Presse de la Renaissance, 2002

bagagli, evitando i pericoli dell'esperienza gnostica di alcuni preoccupanti movimenti pseudo religiosi e culturali, sono invitati ad annunciare il Regno di Dio»[38]. Le parole del Papa "*pellegrino del mondo*" non lasciano ombra di dubbio: il Cammino di Santiago, oggi più che ieri, non può non custodire gelosamente la sua impronta spirituale, la sua identità cristiana, la sua dimensione soprannaturale. Solo l'incontro con Cristo, giustifica lo sforzo della rotta verso Compostella, solo il cammino interiore della fede e dell'amore dà significato al partire, al mettersi in cammino verso Colui che per primo è venuto incontro a noi e cammina accanto a noi.

Anche Papa Benedetto XVI nel suo viaggio a Santiago in occasione dell'Anno Santo 2010 ha sottolineato la grande caratteristica "cristiana" del pellegrinaggio jacobeo: «*Questo è ciò che ci ricorda anche la celebrazione di questo Anno Santo Compostelano. E questo è quello che nel segreto del cuore, sapendolo esplicitamente o sentendolo senza saperlo esprimere a parole, vivono tanti pellegrini che camminano fino a Santiago di Compostela per abbracciare l'Apostolo. La stanchezza dell'andare, la varietà dei paesaggi, l'incontro con persone di altra nazionalità, li aprono a ciò che di più profondo e comune ci unisce agli uomini: esseri in ricerca, esseri che hanno bisogno di verità e di bellezza, di un'esperienza di grazia, di carità e di pace, di perdono e di redenzione. E nel più nascosto di tutti questi uomini risuona la presenza di Dio e l'azione dello Spirito Santo. Sì, ogni uomo che fa silenzio dentro di sé e prende le distanze dalle brame, desideri e faccende immediati, l'uomo che prega, Dio lo illumina affinché lo incontri e riconosca Cristo. Chi compie il pellegrinaggio a Santiago, in fondo, lo fa per incontrarsi soprattutto con Dio, che, riflesso nella maestà di Cristo, lo accoglie e benedice nell'arrivare al Portico della Gloria*»[39].

38 GIOVANNI PAOLO II, *Messaggio all'Arcivescovo di Santiago de Compostella per l'inizio dell'Anno santo jacobeo*, 30 novembre 2003
39 BENEDETTO XVI, *Omelia nella Plaza del Obradoiro*, 6 novembre 2010

II. L'AVVENTURA CRISTIANA

Roncisvalle, la flecha amarilla

Porta patet omnibus,
infirmis et sanis,
non solum catholicis verum
et paganis, judaeis, hereticis,
ociosis, vanis et, ut dicam breviter,
bonis et profanis[1]

Finalmente i Pirenei! Arrivati con l'aereo nel cuore della notte a Pamplona, partiamo che è ancora buio verso St. Jean Pied de Port, cittadina turistica da dove praticamente cominciamo il "*Camino*". Ci accoglie una splendida giornata di fine maggio. Sono con me Claudio e Sergio, due vigili urbani della cittadina dove sono parroco, Porto S. Stefano nel Monte Argentario. Timbriamo la *credencial* e dalla porta Saint Jacques iniziamo il *Camino* dopo aver pregato nella chiesa parrocchiale. Il cammino si fa subito aspro: iniziamo la salita assai ripida lungo la "*Route de Napoleon*" o "*des Port de Cize*". La giornata è caldissima, non ci sono nuvole, la strada asfaltata sale sempre più; ogni tanto troviamo un po' d'ombra, nessun pellegrino, solo qualche contadino basco intento alla falciatura. Mano a mano che si sale il paesaggio pirenaico con le sue vallate e cime si apre ai nostri occhi: la strada è dura ma molto bella, ogni tanto tagliamo i tornanti attraverso dolci sentieri, soffici: in tutto e per tutto domina il verde, il bianco e il giallo dei fiori di montagna. Purtroppo non troviamo acqua e la nostra scorta sta finendo, il sole è sempre più implacabile, sempre a picco sopra la nostra testa: il passo e l'andatura cominciano a farsi sempre più incerti, i primi dolori muscolari tormentano la salita, tuttavia il morale è alto: l'avventura appena iniziata ci fa stringere i denti ed andare avanti con tenacia.

Non sembra di essere sull'antica via dei pellegrini, manca qualsiasi riferimento religioso: solo la bellezza del creato, la maestosità delle montagne e delle valli innalza il nostro animo al Creatore. Finalmente troviamo un volontario francese che distribuisce acqua fresca ai pellegrini: è una via di mezzo tra un miraggio e un segno della Provvidenza. Mangiamo un tozzo di pane con del salame piccante, rosso come il sangue e due mele. Un po' di riposo, sempre però sotto il sole cocente. Riprendiamo subito la strada ed entriamo in Spagna, attraverso i boschi

1 Iscrizione sulla porta d'ingresso dell'antico Ospizio dei pellegrini di Roncisvalle: "*La porta è aperta a tutti, malati e sani, non solo ai cattolici ma anche ai pagani, giudei, eretici e fannulloni e, per dirla in breve, ai buoni e ai cattivi*"

di Navarra; anche se siamo in quota l'afa è tanta, l'ombra degli alberi riesce a darci un po' di fresco: troviamo una "*fuente*" (senz'acqua) con una pietra e la scritta "*Camino de Santiago*", la conchiglia, "*la concha*", i chilometri (753) che mancano alla meta, la freccia gialla, (insieme a quella bianco-rossa di Navarra) per indicare il Camino. Nonostante la stanchezza e l'indicazione di quello che ancora ci attende, siamo contenti, ci sentiamo sicuri, soprattutto cominciamo ad entrare nell'atmosfera del *Camino*: la conchiglia e la freccia gialla "*la flecha amarilla*" saranno per i prossimi giorni molto di più che dei semplici segni direzionali.

Incise, dipinte, scolpite su portali, colonne e fontane, abbozzate su muri, cippi, pietre, alberi, pali, sentieri, viottoli, campi e città fanno da guida lungo tutto il cammino, la freccia gialla che gli spagnoli qui chiamano, ed è bellissimo, la "*flecha Maria*" indica il percorso e il pellegrino vedendola sa di essere sulla strada giusta, si rasserena, sa come andare avanti. Ci sentiamo protetti, guidati, non più soli: sappiamo finalmente dove è la meta e come arrivarci. Avvertiamo soprattutto il valore del cammino: desiderio, tensione emotiva, volontà, ma soprattutto comincio a intuire quello che i mistici chiamano "*l'andatura del cuore*". Camminare comincia a far rima con meditare, a percepire la presenza di Dio: camminando sotto il suo sguardo, egli conosce ogni nostro passo. Mi rendo conto quanto sia più facile, in questa situazione, la meditazione, soprattutto quella che nel metodo della *lectio divina* è chiamata *ruminatio,* cioè la continua ripetizione della stessa parola o delle stesse parole per meglio assimilarle, simile al gesto del bue prima di deglutire. È il metodo caro ai monaci antichi, i quali camminando ripetevano continuamente la stessa parola biblica per farla penetrare sempre più profondamente nella loro anima e lasciarsi così cambiare da essa. Questo metodo è ben descritto nei *Racconti di un pellegrino russo*, pubblicati in Russia nel XIX secolo. Un pellegrino percorre per anni le immense distese della Russia avendo sulle labbra e nel cuore sempre la stessa parola, la stessa invocazione: «*Signore Gesù Cristo, figlio di Dio, abbi pietà di me*».[2] Camminando, ripete continuamente questa preghiera e sente che, pregando, si inabissa sempre più nella misericordia di Dio e diventa sempre più misericordioso, gioioso, buono, rilassato. Il cammino lo aiuta a ripetere la preghiera di Gesù e a sperimentarne tutta l'efficacia.

Dopo tante salite, la strada si fa pianeggiante, poi improvvisamente scende, lungo una secolare foresta, verso Roncisvalle. Purtroppo, per la stanchezza non ci accorgiamo della deviazione verso il Passo di Ibaneta con il monumento al paladino Orlando o Roland, come qui viene chiamato. Ma soprattutto saltiamo la collina delle croci: qui, secondo un rituale antichissimo i pellegrini rivolti

2 CARRETTO C. (a cura di), *I racconti di un pellegrino russo*, CE, Assisi 1987, pag. 20s

verso Compostella piantavano una croce e invocavano la protezione di san Giacomo. Il sole sta tramontando e i suoi raggi stanno illuminando l'estremo lembo d'occidente. Siamo stanchi, assetati, accaldati, le gambe indolenzite, ma felici. La chiesa, la *Colegiata de Santa Maria la Real*, ci appare bella, silenziosa, austera. Alloggiamo nell'antica foresteria: le mura imponenti, sapientemente restaurate, ci accolgono donandoci una frescura piacevole, il dormitorio è ben pulito, così le docce e i bagni. Alle otto insieme a tanti altri pellegrini partecipiamo ai Vespri cantati e alla Messa. L'atmosfera è particolarmente intensa: i canti gregoriani ci fanno tornare dietro nel tempo, i simboli e i ricordi dei paladini di Carlo Magno, le storie di Rolando e del vescovo Turpino si sovrappongono alle suggestioni della preghiera liturgica. I pochi canonici tengono il capo lievemente inclinato sui breviari. Dai loro petti sorge, con il medesimo ritmo e la medesima grave accentuazione, una melodia di grandiosa severità. La melodia, come un'enorme colonna di marmo che si perde tra le nuvole, non ha interruzione, si innalza al di sopra di tutte le cose esistenti.

La Messa termina con una grande solennità corale e con una cerimonia semplice ma ricca di grande effetto: i pellegrini vengono chiamati davanti all'altare. Un monaco in diverse lingue spiega quello che avverrà, invitando tutti ad inginocchiarsi. Il suono dell'organo solenne e maestoso introduce la benedizione del pellegrino secondo l'antico rito:

«O Dio,
che portasti fuori il tuo servo Abramo
dalla città di Ur dei Caldei
e che fosti la guida del popolo d'Israele attraverso il deserto,
ti chiediamo di custodirci, noi tuoi servi,
che per amore del tuo nome
andiamo pellegrini a Santiago de Compostella.
Sii per noi compagno nella marcia,
guida nelle difficoltà,
sollievo nella fatica, difesa nel pericolo,
albergo nel Cammino,
ombra nel calore, luce nell'oscurità,
conforto nello scoraggiamento
e fermezza nei nostri propositi perché, con la tua guida,
giungiamo sani e salvi al termine del Cammino e,
arricchiti di grazia e di virtù,
torniamo illesi alle nostre case, pieni di salute e perenne allegria.

Per Cristo nostro Signore. Amen»

È sufficiente sentire il nome di Abramo e di Santiago che il cuore e gli occhi di tutti riprendono vita, la stanchezza del giorno svanisce. Fissiamo lo sguardo sull'immagine della Vergine, la *Reina de Roncesvalles*, con in braccio il bambino Gesù che, in un gesto tenerissimo, sembra appoggiare la mano sul cuore di Maria, quasi a sentirne il battito. Si spengono le luci, una sola illumina il volto della Vergine, la *Salve Regina* conclude dolcemente la giornata e ci indica il vero e unico cammino «*....et Jesum benedictum fructum ventris tui, nobis, post hoc exilium, ostende*».

Si, ora veramente può cominciare il nostro pellegrinaggio, solo ora comprendo la grazia che mi è stata concessa, il dono grande e immeritato di compiere il "*cammino delle stelle*", il "*Camino di Santiago*", «*o clemens, o pia, o dulcis Virgo Maria*».

Leyre, ora et labora

Più di ogni altra cosa
ama il silenzio;
esso ti reca un frutto
che la lingua è incapace di descrivere

Isacco di Ninive

Partiamo presto, quando è ancora buio, sia per evitare di camminare sull'asfalto durante le ore più calde della giornata sia perché vogliamo arrivare nel primo pomeriggio. La meta di oggi è l'abbazia benedettina di S. Salvador de Leyre, una delle più antiche della Navarra e attualmente una delle più vivaci comunità monastiche di Spagna. La strada è lunga e diritta, in mezzo a campi coltivati a cereali, un continuo saliscendi, ogni tanto si intravedono in lontananza le montagne boscose dei Pirenei. Il cielo è abbastanza chiaro, solo qualche nuvola che ogni tanto ci ripara dal sole, non c'è pericolo di pioggia. La strada è monotona, troviamo soltanto una *gasolinera* (distributore di benzina) per mangiare e bere qualcosa dalle macchinette automatiche. Oggi niente pranzo, non attraversiamo nessun paese, salvo vicino all'*embalse*[3] di Yesa, la guida segnala un camping con bar. Sarà quello l'unico punto di ristoro. Non importa abbiamo fatto ieri sera a Berdun una cena abbondante (con doppia razione di *postre*[4]) e soprattutto una bella colazione a base di *caffè con leche, pan tostado y marmelada yogurt, queso e chorizo*. La strada ora diventa tortuosa e in leggera salita, seguendo le rientranze del lago artificiale, dalle cui acque ogni tanto emerge qualche tetto di Tiermas. Svoltiamo dopo il camping per una strada bianca con qualche pezzo in asfalto verso Leyre, dopo aver superato il confine dell'Aragona siamo ormai in Navarra. La salita è dura e il caldo comincia ad essere insopportabile (sono le due del pomeriggio), tuttavia ogni tanto troviamo un po' d'ombra e allora, quasi per ringraziamento, iniziamo la recita del rosario. L'afa è veramente fastidiosa, il canto delle cicale sembra unirsi alla nostra preghiera, siamo rimasti anche con poca acqua. Il cielo si è fatto nero, sembra che voglia piovere da un momento all'altro, in lontananza sulla montagna diversi lampi e tuoni. Poi improvvisamente un forte vento, qualche goccia di pioggia mista a sabbia, e la tempesta che si preannunciava passa via lambendo i fianchi della montagna, come cantava in una delle sue canzoni più famose il cantautore Paolo Bertoli[5].

3 Diga artificiale
4 È nel menù del pellegrino il dessert (dolce o gelato o budino)
5 *Eppure soffia*

Finalmente la sagoma scura del monastero, adagiato ai piedi del monte con in basso la distesa azzurra dell'*embalse* di Yesa su cui splendono i raggi di un timido sole, si mostra alla nostra vista. Mi tornano alla mente le parole del giovane monaco Adso di Melk ne *Il nome della rosa* di Umberto Eco alla vista dell'abbazia protagonista del famoso romanzo: siamo in un contesto completamente diverso, tuttavia il tempo incupito aiuta la mia immaginazione e quella dei miei compagni. La pietra beige del complesso monastico rispecchia i pilastri naturali della montagna; suoniamo, un monaco non più giovane, con gli occhi strabici, ci apre e ci accoglie nella foresteria del monastero facendoci prendere posto nell'ostello dei pellegrini, piccolo ma dignitoso. Avvolto con un mantello nella sua veste nera ci dà le indicazioni per la preghiera del vespro e poi, con nostra meraviglia, ci invita a cena con la comunità nel grande refettorio, ci accoglie insomma come prescrive, da secoli, la regola di S. Benedetto[6]. È veramente un dono di Dio quanto stiamo vivendo, le poche, semplici parole del monaco portinaio ci aprono l'intimo del cuore ad un grande senso di serenità e gioia, dimenticando perfino i dolori delle gambe e la voglia di farsi una doccia. Facciamo un giro veloce per il monastero il cui primo nucleo risale all'ottavo secolo, ammiriamo l'antichità delle pietre, i diversi chiostri e soprattutto il portale della chiesa illuminato di luce calda dal sole che sta per tramontare sulle terre ondulate di Navarra. È una luce dorata che fa conoscere meglio i dettagli delle sculture e dei rilievi, una luce che nella penombra della grande chiesa abbaziale dà forza alla colonne e agli archi dell'architettura romanica. Suona la campana, una grande nuvola d'incenso e la melodia asciutta del gregoriano introducono il canto solenne del Vespro, "*Deus, in adiutorium meum intende; Domine, ad adiuvandum me festina*[7]*...*"

Mentre la lunga fila dei monaci prende posto negli stalli del coro e la salmodia diviene sempre più possente, rimango affascinato dalla lunghezza del silenzio tra un salmo e l'altro, tutto l'ordine e il susseguirsi della preghiera ruota intorno al silenzio. Anche durante la cena il silenzio e l'ascolto della Parola divina[8] sono un tutt'uno con i movimenti, le azioni, i gesti dei monaci. È bello questo clima, da tanto tempo mancavo da una comunità monastica. Istintivamente, soprattutto dopo la compieta, quando il "*grande silenzio*" avvolge l'intera abbazia ripenso alle esperienze fatte in conventi o monasteri per ritiri di preghiera o esercizi spirituali. La lista è davvero lunga: l'Abbazia di Monte Oliveto e l'Eremo Agostiniano di Lecceto, le trappe di Vitorchiano e Valserena, quella di Blauvac in Francia, il convento delle Clarisse di Santa Fiora (ora purtroppo chiuso), di Cortona e quello di Città della Pieve, le grandi Abbazie di Mariastein e Einsielden in Svizzera, i monasteri di Vallombrosa, Camaldoli e Subiaco, l'eremo delle Celle di Assisi e il

6 BENEDETTO da NORCIA, Regola LIII,1.2: "*Tutti gli ospiti siano accolti come fossero Cristo... e a tutti si renda il dovuto onore, soprattutto ai fratelli nella fede e ai pellegrini*"

7 *O Dio, vieni a salvarmi. Signore, vieni presto in mio aiuto*

8 Cfr. BENEDETTO da Norcia, Regola, prologo, 1: "*Ascolta, figlio, gli insegnamenti del maestro, e apri l'orecchio del tuo cuore*"

Sacro Speco di Narni, La Verna, la Fraternità "Jesus Charitas" di Spello e la comunità delle Piccole Sorelle di Charles de Foucauld all'Eur di Roma. Tanti luoghi, tanta preghiera, soprattutto tanto silenzio. Il silenzio, il grande assente dalle nostre assemblee liturgiche, dai nostri incontri o veglie di preghiera; il silenzio, il grande sconosciuto per la maggior parte dei cristiani. Anche nell'ambito ecclesiale siamo succubi della mentalità dell'efficienza, quello che conta e vale è solo il fare, il produrre, l'avere. Avvertiamo più che mai la mancanza della dimensione contemplativa della vita cristiana; la felice sintesi benedettina "*ora et labora*" è valida oggi quanto agli inizi della civiltà medievale. Questa esigenza l'avvertiamo per tutti, non solo per i monaci o le monache.

Vorrei qui accennare a quel "*primato dello spirituale*" di cui è stato testimone e maestro uno dei più grandi filosofi cristiani del secolo scorso, Jacques Maritain, autore di tante e conosciute opere come *Umanesimo integrale* e *Il Contadino della Garonna*. In uno dei sui libri scrive: «*Sottomessa al tempo in cui si compie e passa, la legge dell'azione è la rapidità. Il Signore ha predicato tre anni. Ma che si agisca poco come gli eremiti, o molto come i dottori e gli apostoli, l'azione non trionfa del tempo che nella misura nella quale procede dalla contemplazione, che unisce lo spirito all'eternità*»[9]. Tutta la sua vita di studioso, di letterato, di artista poliedrico, di politico[10] e la sua opera filosofica si è contrassegnata da questa ricerca della dimensione contemplativa della vita. Fu a lui che Paolo VI alla conclusione del Vaticano II consegnò il messaggio conciliare agli uomini di scienza. In una raccolta di suoi scritti[11] troviamo, quasi perle di sapienza, brevi saggi sul valore del silenzio, dell'orazione e della contemplazione. La contemplazione è data a tutti i cristiani, non è prerogativa esclusiva dei Certosini, delle Clarisse o delle Carmelitane: da questa intuizione Maritain parla della "*contemplazione che sovrabbonda in azione*". È la formula questa che compone in una sintesi superiore le due realtà, azione e contemplazione, che qualcuno vorrebbe non solo separare, ma porre in antitesi. L'azione vera è solo quella che nasce dalla contemplazione. E la vera contemplazione porta necessariamente all'azione, Un momento chiama l'altro. Come la causa si rivela nell'effetto, come l'amore richiama l'amore. Si percepisce qui la sua formazione filosofica e tomistica in particolare, unita all'esperienza fatta da Maritain durante gli anni della sua lunga vita della spiritualità di Charles de Foucauld, l'avventuriero di Dio, missionario atipico in terra d'Islam, fratello universale dei più poveri, eremita del deserto del Sahara. Maritain trascorrerà gli ultimi anni della sua vita come Piccolo Fratello nella comunità di Tolosa e lì saprà indicare con estrema profondità di pensiero l'ideale del cristiano: passare dal dinamismo dell'azione alla luce della contemplazione e viceversa.

9 MARITAIN J., *Il primato dello spirituale*, ed. it. Logos, Roma 1980 (l'originale francese è del 1927!)
10 È stato ambasciatore della Francia presso la Santa Sede dal 1945 al 1948
11 MARITAIN J., *Azione e contemplazione*, Borla, Roma 1979

In una pagina "*profetica*" (l'originale francese è del 1936) di *Umanesimo integrale*, così scrive: «*Ci sono, per la comunità cristiana, in un'epoca come la nostra, due pericoli inversi: il pericolo di cercare la santità nel deserto, e il pericolo di dimenticare la necessità del deserto per la santità... L'eroismo cristiano non ha le stesse sorgenti degli altri; procede dal cuore di un Dio flagellato e volto in derisione, crocifisso fuori dalle porte della città. È tempo per esso di por mano, di nuovo e come già nei secoli medievali, alle cose della città eterna, ma sapendo bene che la sua forza e la sua grandezza sono altrove e di un altro ordine. Così un rinnovamento sociale vitalmente cristiano sarà opera di santità o non sarà; dico di una santità volta verso il temporale, il secolare, il profano*»[12]. Le riflessioni di Maritain sul valore della contemplazione per ogni cristiano, sull'impegno di tutti alla santità anticiparono alcuni temi del Vaticano II, come il primato della Parola di Dio, l'autonomia e la dignità delle realtà temporali, la vocazione universale alla santità. La solida formazione culturale di Maritain si confrontò fin dall'inizio con la grande tradizione spirituale dei classici cristiani, dai Padri della chiesa agli autori medievali fino alle nuove esperienze di vita comunitaria come i Piccoli Fratelli del Vangelo. Una raccolta di lettere[13] scritte per le fraternità dei Piccoli fratelli da p. René Voillaume[14] e pubblicata in Francia negli anni '50 dal significativo titolo "*Au couers des masses*" rappresenta quel punto d'incontro tra la speculazione teoretica del filosofo neotomista Maritain e l'intuizione spirituale dell'irrequieto visconte e avventuriero divenuto uno dei più grandi convertiti della storia cristiana. In questo testo "*programmatico*" viene evidenziata una condizione di grande respiro per i cristiani del nostro tempo, quella di essere "*permanenti in preghiera*"; questa dimensione recupera in qualche modo quella reale frattura che esiste fra la preghiera e la vita. Nell'epoca attuale gli uomini vivono in mezzo ad un'intensa superattività, alla quale non sfuggono neppure i sacerdoti ed i religiosi. Ai momenti di pura preghiera nei quali è importante cessare da ogni attività e occupazione e che non sempre trova disponibilità concreta visto le nostre condizioni di vita, ecco la permanenza dello stato di preghiera durante tutte le attività umane di lavoro e di relazione. Questa permanenza della preghiera altro non è che uno sguardo di fede sulla realtà del mondo.

Alle prime fraternità del Sahara, nel mondo musulmano, seguiranno quelle in altri "deserti", a partire dal mondo operaio in Francia (1947) e poi nei luoghi più abbandonati del mondo. In Italia fu Carlo Carretto[15] ha proporre questo

12 MARITAIN J., *Umanesimo integrale*, Borla 1977, pag. 160

13 VOILLAUME R., *Come loro*, Edizioni Paoline, Roma 1973

14 Ordinato sacerdote nel 1929, si consacrò all'eredità spirituale di de Foucauld è considerato uno dei grandi Padri spirituali del Novecento cristiano

15 Esponente del laicato cattolico fu Presidente della Giac e principale organizzatore del famoso raduno dei "baschi verdi" in Piazza S. Pietro nel 1948. Nel 1954 lascia l'Azione cattolica va in Algeria e diviene piccolo fratello. Nel post Concilio si stabilisce a Spello, in Umbria, dove con altri confratelli, da vita ad una comunità di preghiera e lavoro. È stato un punto di riferimento per diverse generazioni di cristiani, soprattutto giovani, grazie anche ai suoi scritti.

ideale di preghiera e contemplazione in ogni ambiente di vita, nel mezzo delle attività umane ed ecclesiali in particolare. Carretto pubblicò nel 1978 *Il deserto nella città*, agile libretto nel quale invitava ciascuno a ritagliarsi un luogo silenzioso nella propria casa per dedicarsi alla preghiera, aiutati solamente dalla Bibbia, dalla lettura semplice e continua della parola di Dio. Il deserto non è quindi un luogo geografico, è qualcosa di più e di diverso: è presenza di Dio. Non presuppone necessariamente l'Africa, la sabbia o le dune scottate dal sole, ma rimanda alla vita di ogni giorno, poiché tutto, per chi crede, è "luogo" del Signore. Ha scritto un teologo tedesco contemporaneo: «*Il deserto non è solo paesaggio, ma dimensione interiore del nostro essere uomini, di quella realtà che ciascuno di noi sperimenta in modo inconfondibilmente personale, anche se non ha fatto ancora esperienza dei deserti geologici disseminati sulla superficie del nostro pianeta... Il deserto è uno "spazio spirituale" che comunica esperienze di natura spirituale*»[16].

Ormai la compieta è terminata da tempo, sono rimasto solo nella grande navata della chiesa abbaziale, c'è ancora diffuso il profumo dell'incenso e l'eco dell'ultimo canto mariano, l'*Ave Maris stella*, i miei due compagni si sono già ritirati. Un buio e un silenzio profondo accompagnano il mio respiro, domani la comunità dei monaci avrà un giorno di permesso speciale per una visita a Saragozza alla *Madonna del Pilar*, il santuario nazionale mariano per eccellenza. Ho nel breviario un'immagine di Maria con sul retro la famosa preghiera *Memorare* di S. Bernardo, mi alzo, e volgo lo sguardo sull'altare maggiore, dove sulla destra una Vergine col bambino, illuminata da una luce soffusa, sembra attendere l'ultima preghiera della giornata, la preghiera di un pellegrino. La guardo, felice di trovarmi lì ai suoi piedi nel cuore della notte nella gloriosa abbazia di Leyre, e prego:

«*Ricordati, o piissima Vergine Maria, non essersi mai udito al mondo*
che qualcuno abbia ricorso al tuo patrocinio, implorato il tuo aiuto,
chiesto la tua protezione e sia stato abbandonato.
Animato da tale confidenza a te ricorro, o Madre, o Vergine delle Vergini;
a te vengo, e, peccatore contrito, innanzi a te mi prostro.
Non volere, o Madre del Verbo, disprezzare le mie preghiere,
ma ascoltami propizia ed esaudiscimi. Amen. »

16 GRESHAKE G., *La spiritualità del deserto*, Queriniana, Brescia 2004, pag. 8-9

Eunate, non nobis Domine

Mettiti in cammino
anche se l'ora non ti piace.
Quando arriverai
l'ora ti sarà comunque gradita

(Proverbio Tuareg)

La notte trascorsa nel rifugio di Trinidad de Arre mi ha fatto recuperare quell'energia e soprattutto quella voglia di andare avanti che la sera prima non avevo, causa la stanchezza e il dolore per le vesciche provate nella lunga tappa di Roncisvalle. È quasi un miracolo: sarà forse il fatto che il rifugio è attiguo alla chiesa della Trinità ma non sento nessun dolore, non accuso nessun fastidio, perfino lo zaino sembra oggi più leggero. Sergio ci ha già lasciati quando ancora era buio con un gruppetto di tedeschi, io e Claudio partiamo alle sette, il rifugio è ormai vuoto. Arriviamo facilmente a Pamplona, attraversiamo il ponte della Magdalena, la città è ancora deserta, il centro è tutto imbandierato e fervono i preparativi per la famosa "*fiesta de S. Firmin*", immortalata da Hemingway[17], con l'*encierro*, la travolgente corsa dei tori per le viuzze strette del centro storico. Facciamo colazione e, all'uscita, presso il campus universitario (molto bello e molto inglese) poniamo il "*sello*" sulla *credencial* e cominciamo ad intravedere in lontananza l'*Alto del Perdón* (734 mt.) con la sua fila di moderni mulini eolici (oggi rimasti immobili per la totale assenza del vento). Attraversiamo Cizur Menor, il sentiero si confonde in mezzo ai campi di grano e papaveri, il caldo comincia a farsi sentire.

I mulini sembrano avvicinarsi, ma il continuo zig-zag del sentiero li allontana sempre più: il paesaggio ampio e limpido è dominato dalle geometrie delle coltivazioni; nell'ultimo tratto si è avvolti dal giallo intenso delle ginestre, non c'è rumore di sorta, né alcun filo di vento e i mulini se ne stanno lì, muti, immobili. Poco prima di arrivare sull'Alto del Perdón la "*fuente de la reniega*", sulla sommità, nei pressi dei ruderi di una *ermita* dedicata alla Vergine, il monumento al pellegrino, sulle cui sagome di ferro sono incise le parole "*donde se cruza el camino del viento con el de las estrellas*"[18]. Facciamo qualche foto, ammiriamo l'ampio panorama, il cammino compiuto dalle cime dei Pirenei fino a quello che ci attende nei prossimi giorni. È passato ormai mezzogiorno e iniziamo la discesa,

17 HEMINGWAY H., *Fiesta*, Oscar Mondatori, Milano 1996
18 "*dove si incrocia il cammino del vento con quello delle stelle*"

il sentiero è sassoso, i terreni coltivati a grano cominciano ad ingiallire, qua e là dei vigneti e dei mandorli, il caldo sempre implacabile, cominciano a farsi sentire i morsi della fame; attraversiamo Uterga e Muruzabal senza incontrare nessuno, per fortuna una fonte d'acqua ci permette di rinfrescarci. A Obanos entriamo in un bar per mangiare qualcosa, ma la cucina è chiusa e allora ci dobbiamo accontentare di una birra, di croissants e di un gelato: ormai mancano solo pochi chilometri a Puente la Reina.

Decidiamo, nonostante le *ampollas* e il sole implacabile, di fare la deviazione per Eunate (tre chilometri!!!): non possiamo saltare la visita all'*Ermita di Santa Maria*, tempio ottagonale di origine templare costruito nel XII secolo seguendo il disegno del tempio di Gerusalemme. Tra gli ordini cavallereschi quello che ebbe la maggiore influenza lungo il cammino fu l'Ordine dei Templari, i misteriosi monaci guerrieri che tanto fiume d'inchiostro hanno fatto scorrere fino ai giorni nostri. L'*Ordine dei poveri cavalieri di Cristo e del Tempio di re Salomone* (questo il nome corretto) fu fondato nel 1118 da Ugo de Payns, vassallo del conte di Champagne, e altri otto cavalieri con lo scopo di proteggere i pellegrini diretti in Terra Santa. Fu il primo ente religioso a carattere militare istituito dalla chiesa occidentale, in seguito alle Crociate. Nel 1128 l'ordine fu approvato in un concilio tenutosi a Troyes e il papa Onorio II lo insignì di rilevanti privilegi. Bernardo di Chiaravalle che ne fissò la regola scrisse di questi cavalieri: «*Non hanno nulla di proprio, nemmeno la loro volontà poiché il loro unico pensiero è quello di armare di fede lo spirito e di ferro il corpo. Le armi sono il loro unico ornamento e se ne servono con coraggio nei più gravi pericoli senza temere il numero né la forza dei barbari. Ripongono ogni loro fiducia nel Dio degli eserciti e, combattendo per la sua causa, cercano una vittoria sicura o una morte santa e onorata*»[19].

Nel 1139 Innocenzo II con la bolla *Omne datum optimum* stabiliva che i Templari non dovevano obbedienza a nessun potere secolare o ecclesiastico, ma solo al Papa. L'Ordine divenne così un impero autonomo, indipendente da ogni interferenza politica, sempre più ricco e potente a motivo anche di grandi donazioni. Dopo la rovinosa caduta di Gerusalemme (1187), i Templari si dedicarono in Europa, Francia e Spagna soprattutto, alla difesa dei pellegrini diretti verso Santiago e alla difesa della fede cristiana[20]. La Linguadoca divenne ben presto il loro feudo e quando, scoppiò la violenta crociata contro l'eresia catara, non prendendo posizione contro gli Albigesi divennero ben presto oggetto di risentimento da parte di Filippo IV il Bello, il quale debitore di una ingente somma di denaro e a suo tempo respinto dall'Ordine, mal tollerava nel suo territorio una

19 Cfr. S. BERNARDO, *Per i cavalieri del Tempio. Elogio della nuova cavalleria* I,1. in Guardastelli F. (a cura di), *Opere di S. Bernardo I. I Trattati*, Fondazione studi cistercensi, Milano 1984

20 *Non nobis Domine*, "*non a noi Signore, non a noi ma al tuo nome da gloria*" dal salmo 115 sarà il loro motto, che ben esprime la loro vita dedicata al servizio di Dio e della chiesa

potenza militare ed economica così importante come quella dei Templari. Con la complicità e l'avallo di Clemente V (papa grazie all'appoggio di Filippo IV) il 13 ottobre 1307 iniziò una tremenda distruzione dei cavalieri del Tempio, accusati di eresia, apostasia, sodomia e altri crimini. Processati e sottoposti ad orrende torture, confiscati i loro beni e distrutti i loro presìdi, subirono anni di brutale persecuzione finché nel 1312 Clemente V sanzionò lo scioglimento dell'Ordine. Nel marzo del 1314 l'ultimo Gran Maestro Jacques de Molay fu bruciato vivo insieme agli ultimi superstiti, senza che il re potesse impossessarsi del loro ingente e misterioso tesoro. Ogni traccia dei Templari scomparve. Cominciò la loro leggenda. Ancora oggi lungo il Cammino di Santiago la presenza templaria è particolarmente avvolta dal clima di mistero, enigmi e pregiudizi che in parte ne hanno fatto la loro fortuna, almeno a livello pubblicistico e nella coscienza collettiva e nella memoria storica. Eunate, Torres del Rio, Villalcasar de Sirga, Ponferrada, Portomarin non sono che alcune delle testimonianze più prestigiose del sigillo dei Templari sulla rotta verso Compostella, tanto che alcuni, nell'ambito dell'alchimia e del simbolismo esoterico, vedono in essa "*solo*" una via templaria. È questa una delle mistificazioni e fraintendimenti in atto oggi intorno al Cammino: il mistero tuttora non chiarito riguardo alle origini di Eunate e a tanti elementi inquietanti suscitano molto interesse per questo tempio che fu ospedale di pellegrini, camera mortuaria, faro per i viandanti, luogo di culto cristiano e santuario per coloro che invocano forze esoteriche.

L'*ermita* di Eunate (in euskera, lingua basca significa "*cento porte*") costruita intorno al 1170 e quindi quasi contemporanea a quella, ugualmente ottagonale, di Torres del Rio, con lo stupendo chiostro esterno ed aperto (mentre i chiostri come indica il loro stesso nome sono chiusi e interni) ricco di capitelli e simboli animali, tra cui il famoso *baphomet o bafometto*[21] s'innalza solitaria, circondata da un paesaggio vasto e pianeggiante che d'estate si colora del giallo dei girasoli. La pianta ottagonale e il chiostro che la circonda la rendono diversa da qualsiasi altra chiesa. Tre aggettivi la descrivono: semplice, originale e misteriosa. L'insieme dell'edificio è circondato da una bella galleria porticata con 33 archi che poggiano su capitelli decorati. L'armonia della pianta ottagonale è interrotta dall'abside pentagonale e da una piccola torre a pianta quadrata addossata dal lato dell'altare maggiore. Sui muri esterni si alternano finestre traforate e altre cieche, mentre vi sono due porte di accesso: quella a nord di fronte al Cammino è molto decorata, mentre l'altra verso ponente è più semplice. Perché due porte, in un edificio di dimensione così piccola? Gli interrogativi non finiscono qui. Oltre il già ricordato *baphomet*, troviamo uccelli con testa umana coronata, chimere o arpie con

21 I *Baphomet* sono delle raffigurazioni generalmente costituite da una testa di mostro con le corna o felino che decorano edifici templari. Sul loro significato ancora si dibatte. Alcuni lo considerano un idolo demoniaco adorato dai Templari e per questo condannati per eresia e blasfemia. Altri fanno riferimento all'associazione/deformazione della parola araba *Mohamet* con *Baphomet* e da qui la conseguente condanna dei Templari per apostasia.

ali d'uccello e coda di drago, un cavaliere con mantello e cappuccio che si appoggia su una testa, cani e poi l'immagine più controversa, quella di una donna nuda (Eva?) che sorregge un calice da cui sembra bere, un lungo serpente che la avvolge e poi un quadrupede, forse un altro cane. Nei capitelli che coronano le colonne delle arcate antistanti, oltre a due volti mostruosi con lunge barbe a spirale, una Crocifissione senza croce e pellegrini con i loro bastoni. L'interno del tempio, semplice e con alcuni elementi di influsso arabo, è altrettanto fascinoso. Una volta abituati gli occhi alla scarsa luce che filtra all'interno, si percepiscono la spiritualità e il raccoglimento che avvolgono la chiesa. Nei massicci muri di blocchi squadrati di pietra si distinguono due altezze e in ogni angolo si sovrappongono due colonne. La sobrietà dell'interno è solo apparente, in quanto le colonne presentano 26 capitelli decorati. La volta ottagonale è sostenuta da 8 costoloni con angoli diversi, il che mette in evidenza che gli otto lati del tempio sono disuguali. Nell'abside a forma semicircolare, dalla grande ricchezza architettonica, si trovano gli elementi scultorei più antichi della chiesa.

La sosta a Eunate nel caldo torrido della piana di Navarra nelle prime ore di un afoso pomeriggio di metà giugno è sicuramente una benedizione dal cielo. Mi sdraio, esausto e quasi disidratato, all'ombra dei suoi archi carichi d'immagini e simboli per niente consolanti. Una fonte di acqua fresca riesce a scuotermi da un torpore improvviso: avrei voglia di guardare bene l'insieme dell'edificio ma non ne ho le forze, la mente è come confusa e oppressa. Entro per lo stupendo portale, la semi oscurità e il clima fresco della chiesa infondono un'energia spirituale e fisica sorprendente, mi siedo e sento un benessere interiore che pian piano mi fa abbandonare quello stato di spossatezza e confusione. L'immagine policroma della Vergine (purtroppo una copia dell'originale del XII secolo trafugata agli inizi degli anni '70) posta nell'abside mi rasserena, la nudità e l'essenzialità delle forme architettoniche mi colpiscono. Queste pietre sono testimoni di tanta storia, storia di dolore e di speranze, storia di passioni e di una spiritualità indefettibile di tanti pellegrini che hanno varcato queste arcate, custodi di una storia che non può fermarsi, di un'avventura che ormai sovrasta i secoli e che chiama altri ad essere protagonisti di un destino che non può venir meno perché sorretto e guidato dalla luce di Cristo Signore. Ecco finalmente una chiesa essenziale, pura, non contaminata da stili successivi o da inutili accessori. La sua semplicità è la sua ricchezza, impreziosita dagli archi, dalla volta, dall'altare in pietra, dalle finestre di alabastro e onice, un piccolo vaso di fiori freschi di campo ingentilisce la statua di Nostra Signora di Eunate. È un tocco di delicatezza e premura messo lì forse da qualche pellegrino: mi è naturale stringere fra le mani la corona e iniziare il rosario, meditando con gusto uno dopo l'altro i misteri della gioia. Alla fine del rosario il mio compagno decide di rimettersi in viaggio per gli ultimi tre chilometri della giornata, io rimango lì. La scusa è la stanchezza, in realtà voglio ancora e da solo assaporare la pace e la bellezza di questo luogo, soprattutto voglio recitare a voce alta una delle preghiere mariane più belle scritta da san Bernardo di Chiaravalle, il mistico «*desideroso di vivere immerso nella valle luminosa della contemplazione, condotto dagli eventi a viaggiare per l'Europa per servire la Chiesa, nelle necessità del tempo e per difendere la fede cristiana*»[22]. Qui nella chiesa templaria di Eunate la preghiera del grande monaco e cavaliere di Cristo è per me, per ogni pellegrino, un'autentica boccata d'ossigeno spirituale:

O chiunque tu sia,
che nel mare di questo mondo
ti senti sballottare tra bufere e tempeste,
non distogliere il tuo sguardo dal fulgore di questa stella,
se non vuoi essere sommerso dai flutti.

Se insorgono i venti delle tentazioni,
se urti negli scogli delle tribolazioni,
guarda alla stella, invoca Maria.

Se turbato dal pensiero della gravità delle tue colpe,
confuso dal deplorevole stato della tua coscienza,
atterrito dalla severità del giudizio,
tu stia per farti dominare dalla tristezza
e cadere nell'abisso della disperazione,
pensa a Maria.

Nei pericoli, nelle angustie, nei dubbi,
pensa a Maria, invoca Maria.

Seguendo Lei, non devierai;
invocandola, non ti dispererai;
pensando a Lei, non peccherai;
tenendoti stretto a Lei, non cadrai.

Se L'avrai come protettrice, non avrai di che temere;
sotto la Sua guida, ti sarà lieve ogni fatica;
ed avendoLa propizia, perverrai facilmente alla patria beata.

22 BENEDETTO XVI, Udienza generale 20 agosto 2008

Puente La Reina, la differenza cristiana

Muere lentamente
quien se trasforma en esclavo
del hábito repetiendo todos los dias
los mismos trayectos, quien no cambia de marca
Muere lentamente quien no viaja,
quien no lee, quien no oye música,
quien no encuentra gracia en sí mismo.
Muere lentamente,
quien abbandona un proyecto antes de iniciarlo[23]*...*

Quem morre? di Martha Medeiros in "*Poesia Reunida*" (1998)

Mi dispiace lasciare Eunate, e solo nel tardo pomeriggio arrivo a Puente la Reina, cittadina simbolo del Cammino dove s'incrociavano i vari itinerari che dalla Francia e dall'Europa facevano rotta verso la tomba dell'apostolo Giacomo: il monumento al pellegrino ricorda che "*desde aqui todos los caminos a Santiago se hacen uno solo*"[24]. Trovo Claudio al rifugio, che purtroppo è già tutto pieno, cerchiamo Sergio, che arrivando prima di noi ha trovato posto e sta riposando. Dobbiamo trovare un alloggio per la notte, proviamo a bussare al Convento dei Padres Reparadores, ma non c'è nessuno. Facciamo una breve visita alla chiesa del Crocifisso. Attraversiamo la *calle Mayor* assolata e ancora deserta, tutto è chiuso. Alcuni pellegrini ci dicono che oltre il ponte c'è un rifugio nuovo, rimango sorpreso e difatti verifichiamo subito che non esiste altro rifugio, chiediamo informazioni anche all'*Oficina de Turismo*. Arriviamo al famoso ponte che da il nome a questa cittadina, una delle più importanti del Camino, lo attraversiamo e ne ammiriamo le arcate ampie e slanciate, il *rio Arga* scorre deciso nella piana di Navarra, il sole non dà tregua, ma ormai che importa, siamo arrivati. Decidiamo di fermarci in un hotel, ex-alloggio dei pellegrini medievali, completamente restaurato e di buon livello: fortunatamente la signora ci tratta da pellegrini (per quanto riguarda il prezzo) e così possiamo riposarci un po', lavarci e lavare la nostra biancheria.

Verso sera, dinanzi alla chiesa di Santiago troviamo Sergio, entriamo e ammiriamo la statua lignea del santo, facciamo un giro tutti e tre insieme, comincia

23 *Lentamente muore chi diventa schiavo dell'abitudine, ripetendo ogni giorno gli stessi percorsi, chi non cambia marcia; Lentamente muore chi non viaggia, chi non legge, chi non ascolta musica, chi non trova grazia in se stesso; Lentamente muore chi abbandona un progetto prima di iniziarlo...*
24 *"Da qui, tutti i cammini a Santiago diventano uno"*

il passeggio della *tarde*, compriamo le conchiglie da legare allo zaino e poi di nuovo in chiesa per partecipare alla messa. Ci sono circa cinquanta persone, quasi tutte donne e alcuni pellegrini, cotti dal sole almeno quanto noi, dall'aspetto affaticato, attenti a non perdere alcuna parola o gesto del celebrante: l'atmosfera è molto semplice e al tempo stesso suggestiva, il rito non è pesante, sento vicino le persone lasciate a casa, ma più di tutto ho la sensazione di stare in compagnia delle migliaia di pellegrini che durante i secoli hanno attraversato il cammino e pregato in queste chiese, attraversato queste terre bollenti d'estate e fredde d'inverno. Quanti passi sopra le arcate di questo straordinario ponte, passi carichi di fede, passi di penitenti con nell'animo il desiderio di giungere alla meta desiderata. Più volte, nei giorni successivi, durante la messa serale avverto le stesse emozioni e in parte questa "*comunione spirituale*" riesce a dar nuovo vigore e tenacia nell'andare avanti; è particolare l'atmosfera che t'invade entrando e pregando in chiese nate per accogliere i pellegrini, chiese che manifestano una presenza, una Presenza viva, non legata agli stucchi, alle decorazioni o alle numerose opere d'arte. La differenza cristiana, diversamente da ogni altra religione o esperienza umana, è proprio in questa comunione soprannaturale che unisce le persone e gli eventi, la storia del passato e le vicende del presente, anticipando il futuro nella speranza e nella gioia dell'incontro con quel Dio che ogni giorno ci passa accanto in modi diversi e sotto tante forme.

La messa è appena finita, ma rimango ancora alcuni istanti in chiesa. Il parroco è stato gentile, ci ha salutato con calore, ha chiesto se avevamo bisogno di qualcosa, si è interessato alla nostra salute. Quando ho chiesto di concelebrare si è dimostrato subito contento, felice; ha parlato, con evidente amarezza, della crisi di fede della Spagna. Ora, seduto dinanzi alla statua di Santiago detta *Beltza* (nera in basco), ripenso anch'io alla situazione della fede nel nostro tempo. Viviamo in un'ora contrassegnata da molti ostacoli, da diverse contraddizioni, sicché la fede sembra incapace di interessare gli uomini e le donne di oggi. Non solo c'è superficialità nei riguardi della fede, ma, più in generale, c'è indifferenza verso un'autentica ricerca su Dio. Proprio in coloro che si dicono cristiani, di fatto la fede appare debole, di corto respiro, incapace di manifestare quella forza che cambia la vita, il modo di pensare, sentire e agire. Sempre più noi cristiani veniamo letti come una minoranza in una società plurale per credenze religiose, etiche ed espressioni spirituali che non fanno alcun riferimento a Dio o alle vie tradizionali. Anche la trasmissione della fede è diventata difficile: penso per fare un esempio alle enormi difficoltà che abbiamo per il catechismo dei ragazzi, per non parlare del dopo-cresima o della pastorale giovanile. Ma anche con gli adulti e le famiglie la situazione non cambia. Le nuove generazioni in genere, non solo i bambini o i ragazzi quindi, sembrano incapaci di ricevere quell'eredità di fede e di cultura che per secoli ha contrassegnato la nostra gente. Comunicare il Vangelo in un mondo che cambia, per riprendere il titolo dato dai Vescovi italiani agli orientamenti pastorali per il primo decennio del duemila è diventata non tanto e solo una necessità, ma una sfida e un compito irrinunciabile. Al di là di ogni paura di essere ormai in una cittadella assediata e minacciata o a confidare in qualche strategia pastorale o metodo innovativo, forse è più utile ritornare all'esempio di Gesù, uomo credibile e affidabile. La trasmissione della fede, l'educazione alla fede passa, oggi più che mai, sulla nostra credibilità e affidabilità. Un teologo contemporaneo[25] parla del "*cristianesimo come stile*", invitando a cambiare in qualche modo quello che finora si è fatto. La chiesa e la teologia hanno pensato la fede come un contenuto da trasmettere; questo modello ha funzionato positivamente nelle società tradizionali. La modernità ha aperto situazioni in cui tale modello mostra segni evidenti di crisi. Questo autore propone allora un approccio diverso alla tradizione cristiana, nel quale la categoria dello stile esprime al contempo il contenuto e la forma della fede in quanto principio regolatore della presenza del cristiano nel mondo. È una sfida interessante, sicuramente "affidabile" e quindi "credibile".

La *calle Mayor* intanto si è animata, alcune mamme sono con i loro bambini sedute all'inizio del ponte più famoso del *Camino*, i piccoli giocano animatamente mimando i movimenti della corrida, utilizzando un rudimentale congegno a forma di toro, con la testa nera e tanto di corna. È uno spettacolo divertente, sembra di assistere ad una vera corrida tanto è l'impeto con cui i ragazzi corrono e gridano verso il "toro". In un angolo della piazzetta, al riparo dal sole, una mamma con un bambino, di circa 6/7 anni, affetto da un grave handicap cerebrale. Rimango colpito dalla premura e dal modo con cui questa donna lo accarezza e lo tiene stretto a sé. Le altre mamme inizialmente indifferenti, le si avvicinano e pian piano la rendono meno sola e appartata. La malattia e la sofferenza sono sempre difficili da accettare, soprattutto quando tocca i bambini. Di fronte a situazioni così gravi, avvertiamo tutta la nostra impotenza, spesso rispondiamo emarginando chi si trova a lottare contro un male più grande di lui. E chi è colpito da questi handicap sperimenta un immenso dolore, dolore che diviene rabbia, angoscia, disperazione. Mi viene in mente la meravigliosa testimonianza di come il filosofo Emmanuel Mounier seppe vivere accanto a sua figlia cerebrolesa, trasformando, con l'aiuto di una fede pura e un'intelligenza cristallina, una *disgrazia* in *grazia*. Scrive nel suo diario: «*Presenza di Françoise. Storia della nostra piccola Françoise, che sembra continuare la sua esistenza con dei giorni privi di storia. Il primo sforzo è stato quello di superare la psicologia della sventura. Questo miracolo che un giorno si è spezzato, questa promessa su cui si è richiusa la lieve porta di un sorriso cancellato, di uno sguardo assente, di una mano senza progetti, no, non è possibile che ciò sia casuale, accidentale. - È toccata loro*

25 THEOBALD C., *Il cristianesimo come stile. Un modo di fare teologia nella postmodernità*, I-II EDB, Bologna 2009

una grande disgrazia -. Invece non si tratta di una disgrazia: siamo stati visitati da qualcuno molto grande... Ho avuto la sensazione, avvicinandomi al suo piccolo letto senza voce, di avvicinarmi ad un altare, a qualche luogo sacro dove Dio parlava attraverso un segno. Ho avvertito una tristezza che mi toccava profondamente, ma leggera e come trasfigurata. E intorno ad essa mi sono posto, non ho altra parola, in adorazione... Per molti mesi, avevamo augurato a Françoise di morire, se doveva rimanere così com'era. Non è sentimentalismo borghese? Che significa per lei essere disgraziata? Chi può dire che essa lo sia? Chi sa se non ci è domandato di custodire e di adorare un'ostia in mezzo a noi, senza dimenticare la presenza divina sotto una povera materia cieca? Mia piccola Françoise, tu sei per me l'immagine della fede. Quaggiù, la conoscete in enigma e come in uno specchio (28 agosto 1940)»[26]. Sono parole forti, segno di quanto la forza della fede possa illuminare la notte più buia e il dolore più devastante. Ecco cosa scrive alla moglie Paulette: «*Che senso avrebbe tutto questo se la nostra bambina fosse soltanto una carne malata, un po' di vita dolorante, e non invece una bianca piccola ostia che ci supera tutti, un'immensità di mistero e di amore che ci abbaglierebbe se lo vedessimo faccia a faccia... Non dobbiamo pensare al dolore come a qualcosa che ci viene strappato, ma come a qualcosa che noi doniamo... Non voglio che si perdano questi giorni, dobbiamo accettarli per quello che sono: giorni pieni d'una grazia sconosciuta (20 marzo 1940)*»[27].

Si è fatto ormai tardi, affido i miei pensieri e le mie considerazioni alla protezione dell'Apostolo e raggiungo i miei compagni, i quali preoccupati di ben altro sono ad attendermi seduti ad un tavolo del solito bar-ristorante, pronti all'ennesimo menù del pellegrino. La cena è veramente buona e abbondante, zuppa di verdure (e tanto aglio), baccalà con contorno di peperoni rossi al forno, come si usa qui in Navarra, e una buona bottiglia di vino *tinto*. Prima di andare a riposare facciamo un ultimo giro sopra le arcate imponenti del ponte, c'è silenzio intorno, si sentono scorrere le acque del *rio Arga*. Mi siedo sul selciato in cotto, appoggio la testa alle pareti di pietra ancora calde per il sole e ripenso alla storia e alle leggende dei Cavalieri Templari, al loro triste destino. Rivedo, quasi come in un film uno ad uno, i portici di Eunate, i capitelli e le sculture, soprattutto l'abside e l'altare volti ad oriente, là dove nasce il sole, da dove viene la vita e senza quasi accorgermene recito l'inno di Compieta "*Gesù, luce da luce, sole senza tramonto, tu rischiari le tenebre nella notte del mondo...*"[28] per concludere una delle giornate più belle e faticose del Cammino.

Domani è un altro giorno...

26 MOUNIER E., *Lettere e diari*, Città Armoniosa editrice, Reggio Emilia, 1981 pagg. 322-323
27 MOUNIER E., o.c., pag 312
28 Inno di Compieta dopo i secondi vespri della Domenica

Santo Domingo de la Calzada, più forti dell'odio

Sia la strada al tuo fianco, il vento sempre alle tue spalle,
che il sole splenda caldo sul tuo viso,
e la pioggia cada dolce nei campi attorno
e, finché non ci incontreremo di nuovo,
possa Dio proteggerti nel palmo della sua mano.

Patrizio di Armagh

Il Cammino lasciata Najera è veramente rilassante. Siamo ancora nella regione della Rioja ma già verso l'orizzonte si intravede la Castiglia, la regione-simbolo della monarchia spagnola, terra antica e leggendaria, contraddittoria, aspra e nello stesso tempo accogliente, fulcro della guerra contro l'Islam. Una volta completata la *Reconquista*, da essa prendeva piede il disegno dei re cattolici per l'unificazione politica, religiosa e linguistica del paese. I *conquistadores* a cui dette i natali rinsaldarono il mito della Castiglia «*árida y guerrera*», culla dell'impero spagnolo. Ormai lasciamo alle nostre spalle i famosi vigneti della Rioja, intorno a noi solo campi coltivati, ulivi e pioppi. Passiamo da Azofra, intorno a noi tanta solitudine, in mezzo a un campo troviamo un Rollo medievale, chiamato la *Cruz de los peregrinos*. Il rollo è una colonna di fronte alla quale si svolgevano i giudizi e i processi dei malfattori, più avanti attraversiamo una serie di colline dal nome significativo, *Curvas de la Degollada*. Il toponimo fa sicuramente riferimento alle atrocità commesse nelle numerose battaglie che si combatterono in questi paraggi tra cristiani e mussulmani, ma anche tra navarri e castigliani. Verso la fine della mattina siamo a Santo Domingo de la Calzada, il cui nome celebra il famoso santo costruttore di strade (*calzada*) e ponti che la fondò nel XI secolo, ripristinando il percorso del Cammino, dando assistenza e ospitalità ai pellegrini prima di affrontare gli aspri e insidiosi *Montes de Oca*. Il suo corpo riposa nella cripta della cattedrale in un sarcofago romanico di alabastro. La città è da sempre uno dei luoghi simbolo del Cammino, soprattutto per la sua chiesa cattedrale che conserva al suo interno un gigantesco *gallinero*[29] a ricordo dell'episodio del gallo e della gallina e del giovane accusato ingiustamente di furto, condannato e impiccato e miracolosamente salvo.

Alla sera dopo la messa, durante una breve passeggiata per le vie del centro, l'argomento del nostro colloquiare non è il miracolo di santo Domingo de la Calzada e del suo *gallinero*, quanto il rapporto tra cristianesimo e islam. La terra

29 Gallinaio contenente due galli belli vivi, periodicamente sostituiti

di Spagna ha conosciuto in modo cruento la difficile convivenza dei secoli passati, purtroppo tornata oggi tragicamente attuale. La messa è stata celebrata da un *piccolo fratello* il quale, prendendo spunto dall'anniversario dell'uccisione dei sette trappisti dell'abbazia di Tibhirine in Algeria da parte dei fondamentalisti islamici, ha ricordato il sacrificio della vita del beato Charles de Foucauld agli inizi del secolo scorso, sempre in terra algerina. Le parole del piccolo fratello hanno scosso tutti, soprattutto per il tono sereno, senza rancore o sete di vendetta, accomunando la persona e il sacrificio di Charles de Foucauld a quello dei sette monaci. Il percorso biografico ed esistenziale di questa grande figura è ancora oggi quasi del tutto sconosciuta al grande pubblico, perfino all'interno della Chiesa.

Charles de Foucauld, nato nel 1858 da una aristocratica famiglia francese, militare dalla vita dissoluta e ribelle, esploratore del Marocco e del Sahara, dopo una lunga crisi mistica si converte a Parigi entrando per caso nella chiesa di S. Agostino. Decide di farsi trappista, poi domestico delle clarisse di Nazareth, infine prete e monaco, trascorre gli ultimi anni nel nascondimento totale e nella preghiera di adorazione come "*fratello universale*" nel deserto del Sahara, prima a Beni-Abbés, poi nell'Hoggar algerino, infine fra i tuareg di Tamanrasset. Qui, il 1 dicembre 1916, muore a causa di una banda ribelle ucciso con un colpo di fucile da un ragazzo di 15 anni. Muore solo, senza nemmeno un compagno, vittima della violenza nonostante tutta la sua vita fosse stata dedita all'accoglienza e alla testimonianza silenziosa dell'amore, al prossimo e all'Eucaristia. Passeranno quasi vent'anni prima che la sua eredità spirituale e il suo carisma trovasse seguito nei Piccoli Fratelli e nelle Piccole Sorelle di Gesù e poi in altre forme di vita apostolica. L'otto settembre 1933 a Parigi, nella Basilica del Sacro Cuore a Montmartre, quattro sacerdoti guidati da René Voillaume partirono per il Sahara per vivere nella famiglia dei "*Piccoli fratelli di Gesù*" la regola da lui scritta nelle aride pietre dell'Hoggar algerino. Fu il primo germe di un continuo fiorire di comunità e fraternità ispirate alla spiritualità di Charles de Foucauld, l'apostolo del Sahara. Il sangue dei martiri è veramente, secondo le parole di Tertulliano, seme fecondo di nuovi cristiani[30]. Al termine del secondo e all'inizio del terzo millennio cristiano la chiesa è tornata ad essere nuovamente chiesa di martiri.

La sorte dei sette monaci trappisti non va letta solamente come un fatto di cronaca nera, uno scontro di civiltà, di terrorismo politico né tanto meno una nuova guerra di religione e di intolleranza. Va compresa nel suo valore "sacramentale", cioè di segno salvifico, di amore vissuto, di vita donata. Meno di venti giorni prima di essere rapito insieme agli altri monaci, frère Christian il priore della comunità aveva scritto: «*Dobbiamo essere testimoni dell'Emmanuele, cioè del*

30 Cfr. TERTULLIANO, *Apologetico*, 50,13

"Dio-con". C'è una presenza del "Dio tra gli uomini" che proprio noi dobbiamo assumere. È in questa prospettiva che cogliamo la nostra vocazione a essere una presenza fraterna di uomini e di donne che condividono la vita di musulmani, di algerini nella preghiera, il silenzio e l'amicizia. Le relazioni chiesa/islam balbettano ancora perché non abbiamo ancora vissuto abbastanza accanto a loro. Dio ha tanto amato gli uomini che ha dato loro il suo Figlio, la sua chiesa, ciascuno di noi. "Non c'è amore più grande che dare la vita per i propri amici"»[31]. Una vita donata nell'amore per tutti, nessuno escluso, non rimane sterile, diviene segno di comunione e di vera testimonianza: chi ha una ragione per morire rende manifesta la ragione che ha per vivere e che l'amore è più forte dell'odio. E per un discepolo di Cristo questa ragione ha un nome, un volto: quello del suo Maestro e Signore. "*L'ordine non ha bisogno di martiri, ma di monaci*" aveva scritto alcuni mesi prima un abate cistercense alla comunità di Tibhirine conoscendo il clima difficile che l'integralismo aveva creato, volendo quasi coinvolgere tutto il mondo islamico sotto questo marchio che è diventato poi scusa (anche politicamente parlando) e occasione per alimentare odio, sangue e vendetta. In un momento in cui molti pensano all'islam come nemico, il gesto di chi si lascia sgozzare amando il proprio carnefice, è l'estremo rifiuto della logica dell'inimicizia, è l'unico atto che può porre fine alla catena delle rivalse e delle vendette. È questo il caso serio del cristianesimo, il suo nocciolo duro: la croce! Sì, se un ordine religioso può non aver bisogno di martiri, è tutta la chiesa, è il mondo intero che invece ne ha bisogno!

«*Sette macchie di sangue su una terra d'islam. Sette luci nella notte dell'Atlante. Sette rose bianche sull'atrio dei diritti dell'uomo. Sette vite per Dio e per l'Algeria*»[32] ha così sintetizzato il redattore capo de "*La Croix*" Bruno Chenu il martirio dei sette inermi monaci, uomini di preghiera e di silenzio, dediti alla comunione e alla riconciliazione, "eterni mendicanti d'amore", fratelli di un popolo che si definisce attraverso l'islam. Il sacrificio dei monaci di Tibhirine ha valore di un messaggio per l'umanità intera: l'amore vince l'odio e la barbarie, da qualsiasi parte venga, non è un destino fatale che incombe minaccioso sulla storia degli uomini. *Il soffio del dono*, è il titolo dato al diario[33] di fr. Cristophe maestro dei novizi e martire a 45 anni, titolo che esprime bene il senso della presenza orante e discreta della piccola comunità monastica, unita dalla ricerca di Dio in una relazione fraterna con il popolo algerino "*oranti in mezzo ad altri oranti*", com'era scritto nella regola della trappa di Tibhirine. In questo la figura di Charles de Foucauld si congiunge mirabilmente a quella dei sette monaci: sono poveri, credono alla povertà, vivono da poveri. E in più sanno amare, amare senza frontiere

31 (A cura della comunità di Bose), *Più forti dell'odio*, Piemme, Casale Monferrato 1997, pag. 5-6
32 Ibidem, pag. 25
33 Fr. LEBRETON C., *Il soffio del dono*, edizioni Messaggero, Padova 2010

e capaci di raggiungere tutti gli uomini, al di là di ogni razza, di ogni cultura, di ogni religione.

Anche nella morte viene evidenziata questa profonda fraternità universale, cuore della spiritualità monastica che il beato Charles de Foucauld ha saputo rimodellare per la nostra epoca e che i monaci trappisti hanno testimoniato con la vita e con la morte, soprattutto. Ancora a lungo risuoneranno nei nostri cuori e nelle nostre coscienze le parole del testamento del priore di Tibhirine fr. Christian de Chergé: «*Se mi capitasse un giorno (e potrebbe essere oggi) di essere vittima del terrorismo che sembra voler coinvolgere ora tutti gli stranieri che vivono in Algeria, vorrei che la mia comunità, la mia chiesa, la mia famiglia si ricordassero che la mia vita era donata a Dio e a questo paese… E anche per te, amico dell'ultimo minuto, che non avrai saputo quello che facevi. Sì, anche per te voglio questo grazie e questo ad - Dio profilatosi con te. E che ci sia dato di ritrovarci, ladroni beati, in paradiso, se piace a Dio, Padre nostro, di tutti e due. Amen! Insc'Allah*»[34].

Il testamento di fr. Christian ha anche un altro passaggio che rafforza ulteriormente il soffio del dono della propria vita: «*Venuto il momento, vorrei avere quell'attimo di lucidità che mi permettesse di sollecitare il perdono di Dio e quello dei miei fratelli in umanità, e nel tempo stesso di perdonare con tutto il cuore chi mi avesse colpito. Non potrei auspicare una tale morte. Mi sembra importante dichiararlo. Non vedo, infatti, come potrei rallegrarmi del fatto che questo popolo che amo sia indistintamente accusato del mio assassinio. Sarebbe un prezzo troppo caro, per quella che, forse, chiameranno la "grazia del martirio", il doverla a un algerino, chiunque egli sia, soprattutto se dice di agire in fedeltà a ciò che crede essere l'islam. So il disprezzo con il quale si è arrivati a circondare gli algerini globalmente presi. So anche le caricature dell'islam che un certo islamismo incoraggia. È troppo facile mettersi a posto la coscienza identificando questa vita religiosa con gli integralismi dei suoi estremisti. L'Algeria e l'islam, per me, sono un'altra cosa: sono un corpo e un'anima… ecco che potrò, se piace a Dio, immergere il mio sguardo in quello del Padre, per contemplare con lui i suoi figli dell'islam come lui li vede, totalmente illuminati dalla gloria di Cristo*»[35].

Altro che guerra di religione, altro che *reconquista* o tentativi forzati di conversione, altro, mi si permetta l'ardito accostamento, che Santiago *matamoros*! Oggi sono altri i modelli di santità e i testimoni di cui c'è urgente necessità per una convivenza pacifica tra popoli, culture e religioni. Lo stesso Charles de Foucauld indicò in un ritorno alla semplicità della proposta evangelica[36] la reale possibilità di gettare ponti, di costruire strade (come cercò di fare in mezzo a

34 Fr. Christian de Chergé e gli altri monaci di Tibhirine, *Più forti dell'odio*, Edizioni Qiqajon, Bose, 2010, pag. 229
35 Ibidem, o.c. pag. 229-230
36 Il suo motto era: "*Predicare il Vangelo in silenzio. Gridare il Vangelo con la propria vita*"

soprusi, guerre e violenze santo Domingo de la Calzada), di dialogare con tutti senza pregiudizi e diffidenze.

Le luci gialle dei lampioni e una leggera nebbiolina avvolgono di un'atmosfera magica le vie intorno alla cattedrale. L'*albergue de peregrinos* è ricavato in un antico monastero benedettino. Le monache sono quasi tutte anziane e alla sera molto presto scende per loro il *grande silenzio*. La loro vita, la loro giornata, la loro preghiera non è per nulla diversa da quella di Charles de Foucauld e dei monaci di Tibhirine, come quella di ogni altra comunità di vita contemplativa. Forse è un po' più tranquilla, senza il rischio del martirio, del sacrificio cruento ed estremo. Rimaniamo ancora fuori seduti sulla piazza principale della cattedrale, alcuni ragazzi giocano con un pallone, altri più grandi discutono animatamente. Risuonano ancora in noi le parole della predica del *piccolo fratello*, la sua testimonianza ha colpito tutti, indistintamente. In queste terre, nel passato, il sangue di cristiani e musulmani è scorso abbondante, i roghi dell'intolleranza e del fanatismo, religioso e politico, come la sete di potere, l'avidità più sfrenata e gli intrighi di corte hanno infiammato non solo la *meseta* castigliana e la Spagna ma anche l'Europa intera fino ad approdare alle lontane coste di un mondo nuovo che ben prestò diventerà nuova terra di conquista e di sangue, tanto sangue.

I rintocchi della campana della cattedrale acuti e insistenti ci invitano a ritiraci nel nostro alloggio, qualche pellegrino già dorme, qualcuno russa. Entriamo nei nostri sacchi a pelo, per una altra notte da pellegrini e un'ultima invocazione non solo a Santiago, pellegrino e *matamoros*, ma a coloro che "*più forti dell'odio*" indicano una nuova via per il nostro tempo, la strada stretta dell'amore universale e del perdono fraterno.

San Juan de Ortega, luce nelle tenebre

"In un mondo lacerato da discordie
la tua Chiesa rispenda
segno profetico di unità e di pace..."
"Rendici aperti e disponibili verso i fratelli
che incontriamo sul nostro cammino,
perché possiamo condividerne
i dolori e le angosce,
le gioie e le speranze,
e progredire insieme sulla via della salvezza"

(dalla Preghiera Eucaristica V)

Lasciamo Belorado al mattino presto, fa freddo ed è ancora buio. Lungo le sue vie troviamo diversi giovani al ritorno da una notte in discoteca. Sono completamente ubriachi, ancora inebetiti dai decibel e soprattutto dall'alcool, e non solo. Una serata di festa diventa una serata di sballo, dove tutto si brucia velocemente, ci si stordisce inutilmente: una triste realtà dei giovani d'oggi. Non mi piace fare il moralista, ma trovo difficoltà a chiamare divertimento ciò che fa perdere la testa, tutto quello che ci fa somigliare più a delle larve che a delle persone. Il cammino di questa domenica di Pentecoste ci spinge verso Villafranca e da lì su per i *Montes de Oca*, un tempo temuti dai pellegrini per i briganti e gli animali selvatici, fino al Monastero di san Juan de Ortega.

È questo un altro dei luoghi simbolo dell'intero cammino: prende il nome dal santo discepolo di Domingo de la Calzada, Juan nato nel 1080, da una famiglia benestante. Siamo nel pieno della Riforma Gregoriana, dal nome del grande Papa Gregorio VII, il monaco Ildebrando di Soana, antica cittadina di origine etrusca a pochi chilometri di distanza dal mio paese natale, nella Maremma toscana. È questa, l'epoca del grande sviluppo del monachesimo di Cluny che aveva fatto della riforma della Chiesa uno degli obiettivi della propria missione. Il monachesimo si adoperò, come abbiamo già visto, nella promozione del cammino verso le reliquie dell'apostolo Giacomo con il duplice intento, politico di argine all'avanzare del islam e religioso, l'assistenza spirituale e materiale degli stessi pellegrini. Assieme ai benedettini altri ordini religiosi si impegnarono a questo scopo, il giovane Juan fonda una piccola comunità soggetta alla regola agostiniana e dedita all'ospitalità e al lavoro manuale di costruzione, manutenzione di strade e ponti, alla bonifica di terreni paludosi e montani. Il monastero ancora oggi svetta nella sua imponenza in mezzo al piano dei *Montes de Oca*, arricchito dai tanti benefici dei sovrani, fra i quali quello di Isabella di Castiglia che nel 1477 venne ad implorare l'intercessione del santo per poter guarire, dopo la nascita della prima figlia Isabella, dalla sterilità (di lì a poco darà alla luce ben 4 figli[37]). Come segno di riconoscenza verso il miracolo ottenuto la regina fece ampliare la chiesa e costruire l'attuale sepolcro-baldacchino, il mausoleo in stile tardogotico con la effigie del santo giacente in alabastro.

Tuttavia, la vera meraviglia di questo monastero è senza ombra di dubbio il celeberrimo "*capitello dell'Annunciazione*" con "*il miracolo della Luce*". Questo triplo capitello posto nell'abside settentrionale sviluppa secondo i canoni del nascente romanico i misteri della Redenzione: l'Annunciazione, la Visitazione e la Natività. È non solo un capolavoro di scultura, ma soprattutto di teologia: in uno spazio ristretto vengono evidenziati con grande intensità le scene che sono a fondamento dell'Incarnazione del Figlio di Dio. Il suggestivo fenomeno della luce equinoziale si ripete ogni anno, in primavera e in autunno: il sole penetrando da una finestrella ogivale illumina per alcuni minuti il capitello, le figure rappresentate sembrano prender vita. Soprattutto il grembo della vergine Maria assume una connotazione particolare, perché lì "*il Verbo si fece carne*"[38]. Il senso del mondo e della storia lì converge, lì prende forma il mistero della salvezza dell'umanità «*nel ventre tuo si raccese l'amore*»,[39] come ricorda Dante nella stupenda "*Preghiera alla Vergine*" al termine del suo capolavoro, la *Divina Commedia*. Questo capitello ci fa guardare a Cristo "*la luce vera che illumina ogni uomo*"[40] e ci aiuta anche a percepire il vero senso della vocazione cristiana, che è una chiamata alla libertà di fronte alla proposta che Dio fa continuamente all'uomo di ogni epoca. Maria, la giovane fanciulla di Nazareth, è in questo capitello raffigurata nel gesto del suo "*sì*" incondizionato e la sua libera e gratuita risposta all'Onnipotente cambia radicalmente il corso della *sua* e della *nostra* storia, della storia dell'intera umanità.

In questo capitello possiamo leggervi un inno alla libertà cristiana, un'esaltazione autentica di quella libertà umana che non si contrappone alla volontà divina, perché solo la luce divina può dare valore "infinito" alla dignità umana. Il rapporto tra la grazia, intesa come la proposta gratuita di Dio che ci vuole suoi amici e la libertà dell'uomo come atto supremo della piena realizzazione e felicità dell'uomo diventa una delle conquiste più importanti del cristianesimo: la libertà come dono, la libertà come grazia. Liberi per grazia, potremmo felicemente sintetizzare. La libertà del singolo è stata costituita a partire dal cristianesimo, checché se ne dica oggi, e questo lo afferma Hegel, uno dei padri fondatori

37 Juan, erede al trono che morirà a 19 anni, la più famosa Juana "*la Loca*", madre del futuro imperatore Carlo V, Maria e Caterina, che diventeranno rispettivamente regine di Portogallo e d'Inghilterra.
38 Gv 1,14
39 ALIGHIERI D., *Divina Commedia, Par. c. XXXIII,7*
40 Gv 1,9

dell'epoca contemporanea e non certamente un "*padre della Chiesa*". Dice testualmente il filosofo tedesco nelle sue *Lezioni sulla storia della filosofia*: «*Né i greci né i romani, né parimenti gli asiatici sapevano che l'uomo in quanto uomo è nato libero, ch'egli è libero: nulla sapevano di questo concetto. Essi sapevano che un ateniese, un cittadino romano è libero: che si dà [fra gli uomini] libertà e non libertà: non sapevano tuttavia che l'uomo è libero come uomo - cioè l'uomo universale, l'uomo come lo prende il pensiero e come esso si apprende nel pensiero. È il cristianesimo che ha portato la dottrina che davanti a Dio tutti gli uomini sono liberi, che Cristo ha liberato gli uomini, li ha resi uguali davanti a Dio, li ha liberati alla libertà cristiana. Il progresso enorme è che queste determinazioni (della libertà) rendono la libertà indipendente dalle condizioni di nascita, stato, educazione ecc. che sono ben diverse da ciò che forma il concetto di uomo per essere un [soggetto] libero*»[41].

Il cristianesimo pone all'inizio del concetto di libertà la dignità dell'uomo, creato come un *unicum* (unico e irripetibile) ad immagine e somiglianza di Dio come attesta il primo libro della Bibbia[42] e non come prodotto della natura, risultato casuale della natura, ma frutto dell'amore e della libertà stessa che è Dio. Una ammirabile scultura della cattedrale di Chartres rappresenta Adamo, col busto appena sbozzato, che esce dalla terra madre e plasmato dalle mani di Dio. Già il volto del primo uomo riproduce i lineamenti del suo modellatore. La tradizione cristiana, fin dalle sue origini, ha riconosciuto in questa realtà espressa dal libro della Genesi il primo titolo della nostra nobiltà e il fondamento della nostra grandezza. L'uomo a immagine e somiglianza di Dio significa che Egli comunica alla sua creatura le sue prerogative: ragione, libertà, immortalità, dominio della natura. Riprendendo il socratico «*Conosci te stesso*» la Chiesa dei primi secoli, attraverso i suoi Padri e dottori, lo trasforma e lo approfondisce. Ciò che per Socrate era soprattutto un consiglio di attenzione morale, essa né fa un richiamo e una valutazione di tipo metafisico, esistenziale. Conosci te stesso, cioè conosci la tua nobiltà e la tua dignità; comprendi la grandezza del tuo essere e della tua vocazione, sappi vedere in te lo spirito riflesso di Dio. È il ribaltamento di tutto il pensiero antropologico antico e in parte lo sarà anche di quello moderno. La dignità della persona, di ogni essere umano per quello che realmente è, è una conquista del cristianesimo che ancora oggi dovremmo con più insistenza proclamare e testimoniare. Ci ricorda un grande Padre della Chiesa: «*O uomo, non voler disprezzare ciò che vi è di ammirabile in te! A te sembra di essere ben poca cosa, ma io ti insegnerò che in realtà tu sei una grande cosa!... pensa bene quello che sei! Considera la tua regale dignità. Il cielo non è stato fatto ad immagine di Dio,*

41 cit. da FABRO C., *Riflessioni sulla libertà*, EDIVI, Segni 2004, pag. 171
42 Cfr. Gn 1,26

come te: non la luna, non il sole, nulla di tutto ciò che si vede nel creato... Vedi, come di tutto quello che esiste, nulla può contenere la tua grandezza».[43]

Ma c'è di più. L'uomo non solo è creato da Dio, ma capace di diventare interlocutore di Dio, di aprirsi alla sua amicizia, al suo amore ma anche di rifiutarsi, di opporsi a Lui e scegliere di vivere mettendo se stesso al posto di Dio[44] oppure facendo a meno di lui (*etsi Deus non daretur*, come se Dio non ci fosse, non fosse cioè un interlocutore valido dell'uomo). Nella visione cristiana l'uomo è chiamato a misurarsi con l'Eterno, non a sfidarlo o a sostituirlo. Papa Leone magno in una famosa omelia ha scritto: «*Riconosci o cristiano la tua dignità, e reso partecipe della divina natura* (2Pt 1,4), *non voler ricadere, con un comportamento indegno, nell'antica miseria. Ricordati di quale Capo e di quale corpo sei membro. Non dimenticare che strappato dal potere delle tenebre, sei stato trasferito nella luce e nel regno di Dio. Per il sacramento del battesimo sei divenuto tempio dello Spirito Santo: non voler cacciare un così illustre ospite con atti indegni di te e assoggettarti di nuovo alla schiavitù del diavolo: perché il tuo prezzo è il sangue di Cristo*»[45].

Chiamato nella sua essenza a confrontarsi con la proposta divina, l'uomo tuttavia ha sempre a che fare con proposte concrete, limitate. È questo il paradosso dell'esistenza, quella situazione che la rivelazione biblica chiama "condizione di peccato". La libertà dell'uomo è allora in cammino, in continua evoluzione: imprigionato dentro al finito, la libertà consiste nell'uscire da questa prigione, dal liberarsi dalle catene della finitezza, del limite per rispondere con pienezza e verità alla proposta che Dio continuamente rivolge fino a prendere forma umana in Cristo. La chiamata e la proposta che Dio fa all'uomo in Cristo è in ordine alla piena realizzazione dell'uomo e che tuttavia passa attraverso le sue scelte e i suoi atti di libertà. La libertà dell'uomo non si riduce allora a mero strumento di ricerca della propria utilità, a fare quello che voglio o quello che mi piace, a quello che è fatto dai più o semplicemente ordinato dalla legge. L'agire dell'uomo diviene moralmente buono quando le scelte di libertà sono conformi al vero bene dell'uomo e lo orientano verso il suo fine ultimo, cioè Dio stesso. In lui l'uomo trova pienezza di significato e perfetta felicità. In questa dinamica si colloca il concetto cristiano di libertà. Non una facoltà della persona, ma la realtà della persona stessa, nella capacità di decidere di sé. Al centro del rapporto con Dio, il dono divino della libertà fa dell'uomo una persona aperta a Dio, *capax Dei*; al tempo stesso è libero arbitrio, è decisione capace di rompere con Dio e di qualificare così negativamente la persona.

43 GREGORIO di NISSA, *In Cantica*, Omelia 2
44 Cfr il "*Sarete come Dio*" di Gn 3,15
45 LEONE MAGNO, Discorso nel Natale del Signore; PL 54,190-193

Nella storia del pensiero occidentale, su questo tema della dignità dell'uomo e della libertà ha una importanza notevole il testo di uno dei più grandi umanisti del Rinascimento italiano, Giovanni Pico della Mirandola, scritto nel 1486 e conosciuto col nome di *De hominis dignitate*[46], definito da E.Garin il "vangelo della libertà radicale dell'uomo" e il " manifesto del Rinascimento". In questa celebre e mai pronunciata *Oratio* (discorso pubblico) Pico della Mirandola richiama la convergenza di molti autori cristiani e non attorno alla grandezza dell'uomo, alla luce dell'atto creatore di Dio. La libertà dell'uomo è il centro di questa azione creatrice. Dio «*accolse l'uomo come opera di natura indefinita e postolo nel cuore del mondo così gli parlò: Non ti ho dato, o Adamo, né un posto determinato, né un aspetto proprio, né alcuna prerogativa tua, perché quel posto, quell'aspetto, quelle prerogative che tu desidererai, tutto secondo il tuo voto e il tuo consiglio ottenga e conservi. La natura limitata di altri è contenuta entro leggi da me prescritte. Tu, non costretto da nessuna barriera, la determinerai secondo il tuo arbitrio, alla cui potestà ti consegnai. Ti posi nel mezzo del mondo perché di là meglio tu scorgessi tutto ciò che è nel mondo. Non ti ho fatto né celeste né terreno, né mortale né immortale, perché di te stesso quasi libero e sovrano artefice, ti plasmassi e ti scolpissi nella forma che avresti prescelto*»[47].

Il senso di questo testo è molto chiaro; per volere di Dio, l'uomo non ha una natura determinata e precisa: creato e voluto da Dio, attraverso la libertà, diventasse *plastes et fictor* di sé stesso: dovrà essere l'uomo stesso a darsi la sua forma. Questa prospettiva ha una indubbia valenza religiosa, soprattutto nei passi dove Pico indica il fine dell'uomo, cioè il fine del libero arbitrio voluto da Dio, e cioè la contemplazione di Dio (*visio Dei*). Da qui il suo monito perché «*abusando dell'indulgentissima liberalità del Padre, non ci rendiamo nociva invece che salutare la scelta che egli ci concesse. Ci afferri l'animo una santa ambizione di non contentarci delle cose mediocri, ma di anelare alle più alte e di sforzarci con ogni vigore di raggiungerle, dal momento che lo possiamo*».[48] Qui la dignità della persona libera è profondamente connessa a quel Dio la cui comunione soltanto può liberarci dai limiti creaturali. La sottolineatura del dono divino distacca Pico dal successivo pensiero moderno dominato dall'illuminismo, dal liberalismo e dal soggettivismo che invertiranno questa prospettiva. La sua antropologia non parla di un uomo che si insedia al posto di Dio ma, al contrario, di una libertà che risponde a Dio aderendo al suo disegno. Questa visione e concezione della dignità dell'uomo e della sua libertà si colloca in continuità con tutta la tradizione cristiana (da Origene e Agostino fino a Tommaso d'Aquino). Ricordo, fra i tanti, un solo autore che capovolgerà radicalmente la visione cristiana, e cioè L.

46 Con questo nome l'editore delle opere di Pico lo pubblicò a Strasburgo nel 1504
47 PICO della MIRANDOLA G., *Discorso sulla dignità dell'uomo*, Editrice La Scuola, Brescia 1987, pagg. 5-6
48 Ibidem, o.c., pag 11

Feurbach il quale sosterrà con forza che nella religione l'uomo ha come oggetto solo se stesso, che il suo Dio è solo la propria essenza e che la svolta della storia sarà il momento in cui l'uomo prenderà coscienza che il solo Dio dell'uomo è l'uomo stesso, *homo homini deus!*[49]. Le conclusioni di queste affermazioni sono del tutto intuibili, e noi oggi ancora ne portiamo le tragiche conseguenze.

La chiesa è in penombra, il sole sta ormai scavalcando i *Montes de Oca*, pian piano le tenebre cominciano a prendere possesso delle navate, dei piccoli ceri rossi illuminano il sepolcro di san Juan. A più di mille metri d'altezza, in mezzo a boschi dove il freddo regna sovrano anche in piena estate, comincio a sentire alcuni brividi, ma rimango ancora lì seduto in un silenzio sempre più profondo, immerso in pensieri e preghiere. Gli archi e i capitelli sono già al buio, solo un piccolo faretto tenta di prolungare artificiosamente l'effetto del "*miracolo della luce*" sul capitello dell'Incarnazione. Fisso ancora una volta la scultura, la Vergine è lì con le mani aperte in segno di accettazione della volontà divina. Sul retro la scena della Visitazione, dove Maria stringe nel classico abbraccio la cugina Elisabetta che le posa la mano sul ventre, come a sottolineare il suo stato di attesa. Sento in lontananza le voci dei pellegrini, riuniti in un'antica sala del monastero pronti a mangiare la famosa zuppa d'aglio (*sopa de ajo*) preparata da don Josè Maria, uno dei sacerdoti più impegnati del Cammino e icona, mi si permetta il termine, dell'accoglienza cristiana. A malincuore mi alzo e prima di lasciare quel luogo così unico, cerco di ricordare a memoria alcune delle parole dell'*Exultet*, il grande e solenne annunzio della liturgia pasquale, uno degli inni più belli a Cristo, luce vera del mondo, luce che non conosce tramonto:

Esulti il coro degli Angeli, esulti l'assemblea celeste,
un inno di gloria saluti il trionfo del Signore Risorto.
Gioisca la terra inondata da così grande splendore;
la luce del Re eterno ha vinto le tenebre del mondo.
Gioisca la madre Chiesa, splendente della gloria del suo Signore…

Questa è la notte che salva su tutta la terra i credenti nel Cristo
dall'oscurità del peccato e dalla corruzione del mondo…

O notte beata, tu sola hai meritato di conoscere il tempo e l'ora
in cui Cristo è risorto dagli inferi.
Di questa notte è stato scritto:
la notte splenderà come il giorno,
e sarà fonte di luce per la mia delizia.

49 Cfr FEUERBACH L., *L'essenza del Cristianesimo* (1841) e *L'essenza della religione* (1851)

O notte veramente gloriosa,
che ricongiunge la terra al cielo e l'uomo al suo creatore!
In questa notte di grazia accogli, Padre santo, il sacrificio di lode,
che la Chiesa ti offre per mano dei suoi ministri,
nella solenne liturgia del cero,
frutto del lavoro delle api, simbolo della nuova luce.

Ti preghiamo dunque Signore
che questo cero, offerto in onore del tuo nome
per illuminare l'oscurità di questa notte,
risplenda di luce che mai si spegne.

Salga a te come profumo soave,
si confonda con le stelle del cielo.
Lo trovi acceso la stella del mattino,
quella stella che non conosce tramonto:
Cristo, tuo Figlio, che risuscitato dai morti
fa risplendere sugli uomini la sua luce serena
e vive e regna nei secoli dei secoli. Amen

Burgos, Ultreya! Suseya!

"Questo è l'orrendo e occulto veleno del vostro errore: che pretendiate di far consistere la grazia di Cristo nel suo esempio e non nel dono della sua Persona "

S. Agostino, *Contra Iulianum, 2,146.190.192*

È domenica, arriviamo a Burgos nel primo pomeriggio: dopo la notte trascorsa nel monastero di san Juan de Ortega decidiamo di partire presto per evitare il caldo. Quando il giorno comincia ad albeggiare avviene qualcosa che qui nelle *mesetas* è sorprendente. Il cielo, in Castiglia, di notte lo tocchi con le mani e durante il giorno, su questi orizzonti infiniti, ti avvolge una luce così intensa che lungo questi campi sterminati sembra dilatarsi in modo surreale lo spazio e il tempo. Solo l'orrida periferia industriale della città ci riporta ad una dimensione più terrena.

Burgos è soprattutto la cattedrale, dichiarata nel 1984 dall'Unesco Patrimonio dell'Umanità, una delle più imponenti del gotico spagnolo con forti somiglianze con quelle francesi di Parigi, Amiens, Reims e Chartres e con influenze tedesche nelle guglie progettate da Juan de Colonia a metà del quattrocento. Passiamo attraverso il ponte sul rio Arlanzòn e l'Arco di Santa Maria nella piazza da dove è possibile ammirare la facciata principale detta del *Perdón o la Real* da dove entravano i re in processione e quella meridionale, la più antica, chiamata del *Sarmental.* Lo stupendo timpano contiene un Cristo in Maestà contornato dagli evangelisti, angeli e serafini e dai ventiquattro anziani dell'Apocalisse con i loro strumenti musicali: coronato come re dell'universo, sostiene sulla mano sinistra il Libro della Vita, con la destra benedice tutti coloro che entrano[50]. Siamo stanchi, anzi distrutti perché abbiamo macinato quasi trenta chilometri ma la bellezza e la serenità del Cristo ci ripaga abbondantemente, anche se per arrivare all'*albergue* ci sono altri due interminabili chilometri. Solo in serata però, dopo i soliti rituali dei pellegrini, possiamo goderci l'interno della cattedrale.

Più che la maestosità delle navate o il massiccio coro, l'*escalera dorada* e il *papamoscas* (ingegnoso orologio del XIV secolo), le volte a crociera e le cappelle ricche di statue e dipinti come quella più grande della Purificazione o del *Condestable*[51] o la tomba del *Cid Campeador*[52] e della sua sposa *Doňa Jimena*, è uno

50 Cfr. Gv 10,9: "*Io sono la porta, se uno entra attraverso di me, sarà salvato; entrerà e uscirà e troverà pascolo*"
51 Il *Condestable* era il rappresentante plenipotenziario della Corona
52 Rodrigo Diaz de Vivar, leggendario Cid, eroe della *reconquista* e sterminatore implacabile di molti nemici

il luogo più caro e ricercato dai pellegrini e dai devoti burgalesi: la *Capilla del Santo Cristo*. In questa cappella si concentra tutta la spiritualità e la devozione spagnola, con i suoi eccessi ma anche con i suoi slanci mistici: una scultura del Crocifisso risalente al secolo XIII, in legno foderata in cuoio di bufalo con l'interno in fibra vegetale, piena di piaghe e sangue, con barba e capelli "*veri*" (gli antichi racconti parlano addirittura che ogni tanto venivano tagliati). L'immagine colpisce per la sua naturalezza che la fa sembrare viva, perfino testa e braccia si possono muovere. È l'umanità del Cristo, coronato di spine, piagato, sanguinolente, fissato alle croce con tre chiodi che viene fortemente accentuata. Lui, "*l'uomo dei dolori*",[53] il trafitto,[54] lo sconfitto e il maledetto. Che differenza con l'altra immagine contemplata nella porta del *Sarmental*. Eppure è lo stesso Cristo, Figlio di Dio e figlio dell'uomo, vero Dio e vero uomo. Mi siedo da una parte, non c'è tanta gente e così posso con calma riflettere e pregare, meditare e interrogarmi: come è possibile che sia lo stesso Signore? Questo corpo contorto dagli spasmi della morte è lo stesso Signore, trionfante, luminoso, bello, re di gloria del timpano all'esterno del tempio.

Certamente la figura di Cristo è sempre stata al centro della riflessione e della vita degli uomini, dei loro dubbi e delle loro vicende. Penso all'esperienza umana e letteraria di uno dei più grandi scrittori dell'Ottocento, la cui opera riveste un ruolo fondamentale nella cultura e nella vita del nostro tempo, toccando nell'intimo il problema della fede e della ragione, del dubbio e del sentimento nei confronti di Cristo. L'autore è il romanziere russo F. Dostoevskij. «*Dio mi ha tormentato tutta la vita*»: questa confessione dell'ateo Kirillov, che leggiamo ne *I Demoni*, è il grido di Dostoevskij stesso[55], un grido che l'ha accompagnato a maturare negli anni non un generico deismo (fede nell'Essere supremo), ma la fede nel Cristo quale autentico salvatore e liberatore degli uomini; egli non separa, in tutta la sua opera letteraria, la fede in Dio dalla fede in Gesù Cristo. C'é un episodio della sua vita raccontato dalla moglie Griegorev'na, che esprime, forse meglio di qualunque altro, quale fosse il suo atteggiamento di fronte alla figura di Cristo. Nel 1867 egli si recò a Basilea per visitare il locale museo in cui si trovava un quadro di cui aveva sentito parlare. «*Si trattava di una tela di Hans Holbein, raffigurante Cristo dopo il martirio inumano, già staccato dalla croce e in via di decomposizione. La vista di quel viso tumefatto, pieno di ferite sanguinanti era terribile. (...). Quando ritornai, dopo circa venti minuti, trovai ancora mio marito davanti al quadro come se fosse incatenato. Nel suo viso pieno di spavento lessi la stessa espressione che avevo già notato più d'una volta all'avvicinarsi delle crisi di epilessia. Allora lo presi delicatamente per il braccio lo allontanai dalla sala e lo*

53 Is 53,7
54 cfr. Zc 12,10
55 Cfr, LUBAC H. de, *Il dramma dell'umanesimo ateo*, Morcelliana, Brescia 1982, pag. 230

feci sedere su una panca, aspettando da un momento all'altro la crisi che per fortuna non venne. Fedor si calmò un poco; ma, uscendo dal museo, insistette per tornare a rivedere ancora una volta il quadro»[56].

In quel quadro Cristo è veramente morto e la decomposizione sta realmente aggredendo il suo cadavere. È proprio questa morte reale che Dostoevskij vuole prendere del tutto sul serio perché essa rappresenta per lui il simbolo della morte di Cristo nei cuori e nella vita degli uomini. «*Questo cadavere, sotto gli occhi di coloro che avevano creduto nel Cristo, fa nascere un interrogativo terribile, di fronte al quale la fede non può non vacillare*»[57] e tuttavia, di fronte ad esso, egli vuole ripetere l'atto di fede pura e cieca compiuto dai discepoli di Cristo. Ma la fede cieca e pura di Dostoevskij non è quella del fideismo: se per lui «*questo quadro é il punto simbolico diacritico tra fede e miscredenza, cristianesimo e ateismo*»[58].

La sua fede è piuttosto quella dei discepoli dopo la crocifissione quando, apparentemente, le potenze del male sembravano avere avuto la meglio sulla natura umana del Figlio di Dio. Del resto la fede, per lo scrittore russo, non é mai stata un qualcosa di scontato o, tanto meno, di banale: se é vero che egli, fin dall'infanzia, conosce benissimo il Vangelo, ha familiarità con la letteratura agiografica, é altrettanto vero che quella stessa fede fu smarrita ben presto sotto l'influsso delle idee liberali del suo tempo. Arrestato nel 1849 per aver frequentato un circolo di intellettuali socialisti, lo scrittore viene condannato a morte e proprio davanti al plotone di esecuzione arriva la grazia dello zar; la condanna gli viene mutata in quattro anni di deportazione in Siberia, una prova durissima che si rifletterà in tutta la sua successiva produzione letteraria. Fu proprio durante il viaggio verso la lontana regione russa che Dostoevskij ricevette in regalo dalle mogli degli altri condannati il libro che lo accompagnerà per il resto della sua esistenza: «*Esse ci benedissero sulla nostra nuova via e con un segno di croce regalarono ad ognuno di noi un Vangelo, l'unico libro permesso nella prigione. Durante quattro anni esso rimase sotto il mio cuscino in galera*»[59]. È a contatto con le dure sofferenze di cui fu costellata la sua vita che lo scrittore ritrovò dunque quella fede che non lo abbandonerà più per tutto il corso della sua esistenza; ed é per questo che egli poté affermare: «*Non dunque alla stregua di un bimbo io credo nel Cristo e lo professo, ma il mio osanna è passato attraverso il grande crogiuolo dei dubbi*»[60].

La fede ritrovata non fu, per Dostoevskij, un qualcosa di posseduto in modo definitivo, bensì qualcosa da riconquistare continuamente. Del resto egli sa, ac-

56 DOSTEVSKAJA A.G., *Dostoevskij mio marito*, Milano, Bompiani, 1977, pp. 115-116
57 TILLIETTE X., *Filosofi davanti a Cristo*, Brescia, Queriniana, 1989, p. 303
58 BALTHASAR H.U. von, *Gloria. Una estetica teologica*, Vol. 5, Jaca Book, Milano 1978, p. 177
59 DOSTOEVSKIJ F.M., *Diario di uno scrittore*, a cura di Ettore Lo Gatto, Sansoni, Firenze 1963, p. 14
60 Dal SANTO L. (a cura di), *Dostoevskij inedito. Quaderni e taccuini. 1860-1881*, Vallecchi, Firenze 1981, p. 424

cetta, di essere in combattimento spirituale, per tutta la vita, con la miscredenza da cui è stato prima toccato e che è il male del secolo di cui egli è figlio. Nondimeno, dal momento in cui la figura del Cristo tornò a risplendere nella sua vita, fu essa il suo unico metro di giudizio e la sua autentica guida, non riguardo alla sola moralità ma all'intera esistenza dell'uomo: «*Molti pensano che sia sufficiente credere nella moralità di Cristo, per essere cristiano. Non la morale di Cristo né l'insegnamento di Cristo salveranno il mondo, ma precisamente la fede in ciò, che il Verbo si é fatto carne*».[61] È proprio per questa sua alta concezione del Figlio di Dio che Dostoevskij poté affermare che «*se mi si dimostrasse che Cristo é fuori della verità ed effettivamente risultasse che la verità é fuori di Cristo, io preferirei restare con Cristo anziché con la verità*»[62]. Il senso di questa affermazione, paradossale solo in apparenza, è che se la verità esiste e se qualcuno l'ha mai posseduta, questi non poteva essere altri che Cristo stesso perché se anch'egli fosse fuori della verità, questa non potrebbe esistere affatto ed il nostro mondo sarebbe per ciò stesso invivibile. Non sembra esagerato affermare, quindi, che nel mondo di Dostoevskij la persona di Cristo costituisce un centro di gravità. Tutto ad essa converge, in essa si spiega e si illumina; e se pur egli non scrisse una vita di Cristo (genere letterario che in quell'ottocento di cui fu figlio era molto in voga e impresa da cui fu in verità tentato) è altresì vero che se si raccogliessero le definizioni e gli appellativi dostoevskiani che riguardano Cristo, ne verrebbe fuori una litania lunga e appassionata.

Il maggior rimprovero che il grande russo muoverà alla società occidentale è precisamente questo: di aver rimosso la figura di Cristo dalle menti e dai cuori degli uomini credendo con ciò stesso di renderli più liberi ed emancipati senza accorgersi, invece, che questa rimozione è la causa prima se non unica dello smarrimento e del senso di vuoto che accompagnano l'uomo contemporaneo «*In verità, sulla terra noi vaghiamo un po' a caso e, se non avessimo davanti agli occhi la preziosa immagine di Cristo, ci smarriremmo e ci perderemmo del tutto, come il genere umano prima del diluvio*»[63]. È divenuto profetico oggi, nella nostra società indifferente ai valori spirituali cristiani, il suo grido che sta alla base de *I Demoni*: «*L'occidente ha perduto il Cristo ed è per questo che muore, unicamente per questo*»[64]. Una società costruita senza Dio, senza la fede nel Dio cristiano, è destinata al fallimento: non solo il cielo viene svuotato, ma l'uomo viene sconsacrato, «*senza Dio tutto è permesso*»[65]. I fatti della storia, soprattutto quelli del secolo appena trascorso, hanno dato ragione a Dostoevskij per il quale i sistemi

61 DOSTOEVSKIJ F.M., *I Demoni. Taccuini per i Demoni*, Sansoni, Firenze 1958, p. 1027
62 DOSTOEVSKIJ F.M., *Epistolario*, a cura di Ettore Lo Gatto, vol. II, Ed. Scientifiche Italiane, Napoli 1951, pp. 168-169
63 DOSTOEVSKIJ F.M., *I fratelli Karamazov*, Edizioni Paoline, Roma 1977, pag. 405
64 cfr. LUBAC H. de, o. cit., pag. 241
65 cfr. LUBAC H. de, o. cit., pag. 276

sociali fuori dalle basi cristiane, la sola sorgente capace di trasformare l'uomo, diventano fatalmente dei sistemi di violenza e di schiavitù.

C'è un passaggio ne *I Demoni* particolarmente significativo: «*Molto di più che di essere felice, l'uomo ha bisogno di sapere e di credere ogni momento che altrove esiste una felicità perfetta e calma, per tutti e per ognuno... Tutta la legge dell'esistenza umana consiste nel fatto che l'uomo può sempre inchinarsi davanti a qualche cosa di infinitamente grande. Se si volesse privare gli uomini di questo infinitamente grande, essi non vorrebbero più vivere e morirebbero di disperazione... Dio mi è necessario, perché egli è il solo essere che si possa amare eternamente*»[66]. Il cristianesimo non rappresenta per Dostoevskij una via tra le altre o semplicemente un'opzione da scegliere o tralasciare: esso è l'autentica *conditio sine qua non* dell'essere e dell'esistere, individuale e sociale, temporale ed eterno che gli fece affermare che «*se non prendiamo la nostra autorità dalla fede e dal Cristo smarriremo sempre la retta via*»[67].

Il prefazio della Preghiera Eucaristica V ci da una risposta, ma soprattutto ci fa pregare: «*Tu non ci lasci soli nel cammino, ma sei vivo e operante in mezzo a noi. Con il tuo braccio potente guidasti il popolo errante nel deserto; oggi accompagni la tua Chiesa, pellegrina nel mondo,con la luce e la forza del tuo Spirito; per mezzo di Cristo, tuo Figlio e nostro Signore, ci guidi, nei sentieri del tempo alla gioia perfetta del tuo regno*»[68].

66 cfr. LUBAC H. de, o. cit., pagg. 274-275
67 CASTELLI F., *Volti di Gesù nella letteratura moderna*, vol. I, E. P., Cinisello Balsamo 1990², p. 23
68 MESSALE ROMANO, *Messale Romano riformato a norma dei decreti del Concilio Ecumenico Vaticano II e promulgato da Papa Paolo VI*, Seconda edizione, Libreria Editrice Vaticana, Città del Vaticano 1983

La meseta, terra e libertà

Dio ha creato delle terre
piene d'acqua perché
le persone potessero viverci;
Dio ha creato i deserti
perché potessero riconoscervi
la loro anima

(Proverbio Tuareg)

È ancora notte quando lasciamo Burgos per iniziare uno dei tratti del Camino più affascinanti e temuti dai pellegrini: le *mesetas*, l'arido altopiano di Castiglia, sterminato nelle dimensioni, gelido in inverno, bollente come un forno in estate[69]. I campi coltivati a frumento sono di una perfezione e bellezza cromatica unica. La prima parte del tragitto fino a Tardajos è orribile: a causa dei lavori della nuova autostrada ci sono continue deviazioni, non sempre segnalate e la "*flecha amarilla*", inseparabile amica dei pellegrini, è spesso rovinata o distrutta. Facciamo sosta e colazione in un bar frequentato soprattutto da camionisti. Prendiamo una consistente riserva d'acqua perché ci attendono diverse ore di marcia sotto il sole implacabile. Non c'è ombra, il paesaggio collinare, secco, spettrale invita al silenzio. Si cammina e basta. Nessun dialogo, nessuna parola, solo il ritmo dei passi sulle pietre del sentiero, il saltellare continuo dei grilli ai lati della strada, il lieve fruscio delle spighe di grano agitate dal vento. In giugno questo tratto del Camino mi piace; lo stesso non posso dire di quando l'ho percorso in settembre. Ora è veramente particolare: se non ci fosse il grano, tutto intorno sarebbe solo deserto, un deserto scarno, di un giallo accecante, un panorama "lunare" che mi ricorda l'altopiano delle Meisules, sopra il passo Pordoi nelle Dolomiti, percorse più volte in alcune delle escursioni montane dal passo Sella attraverso la via ferrata fino al Piz Boè . La stessa emozione, la stessa sensazione di trovarsi in un ambiente "lunare" l'ho provata la prima volta che in Africa salii la pista di terra rossastra in mezzo alle Falesie di Bandiagara, tra il Burkina Faso e il Mali o il deserto sahariano dell'Hammada, in Algeria abitato soltanto dai rifugiati del popolo saharawi nei campi di tende blu dell'ONU, ormai del tutto ingiallite ricoperte dalla sabbia del deserto.

Dopo un continuo, monotono sali e scendi ecco Hontanas, la cui vista fa venire in mente alcune scene del film "*Terra e libertà*" di Ken Loach sulla guerra

69 *Frio en invierno, seco y caluroso en verano*, dicono qui con pochi giri di parole!

civile spagnola. Una in particolare sembra proprio ambientata fra le rocce e le case di Hontanas: è la scena della morte e della sepoltura della giovane "*pasionaria*" Blanca, la protagonista femminile del film che si batte con ardore per dare alla sua terra, libertà e dignità. La sua morte è preceduta da quella del suo compagno, un irlandese che come il protagonista David, giovane inglese disoccupato, faceva parte di quel gruppo di volontari, arruolati dall'ideologia marxista e anarchica, che da tutta l'Europa avevano raggiunto la penisola iberica in appoggio al legittimo Governo repubblicano contro il colpo di stato nazionalista delle falangi del Generalissimo Franco. Il furore e l'assurdità della guerra civile viene da Loach evidenziata attraverso i tradimenti, le imboscate, le mischie fratricide, le discussioni politiche, gli ideali utopistici di una generazione che verrà cancellata dall'orrore ancor più grande della seconda guerra mondiale, di cui il conflitto spagnolo fu banco di prova e sinistro anticipo. Un villaggio già in mano ai Franchisti viene occupato. Il parroco, accusato dalla gente di delazione contro cinque anarchici che sono stati fucilati, viene fucilato a sua volta. Nella mischia, muore l'irlandese, Blanca al suo funerale incita i compagni alla vittoria con il grido rivoluzionario «*no pasaran*» e il canto dell'*Internazionale* con tanto di pugno alzato. Poche scene dopo tocca a lei. Colpita alle spalle da un proiettile muore tra le braccia di David. Il suo funerale è un misto delle contraddizioni di quella guerra, di ogni guerra: orgoglio e dolore, dignità e rabbia, sconfitta e utopia. Blanca viene sepolta sotto quella terra che amava e che sognava di vedere ripartita fra tutti. Un pugno di quella terra riarsa e il fazzoletto rosso della donna vengono da David presi e custoditi come preziose reliquie e portate da lui in patria. Il film termina ambientato ai giorni nostri, quel giovane ormai divenuto un vecchio combattente di una guerra lontana muore senza aver mai abbassato la guardia, perso la sua fede politica: la giovane nipote, che ha ritrovato fra le sue cose il fazzoletto rosso sparge quella terra sulla sua bara e alza il pugno chiuso sulle note dello stesso inno suonato tanti anni prima per la sua donna. L'eredità rivoluzionaria non è persa. Anche se resta utopia e sogno, sembra voler dire il regista.

Ogni guerra porta con sé drammi e storie che il tempo non cancella, ogni guerra, soprattutto quelle civili, manifestano l'assurdità della violenza e dell'odio di cui è capace l'essere umano. Per fortuna in mezzo a tanto orrore e crudeltà c'è sempre un gesto d'amore e d'amicizia che in qualche modo riscatta la dignità degli uomini. Lo scrittore Luis Sepùlveda in uno dei suoi libri più riusciti racconta storie di eroi quotidiani che hanno lottato contro l'ingiustizia, lo sfruttamento, la repressione politica nell'America Latina e in particolare nel suo Cile devastato da una feroce dittatura. «*Era notte a Santiago del Cile...*» il racconto di atroci torture cede il passo all'esaltazione del coraggio e della forza di chi ha saputo non arrendersi ai suoi aguzzini. Il ricordo di un amico assassinato dalla polizia militare fa da sfondo al ricordo di un viaggio nel deserto dell'Atacama. La bellezza e lo spietato splendore dell'Atacama diventano icona della sorte degli uomini «*Quando mi tirai su, vidi che il deserto era rosso, intensamente rosso, coperto di minuscoli fiori color sangue. Eccole. Sono le rose del deserto, le rose di Atacama. Le piante sono sempre lì, sotto la terra salata. Le hanno viste gli antichi indios atacama, e poi gli inca, i conquistatori spagnoli, i soldati della guerra del Pacifico, gli operai del salnitro. Sono sempre lì e fioriscono una volta all'anno. A mezzogiorno il sole le avrà già calcinate*»[70]. Mi viene spontaneo allora, camminando sotto il sole, associare le atrocità della guerra civile spagnola alla dittatura cilena. Cambia il continente, l'emisfero e le situazioni storiche, ma la stupidaggine della belva umana è sempre la stessa e allora d'istinto comincio a cantare, con un certo pudore e un po' di rabbia, le strofe struggenti e ribelli di *Auschwitz* di Francesco Guccini: «*Ancora tuona il cannone, /ancora non è contenta di sangue la belva umana. /E ancora ci porta il vento, /e ancora ci porta il vento. /Io chiedo quando sarà che l'uomo /potrà imparare a vivere senza ammazzare /e il vento si poserà, /e il vento si poserà...*»[71]. I miei compagni di strada si uniscono a me, senza sapere il perché di quel canto, senza saper dei miei pensieri.

Il campanile di Hontanas, con l'immancabile nido di cicogna, appare all'improvviso, il resto del paese è come sprofondato più in basso. Scendiamo per la *Calle mayor*, un silenzio e una quiete assoluta, solo il vociare delle tortore è l'unico segno di vita. Sono le quattro del pomeriggio, il sole è ancora alto, passiamo radenti i muri delle case per ripararci ad un esile filo d'ombra. Arriviamo in una piccola piazza, c'è la chiesa e di fianco l'immancabile fontana a cui dissetarci. Una pietra, ormai quasi illeggibile, ricorda i caduti della Guerra civile. Le sequenze di "*Terra e libertà*" sembrano materializzarsi in questo villaggio della *meseta*, tanto sono immerso nei ricordi di quel film che mi pare perfino di sentire in lontananza gli spari, le grida, il pianto, i canti solenni e tristi dei giovani rivoluzionari. Alla messa della sera ci sarà un ricordo, una preghiera per le vittime di quella guerra e di tutte le guerre.

In questo villaggio ormai semi-abbandonato, con sui muri delle case ancora i segni delle fucilate, l'*albergue de peregrinos* è completamente nuovo, con le pietre ben levigate, una piccola sala di accoglienza fornita di tutte le informazioni e varie pubblicazioni sul *Camino*, fiori e piante alle pareti, una piacevole musica di sottofondo, camerate e servizi al top. Fissiamo la cena e come ogni sera iniziamo i riti tipici del pellegrino: doccia, bucato, sistemazione dello zaino, riposo, lettura e poi un piccolo giro del paese. Mano a mano che scende il sole, il paese comincia ad animarsi, qualche ragazzo e giovane agricoltore di ritorno dai lavori

70 SEPULVEDA L., *Le rose di Atacama*, Ugo Guanda Editore, Parma 2000, pag, 98
71 GUCCINI F., *La Canzone del bambino nel vento (Auschwitz)* in *Stagioni*, Tascabili Einaudi, Torino 2000, pag. 11

nei campi, diversi pellegrini, uomini con il basco in testa che appoggiati al bastone vanno a sedere ai tavoli dell'unico bar per una partitella a carte. Non manca la *cerveza* e l'odore buono dei sigari si diffonde per l'aria afosa. Anche noi sediamo e beviamo, riservando il sigaro per il dopo cena. La tappa oggi è stata veramente bella, dopo Tardajos è stato un susseguirsi di intense emozioni: l'immensità del paesaggio, il silenzio, la solitudine, la vastità dell'orizzonte. Nemmeno la sosta a Hornillos del Camino per il pranzo e la breve pausa al piccolo rifugio templare di San Bol con le sue acque fredde e curatrici delle piaghe dei piedi (secondo la leggenda) mi ha distolto dal clima di raccoglimento, di preghiera e profonda riflessione che per tutta la giornata ha ritmato i passi del mio pellegrinaggio. Oggi non ci sono stati monumenti da vedere, chiese da visitare, storie e leggende da ricordare. Oggi è stato il giorno del silenzio. Il giorno della contemplazione e della riflessione. Il pellegrinaggio verso Santiago diviene in questa tappa della *meseta* un viaggio interiore, alla ricerca di se stessi, ma soprattutto alla ricerca di colui che è il senso della vita. Due monaci bell'Abbazia benedettina di Silos, vicino Burgos, hanno dato alle stampe[72] un libretto agile, ricco di riferimenti biblici, patristici e teologici di grande profondità e attualità di cui però non è ancora uscita l'edizione italiana. Questo testo va diritto al cuore del Cammino di Santiago, che è cammino interiore per eccellenza. Viaggiare nell'intimo di se stessi è cercare l'identità che ti permetterà di dare la risposta autentica al senso della vita. Il cammino verso la verità passa prima per se stessi.

Secoli prima di Shirley McLaine e Paulo Coelho, il grande Agostino ha individuato le potenzialità dell'animo umano: «*noli foras ire, in te ipsum redi, in interiore homine habitat veritas*»[73]. Come non ricordare il famoso testo delle Confessioni che inquietò non poco il poeta Francesco Petrarca e che sembra un manifesto pubblicitario sull'autentico cammino a Santiago «*nec ego ipse capio totum quod sum…Multa mihi super hoc oboritur admiratio, stupor, adprehendit me. Et eunt homines mirari alta montium et ingentes fluctus maris et latissimos lapsus fluminum et oceani ambitum et qyros siderum et relinquunt se ipsos nec mirantur*»[74]. Tutta intera l'esistenza del grande Padre della Chiesa si è mossa nella duplice direzione, quello della conoscenza di Dio e di se stessi: «*Deum et animam scire volo*»[75]. L'una è impossibile senza l'altra. Più conosco Dio, più conosco me stesso, la mia anima, il mio intimo. Oggi, purtroppo una sorta di neo paganesimo, di pseudo religiosità e sincretismo, ha estromesso Dio dall'orizzonte dell'uomo e l'uomo si ripiega su stesso, e lì si scopre sempre più povero, sempre più meschino. La ricerca di se stessi non può escludere quella di Dio: dimenticare Dio,

72 GARCIA-MONGE J.A-TORRES P.J.A., *Camino de Santiago. Viaje al interior de uno mismo*, DDB, Bilbao 1999

73 AGOSTINO, *De Vera religione*, XXXIX,72: "*Non andar fuori, rientra in te stesso: è nel profondo dell'uomo che abita la verità*"

74 AGOSTINO, *Confessiones* X,8,15: "*In realtà io non riesco a comprendere tutto ciò che sono...Ciò mi riempie di gran meraviglia, lo sbigottimento mi afferra. Eppure gli uomini vanno ad ammirare le vette dei monti, le onde enormi del mare, le correnti amplissime dei fiumi, la circonferenza dell'Oceano, le orbite degli astri, mentre trascurano se stessi*"

75 AGOSTINO, *Soliloquia liber I* 2,7: "*voglio conoscere Dio e l'anima*"

allontanarlo significa allontanarsi da se stessi, finire nel vago, nell'effimero, nel sentimentalismo. Il Cammino di Santiago tiene insieme Dio e l'anima, come il ritmo del cammino è tenuto non tanto dai piedi o dalla preparazione fisica ma soprattutto dal cuore, il cuore di una persona che desidera, che cerca, che ama. Andando a Santiago ci si incammina verso l'Assoluto, o forse più semplicemente l'Assoluto cammina accanto a noi. Questo incontro è un'esperienza unica, quasi mistica, un'invisibile danza[76] che si realizza tra l'uomo e Dio, che si cercano continuamente e diventano partner l'uno dell'altro sulla pista della vita. Ogni giorno avviene questo meraviglioso incontro tra Dio e noi, e non solo per chi marcia verso Compostella. Ricercare energie nascoste, forze esoteriche magiche, illuminazioni particolari serve a poco quando sul sentiero della nostra via Dio si è fatto più intimo del nostro intimo, più grande di ogni nostra grandezza[77].

76 Cfr LEPETIT C., *Deux danseurs sur la piste: Charles de Foucauld*; tr. it *Sempre imprevedibile*, EDB, Bologna 1980
77 Cfr AGOSTINO "*Deus interior intimo meo, superior summo meo*" in *Confessiones* III,6,11

Hontanas, la teologia delle vecchine

Anima mia, canta e cammina.
E anche tu, o fedele di chi sa quale fede;
oppure tu, uomo di nessuna fede:
camminiamo insieme...
E l'arida valle si metterà a fiorire:
Qualcuno - Colui che tutti cerchiamo -
ci camminerà accanto.

D. M. Turoldo, *Spirito di vita*

La porta della chiesa di Hontanas è socchiusa e dal vecchio campanile, testimone di tante storie, di tante vicende parte un suono solenne di campane: è l'ora della messa vespertina. Entriamo, la chiesa è nella sua architettura molto bella, simile ad una fortezza, testimonia un glorioso passato ma anche un desolante presente. C'è tanto disordine, odore di muffa, l'altare e il presbiterio, pregevoli per fattura, sono il segno dell'abbandono. Il *retablo*[78] come sempre è molto ricco di personaggi: l'immagine della Vergine addolorata, trafitta dalle sette spade, la Crocifissione, e poi i santi più cari alla devozione popolare come Santiago nella duplice modalità di pellegrino e *matamoros*, san Francesco e san Antonio da Padova, santa Teresa d'Avila e san Giovanni della Croce, e poi una bella serie di martiri come san Giovanni decollato, san Lorenzo, san Sebastiano, san Pietro crocifisso a testa in giù, santa Barbara, santa Lucia e infine una sorprendente crocifissione con al posto del Cristo una giovane donna dai lunghi capelli neri per niente sofferente con un bellissimo volto che da lontano mi sembra di porcellana. Rimango alquanto sorpreso, chiedo spiegazioni ad una signora che sta mettendo a posto i fiori dell'altare. Da quello che riesco a capire mi parla di una giovane martire dei primi secoli del cristianesimo, una certa Liberata o Librada, il cui padre, funzionario imperiale, la fece uccidere perché la giovane aveva rifiutato di sposare un pagano, preferendo come suo unico sposo il Cristo. Il padre per vendicare l'affronto, l'aveva crocifissa come il suo "amato". In Spagna nella cattedrale di Siguenza si conserva il suo corpo e il suo culto è molto diffuso in tutta la penisola iberica insieme a quello delle sue altre otto sorelle. S. Liberata è venerata come colei che ha il potere di togliere i tristi pensieri, è invocata come colei che procura il bene della pace e della serenità. La storia, tragica per come si è conclusa, è stupenda per la fortezza di questa giovane. Nella mia parrocchia a

78 È una grande pala absidale, in legno a più colori con riprodotte scene bibliche e dell'agiografia popolare

Monte Argentario, c'è una località chiamata Santa Liberata ma che niente a che fare con la santa crocifissa. A pochi metri dal mare si trova una piccola cappella circondata da ulivi e lecci dedicata alla Vergine lauretana, fatta costruire nel 1802 dai pescatori di Orbetello ma che tutti chiamano «*cappella di S. Liberata*». Chissà, forse è un segno dal cielo che la giovane martire spagnola in qualche modo si leghi a me: la invocherò ogni volta che tristi pensieri verranno a tormentare il mio cammino.

Una decina di donne, per lo più anziane, inizia il rosario. Un rosario da gran premio, tanto è veloce la cantilena delle *Ave Maria*. Non c'è Messa stasera, il curato, anche lui abbastanza anziano viene solo la domenica, per il resto della settimana sono queste donne a tenere la chiesa aperta, a guidare la preghiera. Fanno tenerezza, nonostante gli anni e gli acciacchi, dal nero degli abiti sembrano tutte vedove, tengono viva la fede in questi paesini ormai da tutti dimenticati e resi un po' vivi solo grazie al cammino di Santiago. Queste donne anziane forse non avranno il coraggio intrepido della giovane martire Liberata, ma sicuramente la loro testimonianza e perseveranza contribuisce a tenere accesa la fede nella "*cattolicissima Spagna*". Il laicismo e la secolarizzazione interna alla chiesa spagnola sembrano avere attualmente il sopravvento, le giovani generazioni non sembrano più coinvolte dalla proposta cristiana come hanno messo in risalto i vescovi spagnoli in una "*Istruzione pastorale*" del 2006 sugli aspetti della crisi della Chiesa in Spagna che possono riassumersi in quattro punti: «*concezione razionalista della fede e della rivelazione; umanesimo immanentista applicato a Gesù Cristo; interpretazione meramente sociologica della Chiesa e soggettivismo-relativismo secolarizzato nella morale cattolica*»[79]. Alcuni quotidiani hanno semplificato la portata del documento sotto forma di slogan «*La chiesa di Spagna è malata, ma la colpa non è di Zapatero*». L'analisi che viene è fatta assai realista: un diffuso smarrimento della fede che va dall'interpretazione errata delle Scritture ai dubbi e diffidenze nei confronti del magistero e della Chiesa stessa fino a questioni rilevanti della vita morale (dignità della vita umana, della famiglia, sessualità) porta alla constatazione dolorosa che in molte famiglie si è interrotta la trasmissione della fede, la trasmissione gioiosa del vangelo. Le donne anziane di Hontanas, con le loro cantilene e il loro rosario sembrano confermare quanto l'episcopato spagnolo ha scritto. Oggi la fede è appannaggio solo degli anziani, è qualcosa che riguarda il passato, se interessa il presente lo è soltanto a livello di folclore religioso, di tradizione per salvaguardare l'identità e la storia della nazione. Però quelle donne anziane sono lì, ogni sera, ogni giorno con il caldo o con il freddo dinanzi all'altare, e la loro presenza fedele e ostinata è un piccolo grande miracolo che la Provvidenza di Dio saprà, prima o poi, trasformare in linfa di vita nuova.

79 CONFERENZA EPISCOPALE SPAGNOLA, *Teologia e secolarizzazione in Spagna. A quarant'anni dalla fine del Concilio Vaticano II*. n. 5 In Il Regno 13, 2006

Penso allora alla cosiddetta «*teologia delle vecchine*» tanto cara a Giorgio La Pira. Il giornalista Vittorio Citterich, suo allievo all'Università e poi suo accompagnatore in numerosi viaggi di pace e di dialogo, ricorda un episodio singolare nel famoso viaggio a Mosca, Kiev e Leningrado del 1959, voluto da La Pira come «*ponte di preghiera e di pace*» tra Oriente e Occidente. Fu il viaggio nel quale il «*sindaco santo*» di Firenze chiese pubblicamente al Cremlino e a Krusciov in particolare che l'Unione Sovietica si liberasse dal "cadavere dell'ateismo di Stato" lasciando rifiorire, nella libertà, le antiche tradizioni cristiane della Russia e delle altre nazioni ancora oppresse dal comunismo. Questa sua "speranza" trovò realizzazione negli straordinari avvenimenti del 1989 con la caduta del Muro di Berlino e lo storico incontro in Vaticano del successore di Lenin, Stalin e Krusciov, Mikhail Gorbaciov con il Papa Giovanni Paolo II. L'anno dopo, parlando in Campidoglio il segretario del partito comunista sovietico riconobbe pubblicamente l'intuizione-profezia di La Pira espressa nel lontano 1959: la fine dell'ateismo di Stato in Urss e l'introduzione nella legislazione sovietica di una nuova legge sulla libertà religiosa[80]. La citazione di La Pira da parte di Gorbaciov si può collegare a quanto Maritain scrisse nel lontano 1934: «*Verrà un giorno, forse, nel quale un successore di Lenin proclamerà che l'ateismo è un prodotto della decadenza borghese. Ma allora la Russia sovietica avrà compiuto una nuova rivoluzione e, per salvare la prima, trasmutato i suoi valori*».[81] Gorbaciov rendeva così omaggio alla personalità politico-religiosa del "sindaco santo", il sindaco della povera gente e l'organizzatore dei grandi incontri per la pace, il pellegrino nelle zone più tormentate dalle ideologie, l'uomo vissuto nella povertà di una cella nel convento di San Marco, lo studioso di diritto, il fine tomista per il quale l'individuo è una realtà inalienabile nella geografia dei valori.

Del famoso viaggio in Urss, Vittorio Citterich ne ha fatto un pregevole libretto dal titolo accattivante "*Giorgio la Pira. Un santo al Cremlino*"[82]. Ne trascrivo un brano, una parte del dialogo tra il professore (La Pira) e il giornalista (Citterich) al termine di una giornata intensa dove avevano visitato il Monastero della Santissima Trinità a Zagorsk, venerato il corpo di san Sergio di Radonez e nel pomeriggio pregato in sette chiese ortodosse nella capitale, Mosca. «*Ti vorrei far riflettere, giornalista: hai visto quel che ho visto anche io nel giro delle sette chiese all'ora del vespro; qui tutto è cambiato fuorché la fede cristiana del popolo, le sette chiese erano piene di fedeli. L'hai visto o no?*» «*L'ho visto, professore, ma devo anche constatare, come cronista, che le sette chiese residue di Mosca erano piene soltanto di vecchine con la candelina in mano*». Replica: «*Tu dovresti smettere di fare il giornalista superficiale e dedicarti, piuttosto, alla teologia delle vecchine. Dovresti studiare*

80 La legge sulla libertà religiosa verrà emanata il 01.01.1991
81 MARITAIN J., *Umanesimo integrale*, 6°ed. it Borla, Roma 1977, pag 113
82 CITTERICH V., *Giorgio La Pira. Un santo al Cremlino*, E. P., Milano 1992

insomma la storiografia del profondo. Vedi: se queste che ti sembrano soltanto vecchine con la candelina in mano, in un contesto storico difficile e ostile, non tenessero accesa la fiammella della fede in Cristo, dove credi che domani troverebbero le nuove generazioni russe il fuoco dell'incendio cristiano che inevitabilmente verrà? Devi studiare, seriamente, la teologia delle vecchine!». «Buonanotte, professore». «Buonanotte, domattina alle 7 andiamo insieme a messa e poi al Cremlino»[83].

Riuscirà la «*teologia delle vecchine*» a ridare entusiasmo e consapevolezza della sua missione ad una comunità cristiana che si sente minoranza in un paese fortemente secolarizzato? Riuscirà la fede dei semplici a far decollare con rinnovato slancio l'impegno dell'evangelizzazione arginando la preoccupante «perdita della fede e dell'intelligenza della fede» da parte di una nazione che è stata fondamentale nella storia dell'Europa cristiana? I vescovi spagnoli avvertono, quale priorità pastorale, il desiderio di promuovere l'annuncio integrale del Vangelo, in mezzo a una società che si sente tentata da un'apostasia silenziosa nei confronti di Dio[84]. È un compito sicuramente arduo, intanto come ogni buon pellegrino sulla via di Santiago mi affido alla preghiera con le parole del grande teologo protestante Dietrich Bonhoeffer, ucciso dai nazisti in un campo di concentramento: «*Signore non conosco le tue vie, ma tu sai il mio cammino*»[85].

83 CITTERICH V., o.c. pag. 67

84 Cfr. *Teologia e secolarizzazione in Spagna*, n. 4

85 Dietrich Bonhoeffer, teologo protestante, nasce nel 1906 a Breslavia da una famiglia dell'alta borghesia. Studia a Tubinga e Berlino. Fiero oppositore del regime di Hitler, verrà arrestato e internato nel carcere militare di Tegel nel 1943. Morirà impiccato nel lager di Flossemburg il 9 aprile 1945. Scrisse questi versi in una preghiera per i compagni di prigionia in occasione del Natale 1943.

Fromista, la Tierra de campos

Non vivere su questa terra
come un estraneo o come un turista della natura.
Vivi in questo mondo
come nella casa di tuo padre:
credi al grano, alla terra, al mare
ma prima di tutto credi all'uomo.
Ama le nuvole, le macchine, i libri
ma prima di tutto ama l'uomo.
Senti la tristezza del ramo che si secca,
dell'astro che si spegne,
dell'animale ferito che rantola,
ma prima di tutto
senti la tristezza e il dolore dell'uomo.
Ti diano gioia tutti i beni della terra:
l'ombra e la luce ti diano gioia,
le quattro stagioni ti diano gioia
ma soprattutto, a piene mani
ti dia gioia l'uomo!

Nazim Hikmet, *Prima di tutto l'uomo*

Il cammino dopo Hontanas lambisce in modo tortuoso le colline di una campagna collinare bellissima, si nota la cura con cui i contadini lavorano i campi, mantengono i canali delle acque pluviali, curano le siepi che delimitano piccole proprietà e pascoli. In poco tempo arriviamo lungo un viale alberato di pioppi a passare sotto l'*Arco di s. Antón*, testimone silenzioso di un grandioso edificio che un tempo ospitava il convento di s. Antonio Abate, i cui monaci si preoccupavano di sfamare i numerosi pellegrini e curare dal temuto e doloroso "*fuoco di s. Antonio*". Le rovine di questo edificio hanno preservato uno spettacolare rosone con croci a forma di *Tau*, emblema degli Antoniani, l'Ordine religioso cavalleresco che fin dal sec. XI si dedicava all'ospitalità e alla sicurezza dei pellegrini che si recavano in Terra Santa e successivamente sulla rotta verso Compostella. La struttura della chiesa ricorda l'Abbazia cistercense di S. Galgano nella campagna senese, celebre perché senza più il tetto distrutto da un incendio e soprattutto depredato dai soldati di Napoleone. Anche così ridotti, questi complessi monastici conservano il loro fascino e la loro superba bellezza e ogni pietra, ogni capitello, bifora, volta, arcata rimangono a testimoniare l'intelligenza e l'amore di chi costruiva soprattutto per rendere lode a Dio, "*ad majorem Dei gloriam*".

Lungo il Cammino di Santiago troviamo un'infinità di costruzioni sacre che lungo i secoli hanno scandito i vari stili artistici e soprattutto dato testimonianza della perenne volontà dell'uomo di riflettere nelle sue opere l'armonia e la bellezza divina. La forza e lo splendore delle varie espressioni artistiche ci rammentano che la *via pulchritudinis*, la via della bellezza, è un percorso privilegiato e affascinante per avvicinarsi al Mistero di Dio. Che cos'è la bellezza, che scrittori, poeti, musicisti, artisti contemplano e traducono nel loro linguaggio, se non il riflesso dello splendore del Verbo eterno fatto carne? Afferma Sant'Agostino: «*Interroga la bellezza della terra, interroga la bellezza del mare, interroga la bellezza dell'aria diffusa e soffusa. Interroga la bellezza del cielo, interroga l'ordine delle stelle, interroga il sole, che col suo splendore rischiara il giorno; interroga la luna, che col suo chiarore modera le tenebre della notte. Interroga le fiere che si muovono nell'acqua, che camminano sulla terra, che volano nell'aria: anime che si nascondono, corpi che si mostrano; visibile che si fa guidare, invisibile che guida. Interrogali! Tutti ti risponderanno: Guardaci: siamo belli! La loro bellezza li fa conoscere. Questa bellezza mutevole chi l'ha creata, se non la Bellezza Immutabile?*»[86].

Anche Castrojeriz meriterebbe una sosta, ma ci fermiamo brevemente solo davanti alla stupenda *Colegiata de la Virgen del Manzano* (del melo) per la recita dell'*Angelus* e aggiustare i lacci dello zaino, mangiare il solito *bocadillos con chorizo y cerveza*. Attraversiamo il paese nell'ora della *siesta*, lasciando l'asfalto una ripida salita di terra ci porta sopra l'*Alto di Mostelares*, un collina brulla di 890 mt dalla quale si domina un panorama stupendo, grazie anche al cielo terso che oggi ci accompagna. La *Tierra de campos* appare in tutta la sua vastità, campi di grano e solo campi di grano fin dove l'occhio può arrivare a scrutare l'orizzonte. Il mare giallo di Castiglia ci fa intravedere la sagoma del sentiero che come un lungo serpentone si fa strada fra i campi di frumento e in lontananza intravediamo la meta della tappa di oggi, Fromista (l'antica *Frumentum* dei romani, e si capisce il perché di questo nome). È veramente uno spettacolo, la monocromia del giallo del grano è interrotta dal verde di qualche albero e dal rosso dei papaveri, un lieve vento fa ondeggiare le spighe ormai prossime alla mietitura, il fruscio si amplifica creando un effetto sonoro di calma e pacatezza. Ci sediamo e per qualche minuto rimaniamo in silenzio, altri pellegrini passano via veloci nella fretta di arrivare alla fine della tappa. Chiudo gli occhi, li riapro e con la mano comincio a protenderla verso le spighe, come per accarezzarle. Ripartiamo e lungo la discesa ogni tanto allungo le mani e, come facevo da bambino dietro a mio nonno che con la falce mieteva il grano, strappo qualche spiga che sfrego sulle mani e soffio per poterne poi mangiare i chicchi. Ha un gusto particolare il

86 AGOSTINO d'IPPONA, Sermo CCXLI, 2

grano! Soprattutto mangiato in questo modo. Anche i discepoli di Gesù dice il vangelo[87] facevano così, lungo le dolci colline della Galilea. Un testo della letteratura patristica, tante volte letto e meditato, mi viene in mente camminando fra questi campi, quasi anticipando quello che poi avremmo vissuto di lì a qualche ora: «*Come questo pane spezzato era sparso sui colli e raccolto divenne una cosa sola, così la tua Chiesa si raccolga dai confini della terra nel tuo regno, poiché tua è la gloria e la potenza per Gesù Cristo nei secoli*»[88].

L'*albergue de peregrinos* è nel centro della piazza, pulito e accogliente, alle pareti le foto del monumento più celebre e importante di Fromista, la *Iglesia de S. Martin*, una delle meraviglie dell'arte romanica non solo di Spagna ma di tutta l'Europa. Facciamo un giro, sia l'esterno che l'interno riservano sorprese per la varietà dei simboli e del repertorio iconografico che spazia dall'Antico Testamento alla cultura classica alle vicende storiche del secolo XI quando l'edificio fu realizzato nell'anno 1066 dalla vedova di Sancho III, *Doña Major*, la stessa del ponte di Puente la Reina. È già sera quando facciamo visita a questo capolavoro, la luce dorata entra e illumina le tre navate e i tre absidi, la cupola ottagonale si coniuga elegantemente con le due torri cilindriche della facciata principale. L'edificio è orientato, guarda cioè verso oriente, luogo dove nasce il sole dando origine ogni giorno alla vita e in questo modo tutta la forza della simbologia romanica viene qui espressa: il tempio diviene lo scenario sacro di un incontro, l'incontro tra Dio e l'uomo, tra la luce e le tenebre. Dio è luce e abita in una luce inaccessibile[89] come ci ricorda l'apostolo Paolo. Non essendo chiesa parrocchiale, non c'è messa qui. Chiediamo con insistenza la possibilità di poter celebrare e facendo in poco tempo il passa parola nell'*albergue* diversi pellegrini si aggiungono a noi. È la prima volta, dopo quindici giorni di cammino, che celebro messa da solo e in compagnia di così tanti pellegrini, mentre le altre sere concelebravo alla messa comunitaria della parrocchia. I chicchi di grano sparsi sui colli si materializzano nell'unica assemblea riunita intorno allo stesso altare per ricevere lo stesso pane, lo stesso Signore.

Non potendo utilizzare l'altare principale ci viene data una cappella laterale più piccola e raccolta, arredata con sgabelli e con un'icona orientale a fianco del piccolo altare in travertino. Un lume ad olio e un mazzetto di fiori di campo l'arredano con semplicità e dignità. L'icona è la più celebre della tradizione orientale: quella della *Santissima Trinità* (l'originale è conservata oggi a Mosca nella Galleria Tret'jakov), dipinta agli inizi del secolo XV dal monaco e iconografo russo *Andrei Rublev* (1360-1430) per il monastero della Trinità di Zagorsk (oggi Sergiev Posad) fondato da S. Sergio di Radonez (1313-1392). L'icona faceva

87 Mt 12,1
88 DIDACHÈ IX,4
89 1Tm 6,16

parte dell'iconostasi della chiesa che S. Sergio aveva voluto dedicata alla Trinità affinché gli uomini «*mediante la contemplazione della Trinità vincano l'odio lacerante del mondo*»[90] in un momento storico travagliato per la Russia sconvolta dalla violenza e dalla guerra dell'invasione tartara e da soprusi e lotte interne dei vari principati. L'ideale di vita tracciato da S. Sergio era che i monaci vivendo insieme e in comunione, adorando la Santissima Trinità, potessero scongiurare il pericolo delle discordie. L'opera di Rublev, contrassegnata da una particolare dolcezza, volle essere un messaggio di consolazione per uomini che vivevano in un'epoca violenta e dura. Questa icona, più di ogni altra, aiuta a penetrare il mistero di Dio attraverso l'immagine sacra, destinata a guarire e trasfigurare la nostra sensibilità: non esiste altrove nulla di simile quanto a potenza e a bellezza artistica, ha scritto il teologo Pavel Evdokimov.

La fede cristiana ci dice che Dio è Padre, Figlio e Spirito Santo. Ma nella luce abbagliante della sua vita trinitaria egli rimane per noi essenzialmente un mistero. Volerlo penetrare e comprendere con il debole lume della nostra ragione è come voler contenere nel cavo di una mano le acque degli oceani o trattenere nel pugno l'aria che ci circonda. Chi, sospinto dall'amore, ha cercato di fissare il proprio sguardo nel roveto ardente della Trinità ha sempre finito per confessare in umiltà la propria pochezza, offrendo a Dio l'omaggio della fede orante e adorante. «*La Trinità* – afferma Adam de Perseigne – *è amica del silenzio*». E il silenzio è l'unica via di accesso al mistero. Alla presenza dell'ineffabile mistero di Dio, ogni tentativo di comprensione puramente razionale sa di follia, e tutte le nostre spiegazioni e definizioni non reggono alla luce del suo fulgore. Esiste tuttavia una strada per comunicare con Dio uno e trino: l'amore. "*A chi mi ama mi manifesterò*",[91] afferma Cristo. L'amore conosce Dio. Ma ciò che l'amore ha conosciuto nessuno è mai stato in grado di tradurlo nel linguaggio dei nostri idiomi, perché l'amore non è comunicazione di parole, ma esperienza di vita.

L'icona della Trinità di Rublev si ispira all'episodio biblico[92] della visita fatta da tre misteriosi personaggi ad Abramo alle querce di Mamre, episodio che la liturgia orientale ha interpretato in chiave trinitaria «*Felice Abramo, tu li hai visti, tu hai ricevuto la divinità una e trina*»,[93] cui fa eco la tradizione occidentale per mezzo del suo autore più rappresentativo per quanto riguarda l'indagine trinitaria, Agostino d'Ippona: «*tres vidit, unum adoravit*»[94]. Fin dalla più antica tradizione iconografica, i tre visitatori di Abramo sono rappresentati conformemente al modo di ritrarre gli angeli, giovani imberbi, senza ali, vestiti di bianco, di una somiglianza quasi perfetta; Rublev seppe interpretare il testo della Genesi in

90 EVDOKIMOV P., *Teologia della bellezza. L'arte dell'icona*, EP, Cinisello Balsamo 1999, pag. 232
91 Gv 14,21
92 Gn 18,1-15
93 Cfr. PASSARELLI G., *L'icona della Trinità*, La Casa di Matriona, Milano 1994, pag. 6
94 AGOSTINO d'IPPONA, *Contra Maximum, II, 26, 7*; cfr. *De Trinitate II,10,19* e *Sermo CLXXI*

modo essenziale e fece emergere dei particolari e un'armonia che rendono unici il messaggio teologico e la forza di questa immagine.

L'icona va letta come una spiegazione del *Simbolo della fede* con al centro la figura del Figlio, anche in riferimento al messaggio eucaristico verso il quale tutta la scena fa convergere l'attenzione con la coppa del sangue sulla tavola[95]. La realtà di Dio, uno e trino, è espressa dai tre personaggi di origine celeste, come indicano i troni su cui seggono, poggianti sul verde della terra, la statura allungata, quasi spiritualizzata delle figure, l'aureola e lo scettro che richiama il bastone dei tre ospiti inviati ad Abramo (né lui, né Sara compaiono nell'icona), bastone colorato di rosso per indicare l'amore che li ha messi in cammino. Identici nella fisionomia, essi assumono attitudini e ruoli diversi, sottolineati dalla posizione che occupano, dal movimento del corpo e dai colori degli abiti: l'azzurro indica la loro provenienza, il giallo-oro divinità e gloria, il bianco la luce incerata che abbaglia, il rosso il fuoco e il sangue, simboli dell'umanità e del sacrificio, il verde la vita. Il *Padre*, a sinistra, in posizione di perfetto riposo e avvolto in un'ampia veste dorata, accoglie il Figlio a missione compiuta e, rivolto verso lo Spirito, dona suo tramite la benedizione agli uomini (mano benedicente sorretta dal ginocchio rialzato). Il *Figlio*, figura centrale della redenzione, è tornato in grembo alla divinità dopo la missione terrena. Appoggia, ancora benedicente la mano sulla mensa; le due dita stanno a indicare umanità e divinità; il braccio dall'ampio gesto sul tavolo, chiede, rivolto al Padre, di inviare agli uomini l'"*altro consolatore*", lo Spirito Santo[96]. Porta sulla spalla la stola sacerdotale e regale ed è vestito d'azzurro e di rosso, colore quest'ultimo che attraverso le pieghe dilatate della manica si riversa sul calice come un fiotto di sangue.

Come il Figlio è colto al compimento della propria missione, così lo *Spirito Santo* è raffigurato all'inizio della sua missione: ha il piede destro scoperto, in atto di partenza. Vestito di verde lo *Spirito Santo* è sorgente zampillante per la vita eterna e quale "*dito della destra del Padre*"[97] indica la terra con struggente condiscendenza. Il movimento dei volti, la fissità degli sguardi, il collo dilatato, rigonfio di soffio vitale, l'assenza di ombre, la luce dirompente rappresentano a perfezione la vita trinitaria, in cui ogni differenza converge verso l'unità, e la diversità sprigiona armonia, comunione e pace. Il fulcro dell'icona, il motivo unificante di tutta la scena, il punto convergente dei tre personaggi celesti, la chiave interpretativa della vita divina così come si è manifestata agli uomini, sono espressi dalla grande coppa della salvezza, la cui figura è delineata dalle sagome del Padre e dello Spirito, tra i quali è accolto Cristo, l'Agnello immolato. Tale coppa assume le dimensioni del calice, in cui è raffigurata la testa dell'agnel-

95 Cfr. ANGE D., *Dalla Trinità all'Eucaristia*, Ed. Ancora, Milano 1989
96 Gv 14,16
97 dall'inno liturgico *Veni Creator*

lo "*condotto al macello*"[98]. Verso il calice sono rivolte le mani dei tre personaggi e su di esso sembra scendere verticalmente e alimentarsi l'albero della vita (dietro al Figlio, velato accenno alle querce di Mamre). La liturgia celeste si traduce in liturgia terrestre con il suo potente appello: "*Siate uno, come io e il Padre siamo uno*"[99]. Il vincolo che lega i tre personaggi in un'intima comunione non è soltanto la loro comune sostanza divina, l'unità della loro natura nella trinità delle loro persone, ma è l'Amore. Questo amore non rimane confinato all'interno della Trinità, lo sguardo del Figlio non ritorna al Padre per rimanere in lui in un riposo eterno, va verso il calice, simbolo del sacrificio e infine va oltre il calice, verso coloro per i quali il sacrificio verrà consumato. Come ogni vita, la vita della Trinità divina trova il suo compimento nel sacrificio. Non è Abramo, cioè l'uomo, che serve i suoi ospiti, ma è la divina Trinità che invita tutti gli uomini a riunirsi intorno alla medesima ed unica coppa e a prendere parte al banchetto dell'Agnello.

Nel cuore di una delle chiese più belle del Cammino, la celebrazione eucaristica riunisce intorno all'altare gioie e dolori, angosce e speranze di pellegrini diversi, lì raccolti da paesi differenti. Alcuni, al momento della preghiera universale, esprimono nella loro lingua qualche intenzione, altri rimangono in silenzio. Anche dopo, al termine della Messa, qualcuno si ferma davanti all'icona di Rublev, in silenzio perché dinanzi al mistero divino solo il silenzio[100] dell'adorazione e della contemplazione sa esprimere la dolcezza dell'incontro con Colui che si è fatto pane spezzato perché tutti siano uno[101].

98 Is 53,7
99 Gv 17,20; Cfr EVDOKIMOV P., o.c., pag. 243
100 Cfr. TOMMASO d'AQUINO, "*Deus honoratur silentio*", *In Boetium De Trinitate q.2,a.1,ad 6*
101 cfr. Gv 17, 21.26

Villalcasar de Sirga, la Virgen Blanca

Santa Maria,
donna in cammino,
come vorremmo somigliarti
nelle nostre corse trafelate.
Siamo pellegrini come te...,
Donaci sempre, ti preghiamo,
il gusto della vita.
Prendici per mano e,
se ci vedi allo sbando,
sul ciglio della strada, fermati,
Samaritana dolcissima,
per versare sulle nostre ferite
l'olio di consolazione
e il vino della speranza.

don Tonino Bello, *Santa Maria, donna in cammino*

Lasciare Fromista dispiace un po'. Stanotte abbiamo ben dormito e per la prima volta dall'inizio del Cammino ci alziamo con fatica ma anche con calma, non c'è la fretta delle altre mattine di iniziare con il buio la nostra giornata di pellegrini. La tappa di oggi è breve e soprattutto piana, senza alcuna difficoltà se non la monotonia del paesaggio e il sole che piomba a picco sulla testa. Attraversiamo una serie di villaggi i cui nomi sembrano una litania Poblacion de Campos, Revenga de Campos, Villarmentero de Campos: pochi abitanti, per lo più anziani che salutano incoraggiando i nostri passi, qualche piccolo bar e alcune chiese, imponenti e solide, che si ergono superbe, mute testimoni di un glorioso passato. I bordi della strada sono pieni dei fiori colorati della tarda primavera: papaveri, ortica purpurea, margherite. L'orizzonte che si apre dinanzi ci dà la sensazione della libertà, alcune pernici si alzano in volo, in lontananza la sagoma di enormi costruzioni cilindriche, i *palomares*, colombai tipici di queste zone.

Ad un certo punto la mole della chiesa-fortezza *Santa Maria la Blanca* di Villalcasar de Sirga si erge possente in mezzo alla sterminata pianura. Vengono in mente le parole miste di poesia e misticismo quasi "*canto profondo dell'anima*" che Charles Péguy[102] indirizza a *Notre-Dame* di Chartres nel pellegrinaggio

102 Charels Péguy (1873-1914), discepolo di Bergson, acceso socialista e dreyfusardo, dopo una lunga crisi esistenziale e religiosa nel 1908 ritornò ad un cristianesimo mistico e rivoluzionario. Fondatore dei *Cahiers de la Quinzaine*, ha lasciato numerosi scritti poetici e di grande levatura spirituale. Morì durante la battaglia della Marna nel 1914.

a piedi, ripetuto più volte nel corso della sua vita, che da Parigi lo portava per la vasta pianura della Beauce lungo la grande ansa della Loira a contemplare le meraviglie della cattedrale e il suo campanile "*flèche unique au monde*": «*Stella del mattino, eccelsa regina, veniamo verso la tua corte illustre...Ci vedi in marcia sulla strada dritta, polverosi, infangati e pioggia in bocca... da Parigi lontana a te veniamo...A te veniamo dall'altra Notre-Dame, che s'eleva nel cuor della città... Qui domini un oceano di spighe, là domini un oceano di teste...Questa piana è più rasa di una tavola, appena un vuoto, una leggera piega... Ma tu appari, regina misteriosa...ferma speranza sull'ultima spiaggia, sull'ultimo poggio l'unica freccia... Fra noi e te, regina, è sola strada*»[103]. La fede riconquistata e la stessa vita che Péguy conduce, sono una continua, violenta lotta tra grazia e peccato. Il pellegrinaggio da Parigi a Chartres, alla stella del mare che s'innalza sopra gli oceani, è una paradigma della sua tempestosa esistenza. Péguy non è un facile ottimista. È il cantore della Speranza, una speranza che fiorisce faticosamente da un'esperienza tragica, dall'occhio spalancato sul dolore universale, sulla sofferenza personale. È dall'angoscia che nasce la preghiera, è dalla tristezza del peccato "*oceano di una pena immensa*" che nasce e s'irrobustisce nel poeta la grazia pagata a caro prezzo. La sua è una preghiera intrisa di malinconia e di attesa, attesa che diviene speranza. Il pellegrinaggio rievoca allora il percorso della sua vita, la tristezza d'una vita distorta, l'orrore della fine ultima ma nello steso tempo la certezza della salvezza nella misericordia di Dio e di colei che intercede a nostro favore "*Nunc et in hora* per noi ti preghiamo". Ancora oggi tanti pellegrini lungo le strade che portano a Santiago sperimentano il peso e l'angoscia del loro peccato, ma anche e soprattutto il dono della grazia e la vicinanza amorevole di colei che, per noi poveri peccatori, è "*Madre della grazia divina*".

La chiesa di Villalcasar, costruita agli inizi del XII secolo e appartenuta ai Templari passò poi ai Cavalieri dell'Ordine di Santiago. Al suo interno è conservata la statua in pietra della *Virgen Blanca*: l'immagine è molto venerata dai pellegrini ed famosa perché ad essa Alfonso X il Saggio, dedicò preziose cantiche[104]. Senza dubbio, è questa una delle immagini mariane più popolari e di tutto il Cammino, i cui grandi occhi *misericordiosi* e il bel volto sereno e sorridente si imprimono nel cuore di ogni pellegrino. L'intera rotta verso Santiago è scandita da immagini mariane di grande intensità e bellezza: per limitarci al solo Cammino francese come non menzionare la *Reina de Roncesvalles* patrona dei Pirenei, *Santa Maria la Real* di Najera, *Nuestra Señora del Manzano* di Castrojeriz, *Santa Maria del Camino* di Carrión, la *Virgen Blanca* che presiede la facciata della cattedrale di León, la *Virgen de la Majestad* di Astorga, la *Virgen de la Encina* di

103 PEGUY C., *L'arazzo di nostra Signora*, Edizioni Logos, Roma 1981, pagg. 31ss
104 *Cantigas de Santa Maria*, una raccolta di 240 composizioni poetiche, corredata da 2400 pregiatissime miniature, costituisce il canzoniere mariano più ricco di tutto il Medioevo e uno dei repertori musicali più prestigiosi

Ponferrada, la madre amorosa detta *Madonna de los Remedios* del Cebreiro fino alla Madonna della Consolazione della *Corticela* nella cattedrale compostellana. Maria fu la prima pellegrina della fede[105] ed normale sentirla vicino in questo cammino di fede.

Nel Catechismo della Chiesa Cattolica è bene sintetizzato il ruolo che Maria ha per la Chiesa: «*...non sapremmo concludere meglio che volgendo lo sguardo verso Maria per contemplare in lei ciò che la Chiesa è nel suo mistero, nel suo "pellegrinaggio della fede", e quello che sarà nella patria al termine del suo cammino, dove l'attende, nella "gloria della Santissima e indivisibile Trinità", "nella comunione di tutti i santi" colei che la Chiesa venera come la Madre del suo Signore e come sua propria Madre... La Madre di Gesù, come in cielo, glorificata ormai nel corpo e nell'anima, è l'immagine e la primizia della Chiesa che dovrà avere il suo compimento nell'età futura, così sulla terra brilla come un segno di sicura speranza e di consolazione per il popolo di Dio in cammino*»[106].

Già il Concilio aveva offerto ai credenti alcuni criteri per vivere in maniera autentica il loro rapporto filiale con Maria: «*I fedeli a loro volta si ricordino che la vera devozione non consiste né in uno sterile e passeggero sentimento, né in una vana credulità, ma bensì procede dalla fede vera, dalla quale siamo portati a riconoscere la preminenza della Madre di Dio, e siamo spinti a un amore filiale verso la Madre nostra e all'imitazione delle sue virtù*»[107]. Con queste parole i Padri conciliari mettono in guardia contro la "*vana credulità*" e il predominio del sentimento. Essi mirano soprattutto a riaffermare che la devozione mariana autentica, procedendo dalla fede e dall'amorevole riconoscimento della dignità di Maria, spinge al filiale affetto verso di lei e suscita il fermo proposito di imitare le sue virtù.

Le parole conciliari sono oggi particolarmente attuali e ci aiutano ad orientare in senso cristologico ed ecclesiale la figura di Maria e l'autentica devozione, soprattutto in questi ultimi decenni dove il continuo riferimento ad apparizioni o messaggi mariani sembra dilagare al di là di ogni ragionevole necessità. Il nostro tempo è un'epoca agitata e difficile, assistiamo ad un sorgere continuo di oracoli e rivelazioni senza freno, ad un dilagare di "*pseudo-misticismo*" e d'inflazione del miracoloso. Molti cristiani, forse in buona fede, vengono attirati da nuove visioni e rivelazioni di messaggi, da veggenti o meglio, nella più parte dei casi, da visionari. È quanto mai necessaria un'opera di discernimento e di senso critico, divenuti necessari in una situazione di confusione dove il grano buono è mischiato alla zizzania.

105 Lc 1,39. "*In quei giorni Maria si alzò e andò in fretta verso la regione montuosa, in una città di Giuda*"
106 CATECHISMO della CHIESA CATTOLICA, Libreria Editrice Vaticana ,Città del Vaticano 1992, n. 972
107 CONCILIO ECUMENICO VATICANO II, Costituzione dogmatica sulla Chiesa Lumen Gentium 67

Oggi non meno che nel passato, assistiamo ad un cristianesimo che, almeno nel nostro ricco, sazio e "moderno" occidente, va alla ricerca frenetica di miracoli di guarigione, diavoli da cacciare e "*madonne*" da consolare, sempre pronte a versar fiumi di lacrime (meglio ancora se di sangue) e che minacciano spaventosi castighi sull'umanità, definita sempre corrotta, malvagia e miscredente. Un cristianesimo che, spesso con la compiacenza acuta delle gerarchie ecclesiastiche, s'allea col potente di turno, ama le "adunanze" oceaniche per mostrare i muscoli e s'affida ad un miracolismo alla "*padrepio*" e ad un devozionismo lontano dal Vangelo che esalta il "santo frate" come una "star" divenuto ormai appannaggio di attori, attrici, vip, ballerine che non ne imitano la scelta radicale di vita e frati dalla barba sempre più liscia e dalla borsa sempre più pesante. Un cristianesimo che cerca di umiliare l'intelligenza (l'intelligenza della fede, beninteso!) con segreti di Fatima da svelare, immagini miracolose da guardare e da comprare, messaggi apocalittici da accogliere come verità di fede e allora Medjugorje e un "*padrelivio*" qualsiasi diventano più importanti e autorevoli dispensatori della grazia dello stesso nostro Signore. Povero Gesù che credeva nella libertà e nella capacità di aver fede nella sua Parola, senza per questo voler trasformare per forza le pietre in pani; povero "illuso" che cercava di non pubblicizzare i suoi miracoli, ma se ne fuggiva via quando questi diventavano centro di potere, povero sognatore che amò fino alla morte questa umanità e non volle umiliarla scendendo dalla croce, ma arrivò fino in fondo, fino al sepolcro, fino agli inferi, e risorto apparve solo a pochi e a chi aveva fede.

La riflessione teologica e il magistero ecclesiale hanno più volte riaffermato il criterio fondamentale per la verità ed il valore di una rivelazione privata: il suo orientamento a Cristo e alla sua parola. Vale la pena rileggersi le parole dell'allora cardinale Raztinger nel commentare il messaggio di Fatima: «*Quando essa [la rivelazione privata] ci allontana da lui, quando essa si rende autonoma o addirittura si fa passare come un altro e migliore disegno di salvezza, più importante del Vangelo, allora essa non viene certamente dallo Spirito Santo, che ci guida all'interno del Vangelo e non fuori di esso. Ciò non esclude che una rivelazione privata ponga nuovi accenti, faccia emergere nuove forme di pietà o ne approfondisca e ne estenda di antiche. Ma in tutto questo deve comunque trattarsi di un nutrimento della fede, della speranza e della carità, che sono per tutti la via permanente della salvezza*»[108]. La Chiesa sa che la Rivelazione si è chiusa con la morte dell'ultimo Apostolo, sa anche che la storia della salvezza dura nel tempo e che il Signore rimane presente accanto al suo popolo. Egli è presente nel ministero della Parola e dei sacramenti, per la missione di evangelizzazione di tutti gli uomini. Egli è anche presente in alcune manifestazioni della sua potenza e della sua sovranità sul mondo, costituite dal verificarsi di avvenimenti soprannaturali e in particolare dalle apparizioni

108 CONGREGAZIONE PER LA DOTTRINA DELLA FEDE, Commento teologico al messaggio di Fatima, 26.6.2000

mariane. Egli dà alla sua Chiesa il potere di riconoscere, interpretare e approvare queste apparizioni, offrendole al culto e alla devozione dei fedeli.

Il giudizio della Chiesa sulle apparizioni o rivelazioni, come anche sulla credibilità del veggente, normalmente è riservato al Vescovo locale, tuttavia la prima responsabilità è del fedele, ed è quella di essere fermo nella fede, nella pratica dei sacramenti e nella comunione con il Papa e con i vescovi. Qualsiasi cattolico che rivolge tutta la sua attenzione alle rivelazioni private a scapito delle Sacre Scritture, degli insegnamenti della Chiesa, della pratica sacramentale, della corretta preghiera liturgica e ovviamente della fedeltà all'autorità della Chiesa, è in errore. Un'attenzione predominante verso le rivelazioni private, non solo non è utile ma produce spesso una spiritualità non equilibrata, col grave rischio di sfociare nel fanatismo e nel fondamentalismo. La prudenza della Chiesa è contro il rischio costante dell'impostura e della contraffazione, come di qualsiasi genere di speculazione o interesse: la storia religiosa è piena di imprese di questo genere. Ad ogni fedele è data si "*la libertà dei figli di Dio*"[109], ma questo non vuol significare né l'arbitrio sconsiderato, né la faciloneria o dabbenaggine, per cui è sempre ragionevole e necessario prendere in considerazione solo quelle rivelazioni e apparizioni approvate espressamente dal Magistero della Chiesa. Il cristiano fedele è colui che si rimette al giudizio della Chiesa, senza scavalcarla.

È l'ora della *siesta*. Nel silenzio della chiesa templare di Villalcasar davanti alla *Virgen Blanca* che ha accolto nei secoli le suppliche e le preghiere di tanti pellegrini questi pensieri si accavallano l'uno dopo l'altro. La chiesa è quasi deserta, un anziano sacerdote recita il breviario, è seduto accanto al confessionale. Aspetto che finisca, poi gli chiedo di confessarmi. Conosce bene l'italiano, ha studiato a Roma per diversi anni. È un uomo saggio, discreto, di grande sensibilità. Dopo la confessione mi chiede del mio ministero, è contento che un sacerdote faccia il *Camino*, ho l'impressione che ne sia quasi sorpreso. Mi parla con entusiasmo di un libro su Maria di un vescovo italiano, Mons. Tonino Bello[110], che sta leggendo e meditando da mesi, tanto ne è affascinato. È un testo bellissimo, una piccola, grande perla di un uomo che ha lasciato nella Chiesa del nostro tempo un segno originale, un pastore veramente non solo a favore degli ultimi, ma in mezzo agli ultimi, un testimone della non-violenza, un operatore della pace, un apostolo di Gesù che ha avuto il coraggio di denunciare e affrontare le infamie della nostra società e le fiacchezze e i ritardi della stessa Chiesa come pochi altri.

In questa chiesa-fortezza di quello che fu uno degli ordini più potenti della Chiesa, un anziano sacerdote si commuove come un bambino leggendo le confidenze di un vescovo "innamorato" di Maria, la sua commozione mi ripaga di

109 Cfr. Gal 5,1.13
110 Il libro, pubblicato agli inizi degli anni Novanta, è *Maria, donna dei nostri giorni,* San Paolo edizioni, Roma 2011[18]

tutti i fanatismi e di tutte le sdolcinature di tanti devoti e infatuati. Apro il libro di don Tonino, ne indico una pagina, e il vecchio prete traducendo con precisione e scandendo pian piano le sillabe, prega con me: "*Santa Maria, donna del primo passo, ministra dolcissima della grazia preveniente di Dio, alzati ancora una volta in tutta fretta, e vieni ad aiutarci prima che sia troppo tardi…*". Lo abbraccio, un ultimo sguardo ai dolci occhi grandi della *Virgen Blanca*, e riprendo il mio cammino. In fretta, passo dopo passo.

Carrion de los Condes, il Cristo Pantocrator

L'imperatore si rivolse ai cristiani dicendo:
"Strani uomini... ditemi voi stessi, o cristiani,
abbandonati dalla maggioranza dei vostri capi e fratelli:
che cosa avete di più caro nel cristianesimo?".
Allora si alzò in piedi lo starets Giovanni e rispose con dolcezza:
"Grande sovrano! Quello che abbiamo di più caro
nel cristianesimo è Cristo stesso.
Lui stesso e tutto ciò che viene da Lui, poiché noi sappiamo che
in Lui dimora corporalmente tutta la pienezza della Divinità.

Vladimir Solovev, *Dialogo dell'Anticristo*

Arriviamo a Carriòn de los Condes dopo la sosta a Villalcasar nel primo pomeriggio: non sono le ore migliori per camminare a causa del caldo e dell'afa di questa sterminata pianura della *Tierra de campos*, ma per fortuna il tratto è breve. Ogni tanto il cammino passa parallelo alla strada asfaltata, c'è un po' di traffico, rimpiango la solitudine dei giorni passati. Rimpiango soprattutto lo sguardo sereno e dolce della *Virgen Blanca*, anche se oggi ci aspetta la visita di un'altra famosa scultura del cammino: il frontone con l'immagine del Cristo risorto, il Cristo dell'Apocalisse. Carriòn è una delle località del cammino francese maggiormente legata alle gesta del *Cid Campeador*, il fiume omonimo divide i due quartieri in cui era divisa la città governata da due conti (*condes*) mariti delle due figlie dello stesso Cid. La città conserva ancora oggi le tracce del suo glorioso passato: il *Monasterio de San Zoilo* eretto nel X secolo, il *Real Convento de las Clarissas* del XIII secolo, la chiesa di *Santa Maria del Camino* del secolo XII e infine la *Iglesia de Santiago*, per gran parte distrutta insieme all'ospitale dei pellegrini. Oggi rimane la facciata meridionale realizzata verso il 1175: nel fregio sopra il portale il magnifico Cristo Pantocrator, nella classica mandorla mistica, affiancato dal tetramorfo (i simboli dei quattro evangelisti) e dai ventiquattro vegliardi intenti a celebrare la liturgia celeste[111]. La facciata segue quasi letteralmente i capitoli 4 e 5 dell'Apocalisse: presenta in sintesi il Cristo glorificato, dominatore sopra il tempo e lo spazio che alla maniera delle rappresentazioni imperiali bizantine governa su tutto.

Nonostante il traffico che ci passa accanto, rimaniamo a contemplare la scultura guidati dal testo giovanneo. "*Poi vidi: ecco una porta era aperta sul cielo... Ed ecco c'era un trono nel cielo, e sul trono Uno stava seduto. Colui che stava seduto era simile nell'aspetto a diaspro e cornalina. Un arcobaleno simile nell'aspetto a smeraldo*

111 Di queste rappresentazioni ne troviamo diverse lungo il Cammino, tra le più famose S. Isidoro a Leòn e Sanguesa

avvolgeva il trono"[112]. La lettura dell'Apocalisse prosegue, nonostante il frastuono delle macchine che sfrecciano proprio vicino a noi e agli schiamazzi della gente che comincia a riversarsi sulle strade e nella piazza per la *movida* serale. I raggi del sole che sta per tramontare danno alla scultura un colore tra l'ocra e il rosa. Parole e vista si fondono in un unico, straordinario sincronismo: veramente si percepisce la grande ricchezza del romanico, la pietra diventata scrittura sacra rivela tutta la sua anima. Ci concentriamo sempre di più, il testo fa volare la nostra immaginazione: "*Davanti al trono vi era come un mare trasparente simile a cristallo*"[113]. Quando sono stato nell'isola di Patmos, l'isola dove Giovanni scrisse l'Apocalisse, le tante descrizioni del mare presenti nel libro biblico hanno avuto un riscontro sorprendente. La lettura del testo e l'immagine che abbiamo davanti arrivano al punto cruciale "*E vidi nella mano destra di Colui che sedeva sul trono, un libro scritto sul lato interno e su quello esterno, sigillato con sette sigilli*"[114]. Il libro sigillato con sette sigilli: nessuna immagine ha evocato più di questa il mistero della storia. Essa è saldamente nelle mani di Dio e solo l'Agnello immolato[115] può aprire i sigilli, compreso l'ultimo[116] quello della definitiva, escatologica manifestazione di Dio quale giudice e signore dell'universo.

"*Quando l'Agnello aprì il settimo sigillo, si fece silenzio nel cielo per circa mezz'ora. E vidi i sette angeli che stanno davanti a Dio, e a loro furono date sette trombe. Poi venne un altro angelo e si fermò presso l'altare, reggendo un incensiere d'oro. Gli furono dati molti profumi, perché li offrisse, insieme alle preghiere di tutti i santi, sull'altare d'oro, posto davanti al trono. E dalla mano dell'angelo il fumo degli aromi salì davanti a Dio, insieme alle preghiere dei santi. Poi l'angelo prese l'incensiere, lo riempì del fuoco preso dall'altare e lo gettò sulla terra: ne seguirono tuoni, voci, fulmini e scosse di terremoto. I sette angeli, che avevano le sette trombe, si accinsero a suonarle. Il primo suonò la tromba: grandine e fuoco, mescolati a sangue, scrosciarono sulla terra. Un terzo della terra andò bruciato... Il secondo angelo suonò la tromba: qualcosa come una grande montagna, tutta infuocata, fu scagliato nel mare. Un terzo del mare divenne sangue... Il terzo angelo suonò la tromba: cadde dal cielo una grande stella, ardente come una fiaccola, e colpì un terzo dei fiumi e le sorgenti delle acque. La stella si chiama Assenzio...*"[117]. Questo famoso brano apocalittico ispirò la sceneggiatura de *Il settimo sigillo*, il noto film di Ingmar Bergman del 1956. Il capolavoro del regista svedese racconta la vicenda di *Antonius Block*, nobile cavaliere svedese, che recatosi come crociato in Terrasanta, vi ha passato dieci anni della sua vita, ritorna ora nel suo paese. Sbarcato sulla spiaggia svedese, trova ad attenderlo la Morte, che ha scelto questo momento per portarselo via; ma *Antonius*, che durante gli anni vissuti in Terrasanta, tra battaglie cruente e lotte interiori, ha sentito vacillare la propria fede, non vorrebbe morire prima di aver superato la crisi spirituale che lo travaglia. Egli propone quindi alla Morte

112 Ap 4, 1.2-3
113 Ap 4,6
114 Ap 5,1
115 Altra immagine dell'Apocalisse che troviamo raffigurata più volte lungo il cammino, come nella *Puerta del Cordero* nella Collegiata di S. Isidoro a Leòn
116 Cfr. *Il settimo sigillo*, film di I. Bergman del 1956 che trae spunto proprio dal testo dell'Apocalisse (8,1-10)
117 Ap 8,1 11

di giocare con lui una partita a scacchi: sarà pronto a seguirla nel momento in cui dovrà dichiararsi vinto. S'inizia la partita e tra una mossa e l'altra il cavaliere continua il viaggio verso il suo castello. Inoltrandosi nel paese, *Antonius* si rende conto delle desolate condizioni in cui si trova la Svezia: infuria infatti una terribile pestilenza che distrugge interi villaggi. Gli uomini in preda alla disperazione, incerti della vita, timorosi del futuro, si abbandonano alle violente pratiche dei flagellanti o cercano di spremere dall'attimo fuggente la maggior dose di piacere inebriante. In mezzo a queste diverse esaltazioni, *Antonius* scopre una piccola famiglia di attori girovaghi, composta di padre, madre ed un bimbo (quasi una Trinità laica): questi esseri, sorretti da un sincero sentimento di reciproco affetto, sembrano estranei alla tragedia che coinvolge tutti gli altri. Prosegue intanto la partita a scacchi, e *Antonius Block*, incalzato dalla Morte, giocatrice implacabile, e dagli eventi, finisce per perderla. Ma fa in tempo ad allontanare da sé, e quindi dalla Morte, l'innocente famiglia degli attori e a rivedere la sua donna, che lo ha atteso fedelmente nel castello. *Antonius*, che si è reso conto degli errori e dei peccati commessi e se n'è pentito, si abbandona fiducioso alla misericordia divina.

La morte è la vera protagonista del film. Il suo ingresso in scena, su quella spiaggia deserta, rimane un ricordo indelebile in chi, come me, ha visto il film da ragazzo (ero credo in seconda media, in seminario) e rimane, altrettanto indiscutibilmente, uno dei momenti forti della storia del cinema. Assieme al tema della morte c'è quello sul silenzio di Dio, evocato dal riferimento biblico al testo dell'Apocalisse. I due temi si rincorrono e si incalzano, come avvincente diviene ogni giorno la sfida a scacchi tra il cavaliere e la morte. Bergman si diverte a rendere la morte onnipresente: in questo modo la trasforma in un elemento della quotidianità in modo che si possa conoscerla, e quindi accettarla serenamente. Il finale, come l'inizio del film, è altrettanto memorabile in cui la morte danza sotto la nuvola scura. Le note del *dies irae* sfumano su una spiaggia sassosa battuta dalle onde, e una voce fuori campo recita con gentilezza i versi dell'Apocalisse. L'apertura del settimo sigillo e il silenzio nel cielo altro non è che l'annuncio e la manifestazione di Dio. Il silenzio nel cielo non è l'assenza di Dio, ma secondo la tradizione profetica e apocalittica precede e prepara l'intervento risolutore e salvatore di Dio nella storia. Il film, credo, voglia consegnare un messaggio positivo. L'azione della morte è solo permessa, il suo potere è limitato, il cavaliere farà in tempo a salvare, distraendo la morte per un attimo, la "sacra" famiglia di teatranti, simbolo della superiore valenza dell'amore. E in questo modo, finalmente, darà alla sua vita il senso che mancava.

Ho la sensazione, forse sbagliando, che *Antonius Block*, il cavaliere di Bergman, altro non sia che un'allegoria di Cristo. Comunque sia, il Cristo *Pantocrator* di Carrion riflette il Cristo descritto dall'Apocalisse, Signore del tempo e dello spazio, l'unico che può aprire e svelare i sigilli del Libro della storia che diviene storia di salvezza. È Lui il Vivente, il vincitore della morte. La morte non è più quella realtà terribile e tragica che spesso accompagna le nostre esistenze, ma solo una stazione, una fermata, obbligatoria, prima dell'incontro ultimo e definitivo con Dio. Il grande teologo protestante Bonhoeffer ci ha lasciato una traccia di questo percorso verso Dio, una sorta di *Stazioni sulla via della libertà*[118] che trascrivo per intero:

Disciplina

Se parti alla ricerca della libertà, impara anzitutto
La disciplina dei sensi e dell'anima, affinché i desideri
E le membra non ti portino a caso qua e là.
Casto sia lo spirito e il corpo, sottomessi
e obbedienti nel cercare la meta assegnata.
Nessuno penetra il mistero della libertà, se non con la disciplina.

Azione

Fare e osare non il qualsiasi, ma il giusto,
non ondeggiare nel possibile, afferrare arditi il reale,
la libertà non è nei pensieri fuggenti, ma nell'azione soltanto.
Esci dal timoroso esitare nella tempesta degli eventi,
guidato dal comandamento di Dio e dalla tua fede soltanto,
la libertà accoglierà festante il tuo spirito.

Dolore

Mirabile metamorfosi. Le tue forti, attive mani
sono legate. Solitario, impotente vedi la fine
della tua azione. Ma ecco respiri, e il diritto deponi
silenzioso, consolato in mani più forti e trovi la pace.
Per un istante, felice, la libertà hai sfiorato,
poi a Dio l'hai rimessa, che le desse perfetta pienezza.

Morte

Vieni, festa suprema sulla via della libertà eterna,
morte, spezza le catene e le mura pesanti
del nostro corpo transeunte e dell'anima nostra accecata
affinché finalmente scorgiamo ciò che qui non è dato vedere.
Libertà, ti cercammo a lungo nella disciplina,
nell'azione, nel dolore.

Morendo, te riconosciamo ora nel volto di Dio.

118 BONHOEFFER D., *Etica*, Saggi Bompiani, Milano, ed. it. 1983, pag. 1

Sahagun, Cluny di Spagna

"In verità, sulla terra
noi vaghiamo un po' a caso e,
se non avessimo davanti agli occhi
la preziosa immagine di Cristo,
ci smarriremmo e ci perderemmo del tutto,
come il genere umano prima del diluvio"

F. Dostoevskij, *I fratelli Karamazov*

Anche oggi il cammino si snoda quasi sempre su di una linea retta, in mezzo a campi coltivati esclusivamente a grano. Ci è compagna una solitudine degna dei migliori eremi:"*o beata solitudo, o sola beatiduto*" come è scritto sulla porta del Ritiro passionista di S. Giuseppe al Monte Argentario. Attraversiamo una serie di *pueblos* ormai spopolati dai nomi che ricordano un antico e nobile passato come Calzadilla de la Cueza, Lédigos, Terradillos de los Templarios, Moratinos, San Nicolas del Real Camino. Oggi grazie al Cammino di Santiago stanno riacquistando vitalità: bar, qualche negozio, *albergues* per i pellegrini, restauro di abitazioni quasi tutte fatiscenti con i muri a secco e gli intonaci impastati con fango, paglia e sterco di animale. S'intravede, insomma, una certa rinascita e voglia di non disperdere un patrimonio storico-culturale e artistico testimoniato dai tanti edifici, chiese, ponti, palazzi, monasteri e conventi.

La tappa è lunga, ma abbiamo un buon passo, perfino la temperatura è meno calda dei giorni scorsi. Il ricordo del *Cristo Pantocrator* di Carrion de los Condes ci ha fatto riflettere sulla continua attualità della persona di Cristo. Ogni epoca ha voluto lasciare la sua impronta a livello artistico, filosofico e teologico su Gesù di Nazareth. Anche oggi assistiamo ad un proliferare di studi, più o meno seri, sulla figura di colui che ha spaccato in due la storia del mondo. C'è stato il "*Codice da Vinci*", vero ciclone mass mediale che ha frastornato e irritato tante persone, e sulla sua scia stanno fiorendo, come spesso avviene in questi casi, nuovi studi su Gesù con l'intenzione di svelarne il "vero volto" ricoperto finora sotto la coltre dell'ortodossia ecclesiastica. Questo è l'obbiettivo fondamentale, per nulla nascosto di certe pubblicazioni: accusare la Chiesa di aver "*occultato*" per secoli la verità su Cristo, partire quindi da un presupposto stabilito"a priori" per demolire tutto l'impianto soprannaturale della sua persona e della sua opera. Siccome la critica razionalista a partire dall'ottocento, nonostante tutto il suo impegno, non è riuscita a negare l'esistenza storica di Gesù (abbiamo troppi documenti e testimonianze a proposito), così assistiamo oggi ad uno stravolgimento continuo della sua persona, ridotta a quella di un esaltato o eliminando dal suo orizzonte tutto ciò che "scientificamente" fa problema come la divinità e soprattutto la croce e la Risurrezione. Continue pubblicazioni con "presunte rivelazioni" dal *vangelo di Giuda*, a quello di *Tommaso*, all'*Inchiesta su Gesù*[119] senza un'analisi seria delle tradizioni storiche sulla passione, morte e risurrezione di Gesù sono affascinate da ogni nuova teoria secondo cui egli non fu crocifisso e non morì, quindi non poté risorgere, anzi se ne è fuggito con Maria Maddalena verso l'India (o altre regioni)...

C'è sicuramente un uso selettivo dei testi e delle fonti, per cui a livello divulgativo assistiamo ad una vera e propria mistificazione, ad uso equivoco perfino dei *vangeli apocrifi*: nessuno, nemmeno ai tempi più burrascosi del positivismo, ha mai pensato di poter usare gli apocrifi come fonte d'informazione storica su Gesù. Solo la nostra era mediatica, alla ricerca esasperata di scoop commerciali, lo sta facendo. Padre Raniero Cantalamessa, il Predicatore della Casa Pontificia, in modo acuto ha osservato che dall'inchiesta su Gesù si passi a volte al pettegolezzo su Gesù, comprese le divagazioni omosessuali esistenti tra i discepoli o con il "*discepolo che egli amava*" oppure ai suoi "scandalosi e presunti" rapporti con la Maddalena, ecc... È sempre esistita la tendenza a rivestire Cristo dei panni della propria epoca o della propria ideologia. In passato, per quanto discutibili, erano cause serie e di grande respiro: il Cristo filosofo, idealista, socialista, rivoluzionario... Oggi sembra che tutto il problema legato a Cristo sia quello della sessualità. Meglio se perversa.

Quale immagine di Cristo è l'autentica? Come risposta a questa che rimane una domanda di grande attualità, mi piace ricordare una delle pagine più originali scritte da un teologo contemporaneo oggi assai discusso: «È il giovane, imberbe, bonario pastore dell'arte catacombale paleocristiana o il barbuto, trionfante *Imperator* e *Cosmocrator* della tarda iconografia relativa al culto imperiale, aulico, rigido, inaccessibile, minacciosamente maestoso sullo sfondo dorato dell'eternità? È il *Beau-Dieu* di Chartres o il misericordioso Salvatore tedesco? È il Cristo re e giudice del mondo, troneggiante in croce sui portali e nelle absidi romaniche, o l'uomo dolente raffigurato con crudo realismo nel *Christus im Elend* di Dùrer e nell'unica crocifissione superstite di Grunewaid? È il protagonista della *Disputa* di Raffaello, dall'impassibile bellezza, o l'umano moribondo di Michelangelo? È il sublime sofferente di Velàzquez o la figura torturata dagli spasimi di el Greco? Sono i ritratti salottieri, impregnati di spirito illuministico, di Rosalba Carriera e di un Fritsch, in cui si muove un elegante filosofo popolare o le edulcorate rappresentazioni del Cuore di Gesù del tardo barocco cattolico?

119 AUGIAS C.-PESCE M., *Inchiesta su Gesù*, Mondadori, Milano 2006

È il Gesù del diciottesimo secolo, il giardiniere o farmacista che somministra la polvere della virtù, o il classicistico Redentore del danese Thorwaldsen, che scandalizzò il suo compatriota Kierkegaard eliminando lo «*scandalo della croce*»? È il Gesù umano, mite ed esausto, dei nazareni tedeschi e francesi e dei preraffaelliti inglesi o è il Cristo, calato in ben altre atmosfere, degli artisti del ventesimo secolo, i vari Beckmann, Corinth, Nolde, Masereel, Rouault, Picasso, Barlach, Matisse, Chagall?

Ne meno diverse sono le teologie che sottendono le immagini. Quale cristologia è l'autentica? È, nell'*antichità*, il Cristo del vescovo Ireneo di Lione o del suo discepolo Ippolito (antipapa di Callisto), quello del geniale compilatore greco Origene o dell'eloquente giurista latino Tertulliano? È il Cristo dello storiografo e vescovo costantiniano Eusebio o quello di Antonio, il padre del deserto egiziano; quello del massimo teologo dell'Occidente, Agostino, o quello del papa più rappresentativo dei primi cinque secoli, Leone? È il Cristo degli alessandrini o quello degli antiocheni, quello dei cappadoci o quello dei monaci d'Egitto? È, nel *medioevo*, il Cristo del neoplatonico speculativo Giovanni Scoto Eriugena o quello dell'acuto dialettico Abelardo, quello delle tanto commentate sentenze di Pietro Lombardo o quello delle prediche sul Cantico dei Cantici di Bernardo di Clairvaux? È il Cristo di Tommaso d'Aquino o quello di Francesco d'Assisi, quello del potente Innocenzo III o quello degli eretici valdesi e albigesi da lui combattuti? È il Cristo dell'almanaccante apocalittico Gioacchino da Fiore o quello dell'audace pensatore e cardinale Nicola Cusano, quello dei canonisti romani o quello dei mistici tedeschi? È, nell'*età moderna*, il Cristo dei Riformatori o quello dei papi romani, quello di Erasmo da Rotterdam o quello di Ignazio di Loyola, quello degli inquisitori spagnoli o quello dei mistici spagnoli da loro perseguitati? È il Cristo dei teologi della Sorbona e dei giuristi della corona francesi o il Cristo di Pascal, quello degli scolastici spagnoli dell'età barocca o quello dei teologi dell'illuminismo tedesco, quello dell'ortodossia riformata luterana o quello delle antiche e nuove Chiese libere protestanti? È il Cristo dei filosofi-teologi dell'idealismo tedesco, di Fichte, Schelling, Hegel, o è quello del teologo-antifilosofo Kierkegaard? È quello della scuola cattolica, storico-speculativa, di Tubinga o quello dei teologi gesuiti e neoscolastici del Vaticano I, quello dei movimenti del risveglio protestante nel sec. XIX o quello dell'esegesi liberale dei secc. XIX e XX, quello di Romano Guardini o quello di Karl Adam, di Karl Barth o di Rudolf Bultmann, di Paul Tillich, di Teiihard de Chardin o di Billy Graham?

Quante le teste, tante le immagini di Cristo? La devozione continua ancor oggi a fornire le più disparate risposte alla domanda: *Quale Cristo? Che cosa significa Cristo per me?* Basta consultare qualcuna delle più recenti inchieste allargate a tutti i ceti, a tutte le professioni e confessioni possibili e immaginabili.

Gli uni lo situano, come Figlio di Dio, Redentore, Signore elevato e fondatore della Chiesa, nello spazio concreto della Chiesa stessa, in un contesto di preghiera e di acclamazione, nell'ambito dei sacramenti e della liturgia. Altri lo incontrano « fuori », come amico, fratello maggiore, pioniere, suscitatore di fermenti, di entusiasmo e di vera umanità, nella fratellanza umana, nella vita d'ogni giorno, nell'impegno sociale. Da un lato, esperienze di conversione personali, spontanee professioni di fede nella sua persona; dall'altro, formule dogmatiche, articoli di fede meramente ripetuti, nozioni di catechismo, staticità. Per gli uni Cristo significa amore, senso, sostegno, fondamento nella vita e incarna la felicità, la pace e la consolazione anche in momenti di delusione, di sconforto e di dolore. Per gli altri rappresenta qualcosa di anodino, di scarsamente significativo, di ben poco giovevole. E se gli uni si sentono sollecitati alla riflessione, alla meditazione, alla venerazione, gli altri reagiscono con lapidaria asciuttezza o anche con irritazione, scantonando imbarazzati».[120] Le osservazioni di H. Küng, scritte ormai più di trent'anni fa, son sempre valide. Ancor oggi in tante discussioni pubbliche e private, in conferenze, catechesi, pubblicazioni, trasmissioni televisive e spot pubblicitari la figura e il messaggio di Gesù di Nazareth suscitano interesse, adesione o ribellione, atto di fede o pura curiosità.

Finalmente, dopo quasi trenta chilometri, sotto la minaccia di nuvole cupe arriviamo a Sahagun, città chiave per l'importanza che il monachesimo ebbe nello sviluppo del culto jacobeo tanto che soprattutto dopo l'anno mille, per volontà del papa Gregorio VII, Sahagun doveva divenire in Spagna quello che Cluny era in Francia. Gli stessi sovrani, da Sancho il Maggiore di Navarra a Fernando I di Castiglia e León e suo figlio Alfonso VI le concessero enormi privilegi, favorendo in tutto la vita monastica. Il rifugio che ci ospita è ricavato nell'antica chiesa della Trinità e pensare di dormire sotto le arcate, fra capitelli e stucchi è veramente sublime. Un'altra volta, lungo il *Camino de Madrid* ad Alcazarén abbiamo dormito dentro una chiesa, per la precisione nella sacrestia, tra vasi, candelieri, reliquiari, tappeti e statue di quasi tutti i santi del paradiso. La lunga tappa è trascorsa senza che ce ne accorgessimo; sicuramente l'aria più fresca ci ha aiutato a non arrivare, come gli altri giorni, abbastanza provati. Stasera ci concediamo un giro più "turistico" e per una volta abbandoniamo anche il quotidiano *menù del dia* o del *peregrino*. Sahagun anche se piccola cittadina è elegante, ben curata, accogliente. Notiamo diversi bei ristoranti e c'è un certo movimento anche perché è la festa patronale di san Juan de Sahagun, monaco agostiniano qui nato nel XV secolo e sepolto a Salamanca nella Cattedrale nuova, difensore dei deboli e in particolare degli operai, delle vedove e dei fanciulli sfruttati. Devoto dell'Eucaristia fu uomo mite e umile e per la sua opera di

120 KÜNG H., *Essere Cristiani*, Mondatori, 1976, pagg.132-135

pacificazione fra le varie fazioni il popolo di Salamanca non solo ne conservò piamente le spoglie ma lo volle suo patrono, dopo la canonizzazione avvenuta nel 1690. Le feste in suo onore durano sei giorni fra corride, *encierros*, danze di ogni tipo, fuochi artificiali, messe e processioni. Un misto di sacro e profano che è una delle caratteristiche della religiosità popolare spagnola e comunque esprime bene quanto il cristianesimo sia radicato fra queste comunità. Il pericolo, e lo avvertiamo anche noi oggi in Italia, è che anche questo esile legame con la religiosità vada lentamente scomparendo o si perda silenziosamente a tutto vantaggio di un divertimento puramente pagano, sguaiato, senz'anima, senza storia.

Per una sera lasciamo da parte gli abiti "sudati" dei pellegrini e il solito "*menù del dia*" e ci facciamo contagiare dal clima di festa e dalla *movida* notturna, in quest'angolo di Spagna un tempo terra di monasteri ed eremiti, di duelli e imboscate tra cavalieri cristiani e arabi. Gustiamo il tipico "*cordero al estilo de Sahagún*", un ricco piatto a base di agnello, un bicchiere di *sangria* e un buon sigaro, ecco qui tutta la nostra trasgressione prima di ritirarci sotto le volte austere dell'*albergue*[121] e sentire in lontananza gli echi della *fiesta*.

121 In genere alle 22, massimo alle 22,30 gli *albergue de peregrinos* chiudono le porte

Leon, la pietra fatta luce

Errori nella Chiesa ce ne sono tanti.
Ma la Chiesa è la Madre.
Se uno ha la madre brutta, chi se ne frega!
A una mamma non si chiede mica di essere perfetta per volerle bene.

Don Lorenzo Milani, *Lettere*

Oggi la giornata è completamente diversa da quelle che ci hanno preceduto. Un forte temporale si è abbattuto sopra Sahagun e dopo i botti e i fuochi della festa di san Juan, tuoni e lampi hanno continuato per tutta la notte fino all'alba. La pioggia ha portato via l'aria afosa e appiccicosa di queste pianure, la temperatura si è notevolmente abbassata e camminare è veramente un piacere. Dopo tanti giorni di sole e caldo, il clima più fresco è una benedizione, l'aria tersa ci permettere di scorgere in lontananza i *Montes de Leon*. Pian piano, quasi senza accorgercene, abbandoniamo la *Tierra de campos* con i suoi interminabili campi coltivati a grano. Facciamo tappa a Mansillas de las Mulas perché arrivare fino a León è impossibile. Al mattino successivo partiamo presto verso un'altra delle città simbolo del Cammino che fu capitale romana, visigota e araba, il cui nome e la cui struttura viaria ricalca l'accampamento dove stanziava la "*Legio Septima Gemina Pia Felix romana*". Oggi León è soprattutto famosa per la sua cattedrale gotica, la *pulchra leonina*, l'Hostal di san Marcos (antico albergo per pellegrini poveri, ora *Parador Nacional*, albergo di lusso per ricchi) e la Basilica-collegiata romanica di Sant'Isidoro, costruita per accogliere in un luogo più sicuro dal pericolo arabo le spoglie del grande vescovo e teologo di Siviglia, ultimo Padre della Chiesa occidentale che con la sua sapienza e dottrina è stato uno dei maestri del Medioevo. León ci si presenta subito come una città elegante, nobile, ricca: il centro storico è ben curato, pulito, le sue vie ampie, con tanti fiori e negozi di lusso ci fanno percepire di essere in un salotto, un gioiello di arte e architettura, un felice connubio tra storia e modernità, tradizione e rinnovamento.

Arriviamo nella piazza della cattedrale *Santa Maria la Regla*: subito rimaniamo affascinati dall'armonia e dallo slancio delle arcate e dei contrafforti, dalle due bellissime facciate gotiche ricche di sculture e immagini di ogni genere e soprattutto notiamo l'ampia superficie delle vetrate. Entrando una molteplicità di colori e luce ci avvolge: l'anima della cattedrale è costituita da queste spettacolari vetrate, che occupano oltre 1700 metri quadrati di superficie e la perfezione dei suoi cristalli inondano tutte le navate di luce mistica. Viste da fuori, tali finestre appaiono scure, pesanti, addirittura tetre. Ma dall'interno, esse all'improvviso prendono vita, riflettendo la luce che le attraversa rivelano tutto il loro splendore. La diversità dell'esterno e dell'interno delle vetrate fa pensare al mistero della Chiesa. È solo dal di dentro, dall'esperienza di fede e vita ecclesiale che vediamo la Chiesa così come è veramente: inondata di grazia, splendente di bellezza, adorna di molteplici doni dello Spirito. Solo la luce che viene dall'alto può trasformare le nostre ombre, solo la luce della fede può liberarci dalla routine del presente, solo lo splendore divino fa risaltare lo splendore della Chiesa, talvolta offuscato dai peccati e dalle debolezze dei suoi membri. Dice il salmista della creazione dei cieli e della terra: "*Signore mio Dio, se mandi il tuo Spirito, sono creati e rinnovi la faccia della terra*"[122] e questo vale anche per la realtà umana della Chiesa. Di questa forza soprannaturale non possiamo farne a meno, secondo quanto ci ricorda il grande vescovo e martire Ireneo di Lione «*Dov'è la Chiesa, lì è lo Spirito di Dio; dov'è lo Spirito di Dio, lì è la Chiesa e ogni grazia*»[123].

È importante oggi non dimenticare la dimensione soprannaturale della Chiesa, sulla scia del Concilio Vaticano II che nel suo documento più significativo afferma: «*Cristo è luce delle genti e la Chiesa è in Cristo segno e strumento dell'intima unione con Dio e dell'unità di tutto il genere umano*»[124]. Questo testo, insieme al paragrafo 8 presenta la Chiesa come una realtà complessa, che comprende sia la Chiesa nel suo aspetto visibile che nel suo aspetto soprannaturale. La Chiesa non è solo una comunità spirituale, ma è anche una comunità gerarchica, un organismo visibile e invisibile. La Chiesa è il risultato di un elemento umano unito ad un elemento divino. La Chiesa è perciò paragonata "*per una non debole analogia*" al mistero del Verbo Incarnato. È questo uno dei testi conciliari tra i più densi sia dal punto di vista teologico che dogmatico: «*Cristo unico mediatore ha costituito sulla terra la sua chiesa santa, comunità di fede, speranza e carità come un organismo visibile, la sostenta incessantemente e per essa diffonde su tutti la verità della grazia. La società gerarchicamente costituita da una parte e il corpo mistico dall'altra, l'assemblea visibile e la comunità spirituale, la chiesa della terra e quella in possesso dei beni celesti, non si devono considerare come due realtà; esse costituiscono al contrario un'unica realtà, ma formano una sola complessa realtà, fatta di un duplice elemento, umano e divino*»[125].

Questa duplice dimensione dell'unica Chiesa di Cristo le permette, nonostante il peccato e la miseria dei suoi figli, di non perdere il suo splendore «*la chiesa che comprende nel suo seno i peccatori, santa insieme e sempre bisognosa di purificazione, incessantemente si applica alla penitenza e al suo rinnovamento*»[126]. Il principio della chiesa è la santità; la presenza del peccato è sempre qualcosa che contraddice la natura della chiesa; è una malattia della chiesa. Ci si può accostare alla chiesa arrabbiandosi ma mai col diritto di staccarsi da lei, sotto la pena di perdere anche ciò che ci si proponeva di salvare. La chiesa è una madre che ha sempre bisogno di Dio, il suo peccato la fa essere non autonoma, non può farcela con le sue forze. Ogni santità è un prodigio, è una grazia di Dio. Scriveva nella prima edizione della sua *Introduzione al Cristianesimo* l'allora giovane professore

122 Sal 104,30
123 IRENEO di LIONE, *Adversus Haereses* III,24,1
124 CONCILIO ECUMENICO VATICANO II, Costituzione dogmatica sulla Chiesa *Lumen Gentium* 1
125 CONCILIO ECUMENICO VATICANO II, Costituzione dogmatica sulla Chiesa *Lumen Gentium* 8
126 CONCILIO ECUMENICO VATICANO II, Costituzione dogmatica sulla Chiesa *Lumen Gentium* 8c

Raztinger: «*Il Concilio Vaticano II stesso si è sforzato di parlare non più soltanto della chiesa santa, ma anche della chiesa peccatrice*»[127]. Nell'ultima edizione del 2005, l'anno di elezione al Pontificato, veniva ulteriormente precisato «*In virtù del dono del Signore, mai ritrattato, la Chiesa continua a essere quella che egli ha santificato, in cui la santità del Signore si rende presente tra gli uomini. Ma è sempre realmente la santità del Signore che si fa qui presente, e sceglie anche e proprio le sporche mani degli uomini come contenitore della sua presenza. Questa è la figura paradossale della Chiesa, nella quale il divino si presenta così spesso in mani indegne. [...] Lo sconcertante intreccio di fedeltà di Dio e infedeltà dell'uomo, che caratterizza la struttura della Chiesa, è la drammatica figura della grazia. [...] Si potrebbe addirittura dire che la Chiesa, proprio nella sua paradossale struttura di santità e di miseria, sia la figura della grazia in questo mondo*»[128].

Le vetrate della cattedrale di León suscitano tante sensazioni, l'enorme superficie di colori cattura inevitabilmente l'attenzione del pellegrino, è altrettanto difficile poter visitare con calma tutte le altre opere che vi si trovano all'interno. Tuttavia con decisione ci fermiamo in una delle numerose cappelle quella che ospita una delle statue più caratteristiche e amate dai pellegrini, la duecentesca *Virgen de la Esperanza*, in pietra policroma, elegante e delicata figura di Madonna incinta che si accarezza il ventre. Purtroppo abbiamo poco tempo e allora velocemente ci rechiamo alla *Basilica di san Isidoro*. Non voglio perdermi la famosa *Puerta del Cordero*, con scolpito l'Agnello mistico dell'Apocalisse, immagine del sacrificio di Cristo sulla croce, che sovrasta le scene tratte dalla Genesi di Isacco sul monte Moria, di Abramo nell'atto di sacrificarlo e fermato dalla mano di Dio, delle due donne Sara e Agar, simbolo delle due alleanze. In pochi metri una stupenda sintesi della storia biblica della promessa e della salvezza centrata tuttavia sull'immagine dell'Agnello sgozzato che sostiene con una mano il segno della Croce, vero sacrificio che ci riconcilia definitivamente con Dio. Interessante nella parte superiore alla scultura una singolare decorazione con dodici formelle rappresentanti i segni zodiacali che vanno letti da destra verso sinistra in quanto scolpiti da scultori arabi. Un altro luogo che non perdiamo è la cripta dove sono raccolti i resti mortali di re e regine leonesi con il famoso *Panteon reale*, definito la "*cappella Sistina*" del romanico spagnolo per la bellezza dei suoi affreschi. Ci vorrebbe più tempo da dedicare a questi capolavori che in qualche modo rappresentano le due grandi epoche d'oro dell'arte cristiana in Europa, lo stile romanico e quello gotico. Vale la pena ricordare l'entusiasmo e la laboriosità di quel tempo descritta così da un antico cronista: «*Accadde che in tutto il mondo, ma specialmente in Italia e nelle Gallie, si incominciasse a ricostruire le chiese, sebbene molte, per essere ancora in buone condizioni, non avessero bisogno di tale restaurazione. Era come una gara tra un popolo e l'altro; si sarebbe creduto che il mondo, scuotendosi di dosso i vecchi cenci, volesse rivestirsi dappertutto della bianca veste*

127 RATZINGER J., *Introduzione al Cristianesimo*, Queriniana, Brescia 1969, pag. 280
128 RATZINGER J., *Introduzione al Cristianesimo*, Queriniana, Brescia 2005, pagg. 330ss

di nuove chiese. Insomma, quasi tutte le chiese cattedrali, un gran numero di chiese monastiche, e perfino oratori di villaggio, furono allora restaurati dai fedeli»[129].

Lasciamo la basilica nella quale è esposta solennemente l'Eucaristia solo dopo aver celebrato in una piccola ma raccolta cappella la Messa. Nonostante il via vai continuo di fedeli e turisti c'è raccoglimento e silenzio, fuori un improvviso temporale ha reso il cielo ancora più terso, la bellezza del creato sembra qui gareggiare con la bellezza delle opere da noi ammirate, l'impronta del Creatore sigilla l'opera dell'uomo come questo cielo limpido incorona la maestria degli artisti. Contempliamo lo spettacolo dal fondo della piazza e la luce che avvolge la basilica e la sua splendida porta, non posso non pensare alla nuova Gerusalemme secondo la splendida descrizione che ne fa l'Apocalisse di Giovanni: "*L'angelo mi trasportò in spirito su di un monte grande e alto, e mi mostrò la città santa, Gerusalemme, che scende dal cielo, da Dio, risplendente della gloria di Dio. Il suo splendore è simile a quello di una gemma preziosissima, come pietra di diaspro cristallino. È cinta da grandi e alte mura con dodici porte: sopra queste porte stanno dodici angeli e nomi scritti, i nomi delle dodici tribù dei figli d'Israele. A oriente tre porte, a settentrione tre porte, a mezzogiorno tre porte e a occidente tre porte. Le mura della città poggiano su dodici basamenti, sopra i quali sono i dodici nomi dei dodici apostoli dell'Agnello…La città è a forma di quadrato: la sua lunghezza è uguale alla larghezza…Le mura sono costruite con diaspro e la città è di oro puro, simile a terso cristallo. I basamenti delle mura della città sono adorni di ogni specie di pietre preziose… E le dodici porte sono dodici perle; ciascuna porta era formata da una sola perla. E la piazza della città è di oro puro, come cristallo trasparente.*

In essa non vidi alcun tempio:
il Signore Dio, l'Onnipotente, e l'Agnello
sono il suo tempio.
La città non ha bisogno della luce del sole,
né della luce della luna:
la gloria di Dio la illumina
e la sua lampada è l'Agnello.
Le nazioni cammineranno alla sua luce,
e i re della terra a lei porteranno il loro splendore.
Le sue porte non si chiuderanno mai durante il giorno,
perché non vi sarà più notte.
E porteranno a lei la gloria e l'onore delle nazioni.
Non entrerà in essa nulla d'impuro,
né chi commette orrori o falsità,
ma solo quelli che sono scritti
nel libro della vita dell'Agnello"[130].

129 RODOLFO il Glabro, *Historiarum* 3,4
130 Ap 21, 10-27

Salamanca, l'agonia del cristianesimo

Ci sono alcuni che vogliono sapere
a scopo di sapere, e ciò è fatua curiosità;
Ci sono alcuni che vogliono sapere
per essere conosciuti, e ciò è fatua vanità;
Ci sono alcuni che vogliono sapere
per vendere la loro scienza per denaro e onori,
e ciò è fatuo profitto.
Però ci sono alcuni che vogliono sapere
per edificare, e ciò è Carità

S. Bernardo, *Super Cantica canticorum*

Arriviamo a Salamanca nell'ora più calda del giorno. Tutta la *via de la Plata* è segnata dal caldo torrido. La tappa non è stata lunga, ma la *meseta*, l'altopiano di Castiglia coltivato a frumento d'estate diventa il mare giallo di quella parte di Spagna che non ha coste. Anche se siamo in giugno la *meseta* si trasforma in un forno, il calore arriva dal sole implacabile e rimbalza sulla terra assetata, camminare sotto il peso dello zaino diventa veramente un esercizio di ascesi e di mortificazione. L'ingresso in città è caotico, la periferia in espansione continuamente ci fa andare a zig zag tra rotonde, ponti e sottopassi. In lontananza si cominciano a vedere le sagome delle due cattedrali e dell'Università, la più antica di Spagna, fondata da Alfonso IX nel 1218. Entriamo passando sopra le arcate del Ponte romano, sotto scorre lentamente il rio Tormes, per terra le grandi conchiglie d'ottone lucente ci portano all'*albergue de peregrinos*. È uno dei più antichi, completamente rinnovato si scorgono dalle sue finestre le guglie e le cupole delle due cattedrali. Salamanca ha infatti due cattedrali: quella romanica più antica fu giudicata dalle autorità del tempo troppo piccola e così fu costruita una nuova e più grande. Oggi a mala pena, nonostante ci sia la festa patronale, le persone riempirono l'antica. Sono ambedue dei capolavori dell'arte medievale e rinascimentale, seppur di differenti stili e dimensioni si fondono in una sintesi di grande armonia e bellezza. Tutta la città è ai piedi delle cattedrali, intorno all'Università, alla *Casa de la Conchas*, alle vie signorili, dotte, aristocratiche che confluiscono nella *plaza Mayor,* una delle piazze più grandi ed eleganti di Spagna.

Salamanca è soprattutto l'Università, tra le più prestigiose del mondo, annoverando fra i propri docenti e studenti illustri teologi, giuristi, scienziati, medici e scrittori. Qualche nome: Frà Luis de Leon, Francisco de Vitoria, Domingo de Soto, San Giovanni della Croce, Hernan Cortés, Mazarino, Calderon de la Barca, Miguel de Unamuno, José Maria Gil-Robles e tantissimi altri. Il titolo che ho voluto dare a questo capitolo è sicuramente provocatorio e l'ho preso da un'opera[131] di un grande letterato e filosofo di Salamanca, Miguel de Unamuno (1864-1936). Questo saggio fu scritto da de Unamuno nell'esilio a Parigi del 1924; scelse lui stesso questo titolo poiché gli eventi recenti della sua vita personale gli facevano avvertire una profonda, dolorosa sintonia tra la sua "agonia", la sua lotta per il cristianesimo e l'agonia del cristianesimo in sé. De Unamuno spiega bene il senso etimologico della parola agonia: «*agonia, agonia, vuol dire lotta. Agonizza chi vive lottando, lottando contro la vita stessa. E contro la morte. È la giaculatoria di santa Teresa di Gesù «Muero porque no muero, muoio perché non muoio»... L'agonia è dunque lotta. E Cristo è venuto a portarci agonia, lotta e non pace. Ce lo ha detto lui stesso*»[132]. Questa citazione del filosofo spagnolo, insieme a tutta la sua opera, mi ha fatto riflettere sul grande e perenne tema del conflitto fra ragione e sentimento, fra ragione e fede come premessa di un'autentica ricerca religiosa. Oggi più che mai questa ricerca, questo conflitto sembra il grande assente. C'è l'esplosione di un cristianesimo bigotto, infantile (nel senso peggiore del termine), credulone e superstizioso. Manca l'inquietudine e il desiderio della ricerca di Dio, del senso della vita, della libertà e della verità assoluta. Ci si accontenta di qualche certezza, dell'immediato, dell'effimero, del facilmente raggiungibile. Di un Dio a portata di mano, a immagine e somiglianza nostra, ribaltando completamente la rivelazione contenuta nella prima pagina della Bibbia: "*Facciamo l'uomo a nostra immagine e somiglianza*"[133]. Anche l'esperienza religiosa sembra relegata ad un prodotto da supermercato o, per essere moderni, da centro commerciale dove ognuno può trovare quello che vuole, senza fatica e alcuna senza ricerca o sforzo interiore. Tutto è ridotto a puro fatto economico, semmai l'unico problema è quello finanziario. Ho l'impressione che in generale il cosiddetto popolo cristiano sia una massa abbastanza lontana da quell'immagine di comunità che il vangelo ci ha indicato come autentica risposta alla bellezza e alla novità di vita manifestataci dalla persona e dalle parole di Cristo.

Sto passeggiando per le strade cariche di storia e di sapienza di Salamanca. La sede dell'Università con la sua facciata rinascimentale ricca di stemmi della monarchia spagnola e del papato mi è davanti in tutta la sua solennità. Seduto sopra uno scalino della *Casa de la Conchas* noto su di un architrave una scritta in latino "*Quod natura non dat, Salmantica non praestat*". Quanto basta per ricordare gli anni degli studi, soprattutto quelli di filosofia e teologia, gli anni più belli della vita, forse, passati a studiare ma soprattutto a cercare il senso ultimo delle cose,

131 UNAMUNO M. de, *Agonia del Cristianesimo*, Piemme, Casale Monferrato 2004
132 UNAMUNO M. de, o.c., pag. 33.37
133 Gn, 1,26

ad interrogarsi su Dio, il mondo, la scienza, la vita appunto. Con questi ricordi e divagazioni, avverto anche per la nostra epoca una sorta di agonia del cristianesimo, ma nel senso opposto a quello inteso da de Unamuno. Agonia nel senso della prossimità alla morte, all'estinzione? Non più la lotta, l'impegno, il sacrificio misto al desiderio di conoscere, di fare e di essere, piuttosto il senso di una fine, di una sconfitta. Mi vengono in mente le immagini di tante Madonne viste qui in Spagna. Ce ne sono molte raffigurate con il cuore trafitto da sette spade, è la Vergine dei dolori, la Madonna Addolorata. In essa, a differenza delle *Pietà* italiane, non si rende culto tanto al Figlio che giace morto nel grembo della Madre, quanto a lei, la Vergine Madre, che agonizza di dolore tenendo suo Figlio tra le braccia. È il culto, tipico della religiosità spagnola, all'agonia della Madre. Sento che questo aspetto, in negativo, lo stiamo vivendo nel tessuto cristiano della nostra realtà contemporanea. Siamo a celebrare un culto all'agonia di una fede che ormai ha poco da dire all'uomo e alla società contemporanea? Mi ricordo a proposito di una domanda carica d'angoscia e inquietudine di T. S. Eliot dal VII Coro de "La Rocca", citata da don Giussani in una delle sue opere[134]: «*È l'umanità che ha abbandonato la Chiesa o è la Chiesa che ha abbandonato l'umanità?*». La domanda è ancora oggi inquietante e attuale, essa descrive in modo profetico la situazione religiosa della maggior parte degli uomini del nostro tempo. Già negli anni cinquanta don Lorenzo Milani aveva avvertito lo stacco che cominciava a prodursi tra la società e la chiesa, tra la cultura e la religione, la modernità e il vissuto della fede. Come non ricordare la famosa foto della processione del Santissimo Sacramento di fronte ad una folla di gente distante e indifferente nella Pieve di S. Donato a Calenzano nell'Italia del dopoguerra? Amara la constatazione aggiunta a lapis del battagliero sacerdote toscano: «*Preghiera del pievano: perdonali, Signore perché non sono qui con te; preghiera del giovane cappellano: Perdonaci Signore, perché noi non siamo là con loro*». Non solo è lo scontro di due mentalità diverse, ma la visione di una Chiesa, quella del pievano, che per secoli si è imposta e non proposta nei confronti della società moderna. Nonostante il Concilio Vaticano II con la *Gaudium et Spes*[135] abbia compiuto una rivoluzione "*copernicana*" nel considerare i rapporti Chiesa-mondo, avvertiamo sempre più lo smacco e la lotta tra ragione e fede, tra scienza e mistero, tra umanesimo e trascendenza. Il nostro tempo ha perso la capacità di fare sintesi, di far coincidere gli opposti, o almeno di sforzarsi. Dio ormai non interessa più, non conta ormai né affermarlo né negarlo, basta ignorarlo. "*Padre nostro che sei nei cieli, ...restaci!*" scrive con rabbia e soddisfazione Jacques Prévert in una sua lirica[136], qualificando così la nostra come l'epoca in cui si può benissimo fare a meno di Dio, e comunque Dio, se c'è , non c'entra. Il bello che la maggiore responsabilità di questo

134 GIUSSANI L., *La coscienza religiosa nell'uomo moderno. Note per cattolici impegnati*, Jaca Book, Milano 1985
135 CONCILIO ECUMENICO VATICANO II, Costituzione pastorale sulla Chiesa nel mondo contemporaneo
136 PREVERT J., *Poesie* (a cura di B. Cagli), Newton Compton Editori, 1976

distacco, di questo abbandono di lotta, d'interesse, di sintesi ha la sua origine all'interno della comunità cristiana. Si è ormai in qualche modo "protestantizzato" il cristianesimo, riducendolo a puro soggettivismo e a moralismo, dove ognuno vive, pensa e agisce "*etsi Deus non daretur*" (come se Dio non ci fosse).

Un grande pensatore cattolico, Pietro Prini, discepolo del filosofo esistenzialista Gabriel Marcel, alla vigilia del grande Giubileo del Duemila ha pubblicato un libro *Lo scisma sommerso*[137]. Il tema del saggio è quanto mai provocatorio e nel clima di grande euforia che c'era prima del Giubileo suonò come un affronto e una voce fuori dal coro. Lo studioso parte da un dato di fatto, che la gerarchia finge di ignorare: al di là degli apparenti trionfi, nella Chiesa è in atto uno «scisma sommerso», perché si sta creando un divario profondo, forse irrecuperabile, tra la dottrina ufficiale e le coscienze dei fedeli. La tesi del libro è sicuramente interessante soprattutto perché invita ad un ripensamento della fede, ad un suo rinnovamento ascoltando e comprendendo con maggiore serenità le convinzioni e i comportamenti dei fedeli praticanti. L'*aggiornamento* indicato nel discorso inaugurale e programmatico del Vaticano II da Giovanni XXIII ha trovato da alcuni anni una visibile battuta d'arresto, proprio là dove bisognava vere il coraggio di mettere a confronto la fede coi risultati dottrinali e metodologici delle scienze antropologiche di oggi. In questo, credo, che le osservazioni di Prini rivestano tutta la loro attualità. Camminando per le strade di Spagna, di città in città emerge sempre più evidente questo "*scisma sommerso*". Le tante nazionalità dei pellegrini con le loro diverse motivazioni in riferimento al pellegrinaggio ne sono una piccola, ma significativa prova. Ormai c'è il rischio, non più così remoto, di un tramonto del cristianesimo dalla scena mondiale, sicuramente occidentale. Senza cedimenti di tipo apocalittico, ma con un rigoroso ricorso alla ragione umana messa a confronto con i rivolgimenti culturali avvenuti in questi ultimi anni, perfino un uomo di grande fede e di grande apertura come il compianto Ernesto Balducci parlava di un cristianesimo senza futuro[138].

Per il religioso toscano il destino del cristianesimo si identifica, nella buona e nella mala sorte, con quello dell'ordine planetario creato e gestito dall'Occidente, e quindi il pericolo di una sua dissoluzione è strettamente legato alle sorti del nostro sistema. Tuttavia il cristianesimo ha una particolarità che non ha nessuna altra religione, cultura o ideologia: pur incarnandosi e realizzandosi in una determinata epoca della storia, la fede cristiana ha sempre professato come termine assoluto di riferimento una persona, Gesù Cristo, e, ancora più concretamente un fatto, l'evento pasquale. Esso si colloca si sul piano storico, in quanto è accaduto secondo le forme e le determinazioni spazio temporali degli avvenimenti,

137 PRINI P., *Lo scisma sommerso. Il messaggio cristiano, la società moderna e la chiesa cattolica*, Garzanti, Milano 1999
138 BALDUCCI E., *La terra del tramonto. Saggio sulla transizione*, Edizioni Cultura della pace, Fiesole 1992, pag. 136

ma, per un altro verso, è un fatto metastorico: proprio per questo nessuna civiltà, cultura o forma di cristianesimo vissuta nella storia è soggetta, automaticamente, alle leggi della storia stessa. Il cristianesimo fin dall'inizio si è confrontato con il mondo allora conosciuto, anzi c'è stata una identificazione tanto stretta che, superando i confini del giudaismo, la fede cristiana è diventata occidentale, cioè universale. La punta di svolta avvenne nel IV secolo con Costantino: con l'editto di Milano del 313 il cristianesimo da fede diventa *religio* e da allora la chiesa identificò le proprie sorti con quelle dell'Impero, cioè della società terrena: si aprirà la lunga stagione "*teocratica*" arrivata fino ai giorni nostri, fino al Vaticano II. La svolta conciliare ha permesso alla chiesa di liberarsi da questa identificazione o identità culturale, le ha dato così la possibilità di ritornare ad essere "profezia dell'evento pasquale", di quell'avvenimento metastorico ed unico, che le potrà permettere di sopravvivere a qualsiasi condizionamento storico, culturale o ideologico. In qualche modo, Cristo ce lo aveva annunciato con chiarezza "*il cielo e la terra passeranno, ma le mie parole non passeranno*"[139]. Il tramonto o la caduta di qualsiasi realtà umana non potrà coinvolgere la fede cristiana, se essa saprà rimanere fedele alla purezza e semplicità evangelica. La piccola barca di Pietro «*fluctuat, nec mergitur*».

Il sole di Castiglia sta ancora illuminando i palazzi e le vie di questa città meravigliosa, dopo la siesta pomeridiana la *calle Mayor* e le altre strade del centro storico si animano di gente, i negozi riaprono, l'aria della festa comincia di nuovo a pulsare nel cuore della città universitaria. Mi siedo ad un tavolo di *plaza Mayor*, passando sotto i suoi portici ho acquistato due libretti, in spagnolo, una raccolta di poesie di Pablo Neruda[140] e il commento al Cantico dei Cantici[141] di frà Luis de León. Mi raggiungono i miei due compagni di pellegrinaggio, visitiamo insieme la cattedrale vecchia con l'abside romanico che ritrae una delle raffigurazioni più conosciute del Giudizio universale in terra di Spagna. La luce del pomeriggio crea un effetto cromatico tenue, dolce; c'è silenzio nella navata, siamo gli unici visitatori, ne approfittiamo allora per un momento di preghiera. Tra i banchi trovo un foglietto con una delle invocazioni più intense di santa Teresa d'Avila, una preghiera assai conosciuta grazie anche alla trasposizione musicale fatta dalla comunità di Taizè . Sembra quasi una risposta ai miei pensieri e divagazioni del pomeriggio sull'agonia del cristianesimo. È comunque un segno di speranza e di fiducia, forse anche di lotta:

139 Lc 21,33
140 NERUDA P., *Todo el amor*, Editorial Losada, Buenos Aires 1964
141 LEON L. de, *Cantar de los cantares de Salomón*, Ediciones Universidad de Salamanca, Salamanca 2002

Nada te turbe, nada te espante: todo se pasa, Dios no se muda.
La paciencia todo lo alcanza, quien a Dios tiene nada le falta.
Solo Dios basta[142].

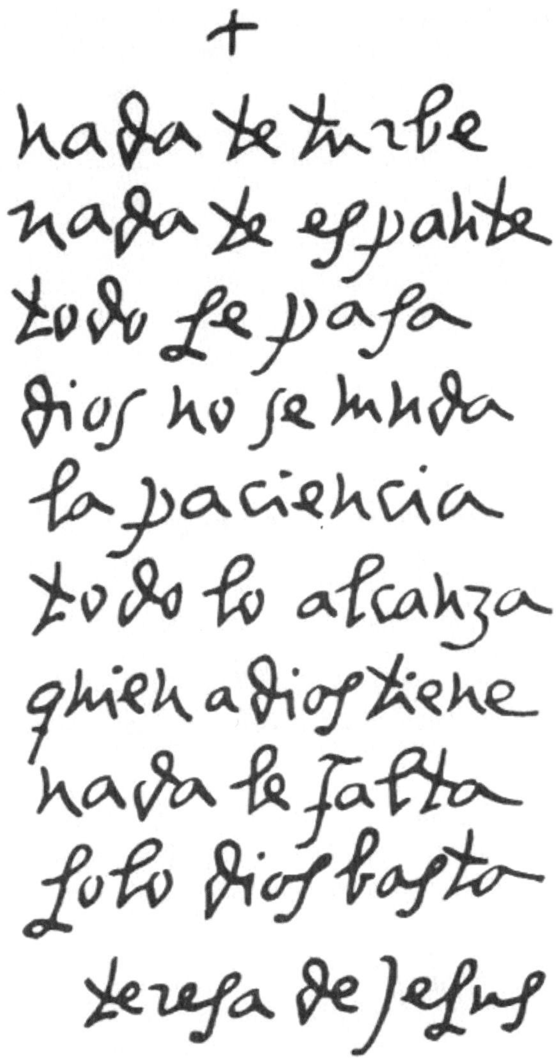
+
nada te turbe
nada te espante
todo se pasa
dios no se muda
la paciencia
todo lo alcanza
quien a dios tiene
nada le falta
solo dios basta
teresa de jesus

Autografo di Teresa di Gesù

142 *Nulla ti turbi, nulla ti spaventi. Tutto passa, Dio non cambia. La pazienza ottiene tutto. Chi ha Dio, ha tutto. Dio solo basta*

Avila, fuoco in Castiglia

Le cose di Dio mi davano
una grande gioia,
quelle del mondo
mi tenevano legata

S. Teresa d'Avila, *Libro della vita*

In questi anni ho attraversato in lungo e in largo la penisola iberica sulla via di Santiago e sono spesso passato nelle vicinanze di quella che è una delle città più belle e più significative nella storia religiosa e civile della Spagna, Avila. Di fronte alla Sierra di Guadarrama, la città fortificata da una cinta muraria e da ottantotto torri si erge come una corona regale sugli altopiani di Castiglia a 1.100 metri di altitudine. Le rocce tagliate a picco donano alla città un aspetto selvatico e la stessa cattedrale appare come una fortezza innalzata nel mezzo di un paesaggio di pietre, dominata da un cielo puro e nudo, contornata da orizzonti lontani. Ha scritto Federico Garcia Lorca: «*Tutti devono sentirsi fragili in questa città di formidabile forza... Avila è la città più castigliana e solenne di tutto il grandioso altopiano circostante. Non si ode mai un rumore forte, tranne quando, nelle notti d'inverno, l'aria mette in circolo tra i suoi crocicchi modulazioni violente... Un'ombra di morta grandezza sorge ovunque*»[143]. Fortificata nel secolo XI, i Mori non riuscirono mai a varcare le sue alte mura, Avila conosciuta come terra di cavalieri fu al centro della rivolta dei *comuneros* che si sollevarono contro l'imperatore fiammingo Carlo V, a favore della madre e regina castigliana, Giovanna la Pazza che era stata imprigionata nel castello di Tordesillas. Avila è stata anche una delle prime città nelle quali si era installato il *Consejo de la Suprema y General Inquisición*, la famigerata Inquisizione spagnola voluta nel 1478 dai cattolicissimi Ferdinando di Aragona e Isabella di Castiglia[144] e soltanto nel 1483 ufficializzata dal papa Sisto IV con la Bolla *Exigit sinceras devotionis affectus* e affidata al domenicano Tomás de Torquemada. Qui il tristemente famoso grande Inquisitore fu costretto a ritirarsi nel 1492 dal nuovo papa Alessandro VI e vi concluse i suoi ultimi anni, dopo che riuscì ad ottenere dai sovrani, di cui era il fidato confessore, l'espulsione di tutti gli ebrei dalla Spagna. Ma Avila è soprattutto, grazie a Dio, la città di Teresa de Cepeda de Ahumada, conosciuta come *Teresa di Gesù* (1515-1582) la grande mistica e riformatrice del Carmelo,[145] prima donna ad essere proclamata

143 LORCA G.F., *Impressioni e paesaggi della vecchia Castiglia*, Guida editore, Napoli 2003, pagg. 21-23
144 L'Inquisizione spagnola dipese sempre dalla corona e non dal Papa
145 Fonderà diciassette monasteri in vent'anni (Avila, Medina del Campo, Valladolid, Toledo, Salamanca, Alba de Tormes (dove morirà nel 1582), Segovia, Palencia, Soria, Granada e Burgos i più famosi)

Dottore della Chiesa,[146] il cui nonno di origine ebrea era emigrato da Toledo dopo aver subito a forza la conversione alla "vera fede" ed aver percorso per sette venerdì la città fra i lazzi dei toledani rivestito del *sambenito*, l'infame scapolare giallo che designava i "*porci*" convertiti. De Unamuno ci ricorda: «*vedendo Avila si comprende come e da dove venne in mente a Santa Teresa l'immagine del castello interiore o delle dimore e del diamante. Perché Avila è un diamante di roccia granitica dorata dal sole dei secoli e dai secoli di sole*»[147].

Nel 2009, anno del mio 25° anniversario di ordinazione sacerdotale, ho percorso il *Camino de Levante* durante l'estate per poter essere a Santiago il 25 luglio e partecipare alla festa in onore dell'Apostolo. Avila è stata una delle tappe più toccanti di questo cammino. Sono stato fra le sue mura, i suoi palazzi, le sue chiese e i suoi conventi per due giorni completi rivivendo una parte importante della storia di Spagna, soprattutto le sue contraddizioni e i suoi eccessi, la mistica più pura e il fanatismo più crudele, il vertice della santità e la bassezza dell'intolleranza religiosa. Ad Avila tutto parla di santa Teresa, ma anche di san Giovanni della Croce e di san Pietro d'Alcántara (suoi confidenti e confessori) e tutto parla della santa Inquisizione. In quel tempo tutta la Spagna era percorsa da un lungo brivido religioso e gli eccessi di un furore guerriero vengono rivolti non solo verso gli infedeli, ma contro i presunti eretici che venivano individuati in numero sempre più grande nell'ambito della Chiesa (gli stessi Teresa e Giovanni della Croce ebbero di che patire!). Alla classica visione dell'Inquisizione con le sue torture, interrogatori, roghi, *autodafè* [148] si aggiunge quella, più sottile, di un apparato di controllo in cui lo Stato teneva stretto il popolo cristiano. Tutti sono presi in un complicato gioco di confessioni, di denunce, di terrore, di sospetto e di condanna. Ha scritto ancora con crudo realismo Garcia Lorca: «*Tutta la Spagna del passato e per gran parte anche del presente si respira nell'aria delle anguste e solennissime città della Castiglia... Tutto l'orrore del medioevo, con tutta l'ignoranza e con tutti i relativi crimini... Qui – esse ci dicono quando passammo – ci fu l'inquisizione; lì il palazzo del vescovo che vigila sugli autodafé. Ma, in compenso, esclamano: Qui nacque Teresa; lì, Juan de la Cruz... Città della Castiglia piene di santità, di orrore, di superstizione!... Delle ere torbide passarono per le vostre piazze mistiche. Delle figure immense vi dettero fede, leggende, una poesia grandiosa*»[149].

Il grande romanziere Dostoevskij ha meglio di ogni altro descritto questa situazione in una delle pagine più celebri di quello che è quasi unanimemente considerato il suo capolavoro, *I fratelli Karamazov*, e precisamente nelle dense pagine che formano il poema noto sotto il titolo di *Leggenda del Grande Inquisitore*. La *Leggenda del Grande Inquisitore* tratta di un poema narrato da Ivàn

146 Paolo VI il 26.9.1970. Le sue *Opere complete* constano di nove volumi nell'edizione critica spagnola
147 UNAMUNO M. de, *Del sentimiento trágico de la vida, Obras Completas*, Escelicer Madrid, 1968, VII, p. 298
148 Cerimonia pubblica in cui veniva eseguita la penitenza o la condanna secondo un prestabilito cerimoniale giuridico
149 LORCA G.F., o.c. pagg 15-16

Karamazov al fratello Alioscia nel corso di un colloquio fra i due che verte sull'esistenza di Dio e sul perché, nel mondo, esistano il dolore e la sofferenza. L'azione si svolge nella Siviglia del XVI secolo, dominata dal potere dell'Inquisizione; Cristo, per la prima volta dopo millecinquecento anni, ritorna sulla terra. Compie una serie di miracoli: ridà la vista ad un cieco, risuscita una bambina morta; la folla lo acclama. Ma questo ritorno trionfale é ben presto turbato: il cardinale Grande Inquisitore in persona si fa largo tra la folla ed ordina alle guardie di impadronirsi di Cristo e di condurlo in carcere. Nella notte, l'Inquisitore si reca a trovare il prigioniero ed inizia così il suo delirante monologo: «*Sei tu? Sei proprio tu?* – ma senza aspettare la risposta, aggiunge subito – *Non rispondere, taci. E poi che cosa potresti dirmi? Lo so già quello che mi diresti. (...) Perché sei venuto a disturbarci? Giacché tu sei venuto per disturbarci e lo sai bene*»[150]. Il vecchio muove nei confronti di Cristo diverse accuse, ma la principale (e quella che tutte le riassume) è di aver preteso di dare all'uomo la libertà e la responsabilità delle sue azioni, di aver rifiutato la teocrazia e di esigere una vita secondo il Vangelo. Questi ideali, a parere dell'Inquisitore, sono per l'uomo troppo elevati e se egli cercherà di perseguirli sarà destinato a sicura sconfitta. Cristo ha avuto troppa fiducia nell'uomo, una fiducia immeritata, ed in più si è lasciata sfuggire l'unica occasione che gli è stata offerta di renderlo felice: ha respinto le tre tentazioni di cui è stato oggetto nel deserto. Con la prima, Satana chiede a Cristo di cambiare le pietre in pane; quest'ultimo rifiuta per non privare l'uomo della libertà ma, secondo l'Inquisitore, «*non c'é mai stato nulla di più insopportabile per l'uomo e per la società umana della libertà*»[151]. Scegliendo la libertà invece del pane Cristo ha commesso ancora un altro errore: non ha permesso all'uomo di inchinarsi di fronte ad una realtà più grande di lui, dal momento che «*la preoccupazione più assillante e tormentosa per l'uomo, fintanto che rimane libero, é quella di trovare al più presto qualcuno da venerare*»[152]. Rifiutando di gettarsi dal pinnacolo del tempio, Cristo avrebbe compiuto un altro sbaglio: si sarebbe rifiutato di compiere miracoli preferendo, anche in questo caso, l'amore libero ai servilismi ma senza considerare che «*nel momento in cui l'uomo avesse rifiutato il miracolo, immediatamente avrebbe rifiutato anche Dio, giacché l'uomo cerca non tanto Dio quanto i miracoli*»[153]. La terza offerta del tentatore é stata l'occasione dell'ultimo errore: Cristo non ha voluto accettare i regni di questo mondo e la spada dei Cesari privando così l'umanità di quell'esigenza di unione universale che è da sempre insita nei cuori di tutti.

Egli avrebbe dunque fallito su tutta la linea e l'Inquisitore stesso si sarebbe accollato l'onere di correggerne l'opera: «*L'abbiamo fondata sul miracolo, il mi-*

150 DOSTOEVSKIJ F.M., *I fratelli Karamazov*, vol. I, Garzanti, Milano 1992², p. 346
151 DOSTOEVSKIJ, *I fratelli Karamazov*,..., o. cit. p. 350
152 DOSTOEVSKIJ, *I fratelli Karamazov*,..., o. cit. p. 352
153 DOSTOEVSKIJ, *I fratelli Karamazov*,..., o. cit. p. 355

stero e l'autorità. E gli uomini si sono rallegrati di essere guidati nuovamente come un gregge, si sono rallegrati che qualcuno avesse finalmente tolto dal loro cuore un dono così terribile che aveva causato loro tanto tormento»[154]. La felicità consisterebbe quindi (per essere autentica) nell'affidare completamente le proprie capacità decisionali ad un potere esterno e nell'identificarsi completamente con le norme di condotta suggerite da questo potere. Solo agendo in tal modo l'uomo potrà evitare l'angoscia di dover mettere continuamente in discussione le proprie scelte con tutto ciò che ne consegue. Quando tutto sembrava andare per il meglio e gli uomini si lasciavano guidare docili come agnelli, ecco che Cristo viene a disturbare; perciò, afferma l'Inquisitore, «*se mai c'é stato qualcuno che meritasse più di tutti il nostro rogo, quello sei tu. Domani ti farò bruciare. Dixi*»[155].

Di fronte a queste accuse, il Cristo non risponde nulla: tace soltanto e bacia l'Inquisitore prima di essere da questi, inspiegabilmente, rilasciato. Al parlare degli uomini senza Dio non c'è altra risposta che la pietà, anzi l'amore silenzioso e crocifisso. Nella concezione del grande scrittore russo, l'episodio evangelico della tentazione di Cristo è metafora della storia umana, sociale e individuale. Con Dio o contro Dio? La proposta è incarnata da Cristo e dall'Inquisitore. La scena del mondo è dominata da due antagonisti: Cristo e l'anticristo (il Grande Inquisitore). Due forze contrapposte, due ideologie antitetiche, due passioni che si scontrano. È l'eterna lotta che ha come protagonista il cuore dell'uomo, conteso tra il bene e il male, la libertà e la coercizione, il pane celeste e il pane terrestre, il culto di Dio e il culto degli idoli, la dignità della persona e la suggestione del dominio, la sofferenza redentrice e il benessere mediocre, la fede nel Dio vivente e la magia. Con Dio o contro Dio?.

Questi interrogativi mi hanno accompagnato anche al mattino successivo durante il percorso che da Avila mi ha fatto giungere a Gotarrendura, un paesino sperduto fra sterminati campi di girasoli e mais, dove la famiglia di Teresa possedeva una tenuta di campagna e ancora oggi è conservato, circondato da alberi di mandorlo e nocciòli, l'edificio chiamato il *Palomar de Santa Teresa*. Gli abitanti ne vantano qui i natali, tanto che nella piccola piazza vi hanno eretto un monumento a ricordo e si percepisce un certo campanilismo con la più famosa e conosciuta Avila. Il rifugio dei pellegrini è stato appena inaugurato, un edificio in mattoni bellissimo, ordinato, alimentato con l'energia solare e dotato di ogni confort, Tv digitale e cucina super accessoriata. C'è un bel *patio* interno per lavare e tendere ma soprattutto delle poltroncine in vimini per godere del fresco all'ombra di un chiostro che lo delimita. È tutto molto semplice, pulito, accogliente. Sono ancora solo (lo sarò per tutta la notte, ed è la prima volta in tanti *albergue de peregrinos* che ho conosciuto), ci sono alcuni giornali e libri in diverse

154 Dostoevskij, *I fratelli Karamazov,...*, o. cit. p. 357
155 Dostoevskij, *I fratelli Karamazov,...*, o. cit. p. 361

lingue. C'è anche una piccola pubblicazione in fotocopia, lasciata o dimentica da un pellegrino, con alcuni passi tratti dagli scritti di santa Teresa (non poteva essere altrimenti!). Comincio a sfogliare le pagine, la lettura mi appassiona: scopro testi bellissimi, intensi, infuocati come la giornata che ho appena trascorso sulle strade cavalcate[156] da una delle più grandi mistiche della cristianità.

Fuoco in Castiglia[157]: più che i tristi roghi dell'Inquisizione è l'amore inteso, passionale di Teresa che da qui si è sparso per tutta la cristianità a rendere questa terra benedetta e santa. Di una monarchia severa e trionfante, di una Chiesa onnipotente, di un secolo ricco d'oro e perle, di un nuovo mondo appena scoperto e profanato non è rimasto più niente, o solo un pallido, tenue ricordo misto a rabbia e dolore. Ci rimane invece più attuale e moderna che mai l'immagine vibrante di una donna che ha detto l'indicibile di Dio, la grande riformatrice del Carmelo, sontuosa icona della Controriforma, l'innamorata ebbra d'amore, di un amore accecante, come l'ha immortalata quella scultura del Bernini, la *Transverberazione*, nella chiesa di Santa Maria della Vittoria a Roma e così descritta in una recente pubblicazione: «il volto riverso all'indietro di una donna addormentata, o forse già morta di piacere, la bocca socchiusa, avida porta di un corpo vuoto, riempito sotto i nostri occhi da un rigoglio di pieghe di marmo».[158]

È ormai sera, nel piccolo borgo di Gotarrendura fa ancora caldo, solo qualche bambino gioca intorno al monumento che ricorda la nascita di Teresa, alcune donne annaffiano i vasi variopinti di gerani e pervinche che risaltano nel bianco delle case, i pochi uomini giocano a carte e dall'unico bar del paese si sente una musica dolce e melodica. Mangio qualcosa, soprattutto bevo tantissimo, un misto di *gaseosa con hielo e cerveza*, la bevanda più gettonata dell'estate. Prima che arrivi il buio della sera torno all'*albergue*, i vestiti lavati più che asciutti sono rinsecchiti a causa del caldo torrido e secco. Sistemo lo zaino, nel piccolo *patio* illuminato da una luna piena che quasi si sfiora con la mano, tanto sembra vicino, mi siedo e di nuovo sfoglio le pagine degli scritti della Santa. Un brano, in particolare, mi colpisce e lo trascrivo sulla mia guida. È il regalo più bello per il mio 25° di sacerdozio: «*Tutto è perduto se non permettiamo a Dio di agire in noi. Non siamo noi che andiamo verso Dio, è lui che ci porta nel suo cuore. Non spetta a noi interrompere il corso della nostra intelligenza, è Dio che le fornisce quello che deve ammirare, quello di cui deve occuparsi. Nello spazio di pochi minuti di raccoglimento riceveremo, senza spiegazione, più luce di quella che potremmo acquisire in molti anni con tutte le nostre scienze terrestri*».

156 Teresa era una esperta cavallerizza e anche da monaca si spostava a dorso di cavalli o muli
157 cfr. PAPASOGLI G., *Fuoco in Castiglia. Vita di Teresa d'Avila*, editore OCD, Roma 2006
158 KRISTEVA J., *Teresa, mon amour*, Donzelli editore, Roma 2009, pag. 5

O Cebreiro, la Messa sul mondo

"Adoro te devote latens Deitas,
quae sub his figuris vere latitas,
tibi se cor meum totum subjicit,
quia te contemplans totum deficit...
Pie pellicane, Jesu Domine,
me immundum munda tuo sanguine,
cujus una stilla salvum facere,
totum mundum quit ab omni scélere"[159]

dalla Liturgia, *Adoro te devote*

La montagna del Cebreiro a 1300 metri d'altezza all'ingresso della Galizia, è senza dubbio uno dei luoghi più emblematici di tutto il Cammino. Fin dal medioevo esisteva qui un rifugio per pellegrini che si trasformò in uno degli ospitali più importanti, oscurando perfino quello di Roncisvalle, a seguito del famoso miracolo eucaristico avvenuto agli inizi del Trecento. È il *Milagro* come qui è detto, fonte di tutto il ciclo di leggende e racconti legate al *Santo Gral.* La leggenda narra di un contadino, giunto per assistere alla messa in un giorno di tempesta e neve. Entrato in chiesa mezzo assiderato, il sacerdote che celebrava pensò che dovesse essere stupido per affrontare una simile bufera solo per vedere un pezzetto di pane e due gocce di vino. L'ostia consacrata che l'incredulo prete teneva in mano si trasformò in carne e il vino del calice in sangue. Ancora oggi calice e patena sono conservati nella cappella di destra, solennemente esposti in un prezioso reliquiario e i resti in due ampolle di cristallo di rocca donate dai Re cattolici, Isabella di Castiglia e Ferdinando di Aragona, dopo la loro peregrinazione a Santiago nel 1468.

Entro nella chiesa romanica di *Santa Maria la Real do Cebreiro*, un lettore cd sta diffondendo le note di un inno eucaristico attribuito a san Tommaso d'Aquino, l'*Adoro te devote*, che ha trasmesso a intere generazioni di credenti il significato più profondo dell'Eucaristia. Una melodia solenne, traboccante di adorazione, una struggente e insopprimibile voglia d'infinito esprimono le note e le parole di questo inno. La prima strofa è da sola una professione di fede nell'identità tra il Corpo eucaristico e il Corpo storico di Cristo, "*nato da Maria Vergine, che veramente ha patito e fu immolato sulla croce per l'uomo*". È solo grazie

159 Traduzione letterale: *Adoro te devotamente, Divinità che ti nascondi e sotto queste apparenze ti celi veramente: a te tutto il mio cuore si abbandona, perché, contemplandoti tutto vien meno... Pio Pellicano, Signore Gesù, purifica me, immondo, col tuo sangue di cui una sola goccia può salvare il mondo intero da ogni peccato.*

a questa identità infatti e all'unione ipostatica in Cristo tra umanità e divinità, che noi possiamo stare in adorazione davanti all'ostia consacrata, senza peccare di idolatria. Già Sant'Agostino diceva: «*In questa carne, il Signore, ha qui camminato e questa stessa carne ci ha dato da mangiare per la salvezza; e nessuno mangia quella carne senza averla prima adorata... Noi non pecchiamo adorandola, ma pecchiamo se non la adoriamo*[160]». L'adorazione è la percezione della grandezza, bellezza e insieme della bontà di Dio e della sua presenza che toglie il respiro. È una specie di naufragio nell'oceano senza rive e senza fondo della maestà di Dio. Quando è genuina l'adorazione non ha nulla di servile; non è espressione di timore, ma di amore e liberà filiale. Un'espressione di adorazione, più efficace di qualsiasi parola, è il silenzio. Adorare, secondo la stupenda espressione di Gregorio di Nazianzo, significa elevare a Dio un "*inno di silenzio*"[161]come già il salmista esortava: "*Tibi silentium laus*"[162].

Sono tante le suggestioni e le riflessioni che questo inno ci consegna. C'è soprattutto un'immagine che è diventata patrimonio anche dell'arte, riprodotta in tante porte dei tabernacoli o sugli altari. È l'invocazione a Cristo "*pio pellicano*". Era credenza comune nell'antichità e nel medioevo che il pellicano si aprisse, con il becco, una ferita nel petto per nutrire, con il proprio sangue, i suoi piccoli affamati, o anche per ridestarli alla vita se morti. San Giovanni Crisostomo aveva espresso lo stesso pensiero con un simbolo non meno bello e certamente più umano: «*Come la donna nutre colui che ha generato con il proprio sangue e latte, così anche Cristo nutre continuamente col proprio sangue colui che egli stesso generò*»[163]. Il contenuto teologico è un solenne atto di fede nel valore universale del sangue di Cristo di cui una sola goccia, si dice, basta a salvare tutto il mondo. L'affermazione dell'*Adoro te devote*, la ritroviamo anche in un testo di san Bernardo «*la più piccola goccia del sangue di Cristo sarebbe bastata alla redenzione del genere umano*».[164] Se crediamo che il sangue versato sulla croce è il sangue di un Dio fatto uomo, l'affermazione che una sola stilla di esso può salvare il mondo intero non è più un'esagerazione, ma una necessità. "*Egli è vittima di espiazione per i nostri peccati; non soltanto per i nostri, ma anche per quelli di tutto il mondo*" [165] ricorda la Scrittura.

Dall'alto di questo luogo segnato dal mistero eucaristico, si apre una vasta distesa di monti e boschi, e anche se negli ultimi anni il Cebreiro ha conosciuto uno sviluppo turistico impressionante sull'onda del "fenomeno Santiago", conserva ancora la sua solare bellezza, il silenzio delle sue vallate, la purezza e

160 AGOSTINO d'IPPONA, *Enarrationes in Psalmos 98,9* (PL 37, 1264)
161 GREGORIO di NAZIANZO, *Carmi*, 29 (PG 37,507)
162 Sal 65, 1 "*A te si addice la lode del silenzio*"
163 GIOVANNI CRISOSTOMO, *Omelia III rivolta ai neofiti* 16-19 passim
164 S.BERNARDO, *Super Cantica canticorum* 22,3,7
165 1Gv 2,2

la freschezza dei suoi panorami. Salgo alcune centinaia di metri oltre il nuovo e grande *albergue de peregrinos*, da lì sopra si può ammirare tutto il gruppetto di *pallozas*[166] raccolte attorno alla chiesa romanica, alla vecchia canonica e al piccolo cimitero, più in basso verso il passo di Pedrafita scorre veloce la nuova autostrada. Si vedono in lontananza alcuni pellegrini che faticosamente stanno salendo gli ultimi tornanti del sentiero. Li seguo con lo sguardo, quasi volendo dar loro un aiuto. Poi verso occidente, traccio con la mano il percorso dei prossimi giorni verso Santiago, conto i giorni che mancano alla meta. Domenica saremo nella cattedrale per la *Messa del pellegrino* dopo tanti giorni di fatica e di emozioni, di gioie e speranze, di incontri e lunghi silenzi. Il desiderio di arrivare per la Messa, nel giorno del Signore, è quanto di più entusiasmante ci possa essere per il pellegrino del Cammino. Ma anche per ogni battezzato la Messa è tutto. L'eucaristia è al centro della domenica. La domenica e la celebrazione eucaristica è il punto di attrazione e di sorgente, fonte e culmine di tutta la vita della chiesa[167]. Non c'è avventura cristiana senza la domenica, «*sine dominico non possumus*», senza l'eucaristia della domenica non possiamo vivere, risposero i martiri di Abitene[168] al proconsole romano che proibiva loro di celebrare. E per questo sacrificarono la vita. L'asse della vita cristiana, del tempo cristiano, della stessa Chiesa è ritmato dalla domenica. Essa è "*il primo giorno della settimana*"[169] e quindi il primo dei sette giorni della creazione. Ma è anche l'ottavo giorno, il tempo nuovo che ha avuto inizio con la risurrezione di Cristo. Il Papa Giovanni Paolo II ha scritto nel 1995: «*Alle soglie del terzo millennio, la celebrazione della domenica cristiana, per i significati che evoca e le dimensioni che implica, in rapporto ai fondamenti stessi della fede, rimane un elemento qualificante dell'identità cristiana*»[170]. Oggi tuttavia avvertiamo sempre più il pericolo di perdere questa identità cristiana: «*Quando la domenica perde il significato originario e si riduce a puro 'fine settimana', può capitare che l'uomo rimanga chiuso in un orizzonte tanto ristretto che non gli consente più di vedere il cielo*»[171]. Senza la celebrazione della domenica non siamo più identificabili, riconoscibili, distinguibili dagli altri, non siamo più trasparenti come cristiani, e senza identità corriamo il rischio di non essere più presi in considerazione, di diventare una realtà insignificante.

Il vasto orizzonte che ho davanti mi aiuta a riflettere su quanto questa dimensione dell'eucaristia sia ancora oggi una questione fondamentale per la fede cristiana e per la vita delle nostre comunità (la "*Chiesa fa l'Eucaristia e l'Eucaristia fa la Chiesa*", dicevano gli antichi Padri) ma anche per l'identità del ministero sacerdotale, strettamente congiunto alla celebrazione eucaristica. Come non pen-

166 Singolari costruzioni di origine celtica a base ellittica, con muri e pavimento in pietra, e tetto in paglia
167 Cfr Concilio Ecumenico Vaticano II, Costituzione sulla Liturgia *Sacrosantum Concilium*, n. 10
168 Nell'attuale Tunisia. Il fatto avvenne nel 304, durante la persecuzione di Diocleziano
169 Mt 28,1
170 GIOVANNI PAOLO II, Lettera Apostolica *Dies Domini*, n. 30
171 GIOVANNI PAOLO II, Lettera Apostolica *Dies Domini*, n. 4

sare allora a quella pagina di forte misticismo scritta da Pierre Theilhard de Chardin, uno dei più grandi filosofi e teologi del secolo scorso, il "gesuita proibito" come è stato definito. È la famosa *Messa sul mondo* scritta nel 1923 durante una delle spedizioni scientifiche di Teilhard nel deserto degli Ordos, in Mongolia, quando nell'impossibilità di poter celebrare l'eucaristia, da uno dei luoghi più aridi del pianeta meditò sull'irradiazione della presenza eucaristica nell'universo: «*Poiché una volta ancora, o Signore, non più nelle foreste dell'Aisne ma nelle steppe dell'Asia, io non ho né pane, né vino, né altare, mi eleverò al di sopra dei simboli sino alla pura maestà del Reale, e ti offrirò, io tuo sacerdote, sull'altare della Terra intera, il lavoro e la fatica del Mondo. Là in fondo, il sole ha appena incominciato a illuminare l'estremo lembo del primo Oriente. Porrò sulla mia patena, o Signore, la messe attesa da questa nuova fatica, e verserò nel mio calice il succo di tutti i frutti che verranno oggi spremuti... Tutto ciò che, durante la giornata, crescerà nel mondo, tutto ciò che vi diminuirà, e anche tutto ciò che vi morirà: ecco, o Signore, l'elemento che io mi sforzo di raccogliere in me per offrirlo a Te; ecco la materia del mio sacrificio, di quell'unico sacrificio di cui Tu abbia bisogno. Una volta, venivano portate nel tuo tempio le primizie del raccolto e il fiore del gregge... Ricevi, o Signore, questa Ostia totale che la Creazione, mossa dalla tua attrazione, ti presenta all'alba nuova.. E poiché, in mancanza dello zelo spirituale e della sublime purezza dei tuoi santi, tu mi hai dato, o Signore, una simpatia irresistibile per tutto ciò che si muove nella materia oscura; poiché, irrimediabilmente, io riconosco in me, ben più di un figlio del Cielo, un figlio della Terra, salirò stamani, con il pensiero, sulle più alte vette carico delle speranze e delle miserie di mia madre, e lassù, in forza di un sacerdozio che tu solo, ne sono convinto, mi hai conferito, su tutto ciò che, nella Carne dell'Uomo, si prepara a nascere o a perire sotto il sole che sta spuntando, io invocherò il Fuoco*»[172].

Scendo verso la chiesa, e prima di entrare per la messa, faccio una breve visita alla tomba di don Elias Valiña, parroco del Cebreiro dal 1959 al 1989, *amicus et frater* di ogni pellegrino, come è scritto alla base del busto che la Giunta di Galizia ha voluto realizzare in sua memoria. Don Elias è stato anche l'inventore della *flecha amarilla*, le freccia gialla con la quale, a bordo della sua vecchia Renault 4, ha segnato il tracciato del Cammino. È grazie a uomini come don Elias che il Cammino è stato riscoperto non solo come itinerario storico e culturale dell'Europa cristiana ma soprattutto come pellegrinaggio religioso e cammino di fede, vero luogo dello Spirito e incontro con il Dio vivente. Nonostante ci siano ogni giorno tanti pellegrini diretti verso Santiago, nella antica chiesa del miracolo eucaristico del Cebreiro non viene celebrata la Messa, se non la domenica. Chiedo di poter celebrare, trovo un certo stupore da parte del custode, forse non è abituato a questo tipo di richiesta. È ormai sera e il passa parola ha fatto sì che molti pellegrini partecipino al rito, segno che se ci fosse più attenzione pastora-

172 THEILHARD de CHARDIN, *L'inno dell'universo*, Il Saggiatore, Milano 1972 pag. 16-18

le, il cammino sarebbe veramente un'occasione di evangelizzazione formidabile. Non voglio fare delle critiche gratuite o inutili non conoscendo bene la realtà ecclesiale: forse anche qui la crisi delle vocazioni impedisce di avere disponibilità di sacerdoti. Inizio la Messa, rinnovando qui, nonostante tutte le fragilità e inadeguatezze, il mirabile sacramento dell'altare, ripetendo sottovoce, quasi a memoria come una riflessione e come atto di fede le parole dell'antica sequenza liturgica "*O sacrum convivium*" [173]:

«*O sacro convito in cui Cristo è nostro cibo*
si perpetua il memoriale della sua Pasqua,
l'anima nostra è ricolma di grazia
e ci è dato il pegno della gloria futura»

173 Cfr. Concilio Ecumenico Vaticano II°, Costituzione *Sacrosantum Concilium*, 47

Santiago, camino que tiene meta

Fratello ateo, nobilmente pensoso
alla ricerca di un Dio che io non so darti,
attraversiamo insieme il deserto.
Di deserto in deserto andiamo
oltre la foresta delle fedi liberi e nudi
verso il nudo Essere e là dove la Parola muore
abbia fine il nostro cammino

D.M. Turoldo, *Oltre la foresta*

L'arrivo a Santiago non è certo dei più belli ed emozionanti, almeno oggi. Lo sviluppo urbano della città, la costruzione dell'autostrada, l'aeroporto e le sede della Tv di Galizia hanno reso l'ultima tappa una delle più brutte e meno coinvolgenti dell'intero cammino. Anche il *Monte do Gozo*, da dove i pellegrini intravedevano le guglie delle cattedrale tanto desiderata, ha cambiato negli anni la sua fisionomia. C'ero stato la prima volta nell'agosto del 1989 durante la IV Giornata mondiale della gioventù. Con un bel gruppo di giovani della Diocesi partecipammo a quell'evento, in particolare ricordo il percorso a piedi dalla città verso il *Monte do Gozo* (in senso inverso di come normalmente i pellegrini lo fanno) con una marea di giovani di tutto il mondo, un lungo serpentone di bandiere, colori, canti. Ricordo il pomeriggio nella grande spianata (che poi verrà trasformata nell'attuale cittadella con grandi bungalow per l'accoglienza di turisti, pellegrini e studenti) sotto un sole implacabile ad attendere l'arrivo del Papa Giovanni Paolo II. E poi la sera, quando il sole cominciò la sua parabola discendente verso l'estremo occidente del mondo, l'inizio della grande veglia, preceduta da un lungo, bellissimo, entusiasmante giro del Papa in mezzo a quell'enorme anfiteatro naturale. Fu una notte memorabile, la veglia andò oltre il tempo previsto tanto fu l'entusiasmo non solo dei giovani ma dello stesso Papa, che incoraggiò i canti e i balli, prolungò il suo discorso improvvisando più volte e in più momenti. Il tema di quella Giornata della gioventù non poteva non avere un riferimento al cammino sottolineato dalla frase del quarto vangelo "*io sono la via, la verità, la vita*"[174]. Tuttavia il Papa rivolto alle migliaia di giovani presenti spiegò con maggiore determinazione la seconda parte della risposta di Gesù a Tommaso "*Nessuno viene al Padre se non per mezzo di me*". La centralità della persona di Cristo redentore dell'uomo[175] è stata la grande intuizione di tutto il ministero

174 Gv 14,6
175 *Redemptor Hominis* sarà la prima Lettera Enciclica di Giovanni Paolo II promulgata il 4 marzo 1979

pastorale di Giovanni Paolo II sottolineata fin dalla sua prima omelia[176] all'inizio del Pontificato: «*Non abbiate paura! Aprite, anzi spalancate le porte a Cristo! Alla sua salvatrice potestà aprite i confini degli Stati, i sistemi economici come quelli politici, i vasti campi di cultura, di civiltà, di sviluppo. Non abbiate paura! Cristo sa "cosa è dentro l'uomo". Solo lui lo sa!*». Anche Benedetto XVI ha ribadito che «*all'inizio dell'essere cristiano non c'è una decisione etica o una grande idea, bensì l'incontro con un avvenimento, con una Persona, che dà alla vita un nuovo orizzonte e con ciò la direzione decisiva*»[177]. L'uomo è incapace di darsi la vita da se stesso, egli si comprende solo a partire da Dio: è la relazione con Lui a dare consistenza alla nostra umanità e a rendere buona e giusta la nostra vita. Questo è vero oggi più che mai, soprattutto per chi intraprende la via verso Santiago.

"*Un camino que tiene meta*": è stato il messaggio dello *Xacobeo 2004*, il primo anno Santo del terzo millennio riprodotto nel manifesto ai piedi dell'immagine dell'apostolo Giacomo del *Portico de la Gloria*. Un cammino che ha una meta, perché il Cammino di Santiago è orientato all'incontro con Dio, è un andare verso Dio. La meta del cammino non è un luogo, non è la fine del pellegrinaggio. La meta del cammino è Dio stesso, per questo ogni pellegrino ripete con il salmo "*andiamo alla casa del Signore*"[178]. Chi cerca di comprendere il proprio cammino come una strada che conduce a Dio può sperimentare la relatività di tutto ciò che egli fa qui in terra. Attraversa il mondo con lo sguardo fisso in Dio. La terra gli scivola sotto i piedi, né gli offre un appoggio sicuro. Avanziamo e tutto resta indietro, ad ogni passo tocchiamo il suolo e lo lasciamo. Sperimentiamo che tutto è relativo, ci rendiamo conto che tutto passa. Siamo in cammino verso una meta più grande, verso Colui, che solo può permetterci di vedere nella giusta luce la nostra preoccupazione e cura per le cose di questo mondo. Camminando scopriamo la vera meta della nostra vita. Siamo in cammino verso Dio. In fondo al cammino c'è "*Qualcuno*" che ci aspetta.

Il Signore stesso è questo "*Qualcuno*". Nel *Portico de la Gloria* della cattedrale compostellana il *Maestro Matèo* ha voluto rappresentare, nella scena centrale del timpano, non tanto il giudizio universale, quanto la benevolenza di Cristo nei nostri confronti. Cristo Risorto non è in posizione giudicante, ma sta aspettando i pellegrini; è proprio attraverso lo sguardo dell'Apostolo Giacomo, posto ai piedi del Cristo, che il pellegrino viene introdotto alla figura di Gesù, seduto sul trono della Gloria. Cristo, con sguardo sereno, amorevole e pieno di pace, ci aspetta alla fine del nostro cammino e, accogliendoci, ci riempie il cuore di speranza. Il capolavoro del *Maestro Matèo* rende evidente l'attrattiva esercitata da Cristo, che è la stessa attrattiva che ha alimentato la creatività dell'uomo occidentale fino alla costruzione dell'Europa.

176 GIOVANNI PAOLO II, *S.Messa per l'inizio del Pontificato*, Domenica 22 ottobre 1978
177 BENEDETTO XVI, Enciclica *Deus caritas est*, 1
178 Sal 122,1

Papa Benedetto XVI ha recentemente ricordato: «*Noi abbiamo bisogno delle speranze - più piccole o più grandi - che, giorno per giorno, ci mantengono in cammino. Ma senza la grande speranza, che deve superare tutto il resto, esse non bastano. Questa grande speranza può essere solo Dio. [..] Dio è il fondamento della speranza - non un qualsiasi dio, ma quel Dio che possiede un volto umano e che ci ha amati fino alla fine*»[179]. In fondo al cammino "*Qualcuno*" ci aspetta, ci aspetta per essere in Lui una cosa sola, eternamente insieme come Agostino ha scritto al termine del suo capolavoro sul mistero trinitario: «*Parlando di Te un sapiente nel suo libro, che si chiama Ecclesiastico, ha detto: Molto potremmo dire senza giungere alla meta, la somma di tutte le parole è : Lui è tutto. Quando dunque arriveremo alla tua presenza, cesseranno queste molte parole che diciamo senza giungere a Te; Tu resterai, solo, tutto in tutti, e senza fine diremo una sola parola, lodandoti in un solo slancio e divenuti anche noi una sola cosa in Te*»[180].

Il desiderio di Dio, il camminare verso Lui, la speranza di diventare una sola cosa con Lui hanno sempre rappresentato il grande ideale della vita cristiana, vengono evidenziate nel racconto della morte di Santa Teresa d'Avila, così come ce lo descrive un suo biografo[181]: «*... Alle cinque della sera chiese il Santissimo Sacramento e stava ormai così male che non riusciva più a muoversi dal suo letto... Ma quando si accorse che giungevano con l'Eucaristia e vide entrare per la porta della cella quel Signore che tanto amava - benché fosse così prostrata e avesse addosso una pesantezza mortale che le impediva anche solo di girarsi - si sollevò senza l'aiuto di nessuno, tanto che pareva volesse gettarsi dal letto e bisognò tenerla... Diceva "O Signore mio e mio Sposo, è giunta l'ora che ho tanto desiderato! È tempo ormai che ci vediamo, Signore mio! È giunta l'ora felice di andare... "*». Un autore contemporaneo che ha riportato questo brano ha aggiunto: «*Ma quel che più commuove è un particolare che veniamo a conoscere da tanti altri testimoni, secondo cui il biografo ufficiale ci ha dato una versione edulcorata delle ultime parole della santa, alla quale fa dire: «È tempo ormai che ci vediamo, Signore mio!*». Ma Teresa, in verità, disse: «*Ya es tiempo, Señor y Dios mio, que nos juntemos*» e il verbo *juntarse* indica proprio l'esperienza dell'unione sponsale: «*Signore e Dio mio, è giunto finalmente il tempo che ci uniamo!*». Nessun amante può essere felice, finché l'unione è imperfetta. Per questo Teresa moriva, la sera del 4 ottobre 1582, consapevole d'essere ad un passo dalla felicità»[182].

179 BENEDETTO XVI, Enciclica *Spe salvi*, 31
180 AGOSTINO, *De Trinitate* XV,28,51
181 De RIBERA F., *Vida de la S. Madre Teresa de Jesus*, 1590
182 SICARI A.M., *Nel "Castello interiore" di Santa Teresa d'Avila*, Jaca Book, Milano 2006, pag. 269-270

III. UNO SGUARDO AL FUTURO

Stanno uccidendo il cammino!

Prendimi per mano.
Cammineremo.
Cammineremo soltanto.
Sarà piacevole camminare insieme.
Senza pensare di arrivare da qualche parte.
Cammina in pace. Cammina nella gioia.
Il nostro è un cammino di pace.
Poi impariamo
che non c'è un cammino di pace;
camminare è la pace;
non c'è un cammino di gioia;
camminare è la gioia.

Thich Nhat Hanh, *Prendimi per mano*

In questi ultimi anni il Cammino di Santiago è cambiato, o forse più semplicemente sono cambiati i pellegrini. Penso sia vera l'una e l'altra considerazione. L'esperienza che ho maturato nei vari cammini mi ha lasciato addosso apprensione e inquietudine: la rotta verso Compostella sta perdendo la sua anima cristiana, ormai l'esperienza del pellegrinaggio cristiano per antonomasia è vissuta in termini d'iniziazione *new age*, con tanto di ricerca dei campi magnetici di energia. In un articolo pubblicato su *Avvenire* lo storico Franco Cardini sottolinea come sono sempre di "*più quelli che seguono le orme di Coelho anziché cercare l'Apostolo*". Cardini definisce "*libro ambiguo*" il testo del celebre scrittore brasiliano la cui influenza si percepisce negli incontri e nella tipologia dei vari pellegrini. Il *j'accuse* dello storico toscano è impietoso, ma purtroppo vero, drammaticamente vero e la sua testimonianza è quanto mai autorevole nel raccontare certe sensazioni che sento di condividere pienamente: «*rispetto alla mia giovanile esperienza di quasi mezzo secolo fa, qualcosa mancava. Mancava, o era molto carente, il senso cristiano del viaggio come preghiera e come immagine dell'itinerario della vita. La meditazione zen per i più giovani, la memoria del flower power per i più anziani, uno spirito sincretistico eco-pacifista comune un po' a tutti stanno prevalendo e invadendo le vie che portano a Santiago e che d'altronde, dal canto loro, sono ormai stipate da ogni sorta di frutti del mercato turistico. Ristoranti, alberghi, souvenir. Il santo apostolo di Galizia resiste, ma attorno a lui i pellegrini della Modernità si sono impadroniti della strada e di una parte della sua anima per gestirla in modo molto lontano dal suo originario senso. Dispiacersi? Allarmarsi? Certo che no. Le antiche chiese e i gloriosi santuari sono ancora là e continuano a parlarci. Attenzione però a non lasciarsi ingannare dalla straordinaria affluenza di pellegrini: attenti a non definirla con troppa leggerezza un revival della fede. Qui c'è troppo Coelho, un bel po' di Dan Brown, parecchio Noam Chomsky, alquanto di Gandhi e di Amartya Sen, una spruzzatina di Arundhati Roy, qualche sparso residuo del vecchio Guénon... Santiago postmoderno. È una sfida da raccogliere. Forse, anche questa è Provvidenza. Ma che sia un segno di rinascita della fede, non è sempre vero*»[1].

La critica di Cardini non è per niente esagerata, tutt'altro. È perfino fin troppo garbata. Un senso profondo di tristezza e anche di rabbia mi ha accompagnato spesso in questi anni per le centinaia di chilometri fatti in lungo e in largo per le terre di Spagna. Il cammino di Santiago sta diventando tutto, meno che un pellegrinaggio cristiano, anzi sembra che a molti questo aggettivo sia d'impiccio, o peggio di scandalo. Gli stessi luoghi sacri, dalle chiese ai monasteri, vengono ridotti a puro fatto storico e artistico, dimenticando che quelle pietre senza la fede che le ha plasmate, rimangono comunque semplici pietre anche se impreziosite dalla maestria degli architetti, degli scultori o di quanti hanno lasciato il sigillo della loro arte. Che tristezza! La stessa che ho provato tante volte alla sera, quando pochissimi pellegrini ho trovato in chiesa a pregare o alla messa al termine di una giornata di cammino. Spesso trovare le chiese aperte durante il giorno in Spagna è impresa ardua, molti pellegrini se ne dolgono più però per motivi culturali piuttosto che per la preghiera. Tanto, dicono, Dio si può trovare ovunque; sì ovunque meno che in chiesa. Nonostante tutto lo sforzo per far conoscere il Cammino, a me sembra che continui a mancare oggi il riconoscimento di una presenza importante, quella di Gesù, che dovrebbe permeare questa strada che rischia di diventare sempre più sentiero per trekking. Eppure quasi tutte le chiese del cammino, dalle più piccole alle grandi basiliche, sono capolavori di spiritualità, dove arte e storia trasmettono inequivocabilmente l'essenza della fede. Un cammino che è nato nel segno di Cristo e dell'apostolo Giacomo suo discepolo e martire, sembra ormai non avere nessuna attinenza con la testimonianza cristiana. Che tristezza! Pochissimi pellegrini alla sera sentono la necessità di un momento di raccoglimento, di ascoltare la parola di Dio nella celebrazione eucaristica. Che tristezza! Anche a Santiago, la *Messa del pellegrino* è da tutti gremita più per sentire l'elenco delle varie località da cui si è partiti e per assistere allo "spettacolo" del *Botafumeiro* che per incontrare, nei segni sacramentali, Colui che è "*via, verità e vita*"[2]. Perfino gli altri due "gesti" del pellegrino come

1 CARDINI F., "*Zaino e New Age sulla Via di Santiago*" in *Avvenire* 21 maggio 2008
2 Gv 14,6

l'*abrazo* all'Apostolo sopra l'altare maggiore o il mettere la mano nella colonna di Jesse ai piedi del Portico della Gloria sanno di rituale pagano e magico. La stessa accoglienza "spirituale" lungo il cammino è praticamente inesistente: non ho trovato un progetto serio e organico di pastorale rivolta ai numerosi pellegrini che ogni anno, in numero sempre più abbondante, si riversa sul cammino. Un solo, piccolo esempio: negli *albergues* dei pellegrini si trovano volantini sul *menu del dia*, sui vari bar e ristoranti, locali di internet, orari degli autobus ma nessun avviso che riguardi eventuali celebrazioni o momenti di preghiera. Quante volte, alla sera, mi è stato difficile poter celebrare o partecipare alla messa! Anche nella stessa Santiago, oltre la *Messa del Pellegrino*, non ci sono altre occasioni di preghiera comunitaria o di particolari celebrazioni per i pellegrini.[3] Quanto sono lontani i tempi della testimonianza tramandataci dal Codex Calixtinus «*le porte della basilica mai si chiudono, né di giorno né di notte...*»[4].

Per fortuna, qualche eccezione c'è. C'è ancora una specie di "*zoccolo duro*" dove il senso cristiano del pellegrinaggio, l'accoglienza fraterna, la liturgia e la preghiera sono momenti di arricchimento, di scambio spirituale fra i vari pellegrini, anche quelli apparentemente più lontani. Ripercorrendo con la memoria i vari cammini di questi anni ecco i volti, le esperienze, i luoghi più significativi dove il cuore del "*Cammino di Santiago*" resiste alle mode e ai cambiamenti: la messa d'inizio pellegrinaggio a Roncisvalle con la solenne benedizione impartita in diverse lingue, i monaci di Leyre, Rabanal e di Sobrado con i loro canti gregoriani, le monache di clausura di Santo Domingo de la Calzada e di Leon, i sacerdoti incontrati a Belorado, San Juan de Ortega[5], Villalcasar de Sirga, Colmenar e Cercedilla, la semplice e delicata accoglienza sperimentata a Puente Fitero, a Alcuescar nella *Casa de Beneficencia de Maria y de los pobres*, l'atmosfera veramente unica per l'adorazione nella chiesetta del Cebreiro o nella cattedrale di Lugo dinanzi all'Eucaristia perennemente esposta, la piccola chiesa di Hornillos e la cappella del Santo Cristo di Burgos come anche il dolce silenzio della campagna intorno ai portici di Eunate.

Nella chiesa di Triacastela, là dove anticamente i pellegrini si caricavano una pietra per la costruzione del tempio in onore dell'Apostolo, si respira un'assistenza spirituale che purtroppo è oggi una rarità lungo la rotta verso Compostella. Ogni sera viene celebrata un'Eucaristia particolarmente curata a favore dei tanti pellegrini: in diverse lingue viene distribuito un foglietto dal titolo "*Dimensione umano-spirituale del Cammino di Santiago*". Ne riporto qualche passaggio:

3 dal 2009 i francescani curano nel loro convento a pochi metri dalla cattedrale un'ora di preghiera dalle 21 alle 22
4 CENTRO ITALIANO DI STUDI COMPOSTELLANI, *Il Codice Callistino. Prima edizione italiana integrale,* CISC-Edizioni Compostellane, Perugia-Pomigliano d'Arco 2008, p. 215
5 Don Josè Maria , ora scomparso e famoso per la *sopa de ajo* da lui cucinata per tutti i pellegrini

«*Cammino... tragitto che percorriamo per arrivare o raggiungere una meta. Cos'è il Cammino di Santiago? Spiritualità? Cultura? Trekking e turismo? Vacanze? Il Cammino nasce dalla fede dei nostri antenati. I teorici del cammino non possono coglierne la vera essenza, perché il cammino di Santiago è fatto per essere vissuto, non per essere teorizzato. Cultura! Ovviamente la fede si esprime anche attraverso opere d'arte che ci accompagnano lungo il Cammino: esse sono un tutt'uno con il Cammino di Santiago, dal momento che in esso la cultura è espressione di fede. Trekking, turismo ... non è escluso che un pellegrino, pur cominciando il Cammino senza sapere bene ciò che sta facendo, lo termini conoscendo se stesso e conoscendo Gesù. Tuttavia le dimensioni sportiva e turistica non sono legate per loro natura allo spirito del Cammino di Santiago. Non è dunque logico concepire il Cammino solo come esperienza turistica. Vacanze! Può anche darsi, ma non è logico che il Cammino sia concepito come vacanza. Infatti, la dimensione spirituale dell'essere umano non può prevedere una condizione di vacanza poiché è necessario vivere in un costante atteggiamento di ricerca. Il Cammino è soprattutto interiore, è una ricerca di noi stessi e un incontro con Gesù di Nazareth. Non abbiate paura! Andate avanti! Cristo vi aspetta con le braccia aperte. Ha bisogno di tutti noi per cambiare il mondo, iniziando da un cammino personale. Non è mai troppo tardi! Buon Cammino*».

«*Cristo vi aspetta con le braccia aperte*»: la frase mi fa pensare ad una delle immagini tra le più sorprendenti e originali del Cristo che si incontrano lungo il cammino: il *Cristo de la mano tendida* di Furelos. Dentro la piccola chiesa di San Juan de Furelos, il Crocifisso conosciuto da tutti i pellegrini con il nome di "*Cristo dalla mano tesa*" è davvero unico. È, infatti, attaccato alla croce con due soli chiodi: uno sulla mano sinistra, uno ai piedi. La mano destra, invece, è libera ed è tesa verso colui che poco più sotto, guarda o prega. Quella mano tesa è straordinaria: Lui, il Cristo agonizzante, in un ulteriore gesto d'amore ha ancora la forza di chinarsi sull'umanità per portarla a sé. Quando entrai in quella chiesa ero veramente a pezzi: da due giorni, dopo quasi venti di cammino, soffrivo una fastidiosa infiammazione al tendine della gamba destra e quella mattina una pioggia fredda stava accompagnando le ultime tappe in terra di Galizia. Bagnato, ma soprattutto infreddolito e sofferente per la tendinite, la vista, inaspettata, di quell'immagine mi dette coraggio, mi dette sollievo ma al tempo stesso rimasi come sbigottito, impietrito per lo stupore. Un Crocifisso che tende la mano! La forza misteriosa della croce, contro ogni logica umana. Negli anni dello studio della teologia avevo riflettuto su questa verità della fede e come tanti mi ero appassionato a testi impegnativi di Moltmann[6] o di Jungel[7] e ad uno dei saggi più

6 MOLTMANN J., *Il Dio crocifisso*, Queriniana, Brescia 1971
7 JUNGEL E., *Dio mistero del mondo*, Queriniana, Brescia 1982

originali di von Balthasar[8]. Ma ora in quella piccola chiesetta la forza rivelativa di quell'immagine aveva dell'incredibile. Non so quanto rimasi lì, a contemplare quel Cristo, quella mano tesa, forte e delicata al tempo stesso. Quella mano tesa era lì per ogni pellegrino stanco e sfiduciato, era lì per me, per sollevarmi da ogni dolore, da ogni affanno, da ogni peso, e, con le lacrime agli occhi, capii che l'affanno, il peso, il dolore non erano sicuramente quelli dovuti al cammino di quei giorni.

L'anno dopo questo episodio sulla via di Santiago, è stata consacrata nella mia parrocchia una chiesa dedicata alla Santissima Trinità, con l'aula liturgica a forma di conchiglia. La chiesa, volta verso oriente come nell'antica tradizione cristiana, è pensata in modo aperto: la semplicità delle linee, la purezza delle superfici, lo slancio della parete absidale e la stessa parete d'ingresso praticamente tutta fatta di vetro danno allo spazio una leggerezza dinamica, un'aria viva, fresca e accogliente. Questi elementi hanno ispirato al padre gesuita M.I.Rupnik e alla sua equipe del "*Centro Aletti*" di Roma uno scenario ideale per una iconografia della Santissima Trinità. La scena centrale del mosaico è la Risurrezione di Cristo secondo l'interpretazione figurativa dell'inno di Sant'Efrem il Siro, uno dei Padri e teologi della chiesa antica. Cristo scende nello *sheol* e tira i nostri progenitori Adamo ed Eva fuori dalle tombe per riportarli al Padre. Il mosaico non rappresenta Cristo nell'atto di uscire dalla tomba, ma in quello di sprofondarla. Cristo non esce dalla tomba come uno che si è liberato dalla morte e scappa via. Il Signore infatti non ha vinto la morte per se stesso, come un superuomo: la grandezza della risurrezione di Cristo consiste nel fatto che egli entra nell'impero del principe delle tenebre che tiene in schiavitù Adamo ed Eva, cioè tutta l'umanità e libera l'uomo dalla morte e dalla paura di essa. Cristo scende, vivo, nelle viscere della terra e nell'impero della morte. Il regno della morte è finito perché ha accolto un vivo. Scende la luce vera, il sole della giustizia che illumina "*quelli che stanno nelle tenebre e nell'ombra della morte*"[9]. Tutto il creato, tutta la materia è avvolta e trasformata dalla luce del Risorto. Le tenebre si sono infrante non potendo sostenere la luce assoluta di Cristo. Egli tende le mani ad Adamo ed Eva. Il Risorto prende Adamo per il polso - il luogo dove si misura la vita - e lo riporta all'esistenza; si lascia accarezzare da Eva - la madre dei viventi - e ristabilisce con l'umanità intera l'amicizia delle origini. Così comincia il ritorno al Padre. Cristo riprende Adamo ed Eva per riportarli alla dignità di figli di Dio. Perciò tutta l'umanità redenta con Cristo e in Cristo tornerà nel cuore della Trinità, dov'è il vero posto dell'uomo.

8 BALTHASR H.U.von, *Mysterium paschale* in AA.VV., *Mysterium Salutis*, vol. 5, Queriniana, Brescia 1969
9 Lc 1,79

Non posso dimenticare, ancora oggi, l'emozione con la quale giorno dopo giorno, pietra dopo pietra vedevo realizzarsi e prendere forma sulla parete il mistero della Trinità santa, e in particolare la straordinaria bellezza dell'immagine centrale: Cristo Risorto, il Vivente per sempre e con lui, presa per mano, l'umanità intera. Chi entra in questa chiesa è invitato a guardare in alto, a contemplare le profondità del mistero trinitario come mistero d'amore e di comunione. Questo tempio consacrato al Padre, al Figlio, allo Spirito Santo è per tutti il segno del santuario che ci attende, è uno sguardo sul nostro futuro: «*Trasfigurati davanti a Dio, mostriamoci a tutti uomini nuovi, donne nuove, capaci di amare e infondere speranza, di stringere anche noi le mani dei fratelli, per sollevarle insieme verso la Trinità Santissima, per dire il nostro grazie, protesi verso la gioia senza fine*» (dall'omelia del Vescovo Mario Meini il giorno della Consacrazione, 22 giugno 2002).

Fissando l'immagine del Cristo con le sue mani tese verso Adamo e Eva, subito la mia mente va a quella piccola chiesetta di Furelos con il suo "*Cristo dalla mano tesa*" e penso a quanti, stanchi e oppressi dalla fatica del cammino della vita, abbiano trovato forza e speranza incrociando il proprio sguardo con quello sereno e sorridente del Crocifisso. Soprattutto quella mano tesa ci interpella, mi ricorda di considerare ogni persona come compagni di cammino e fratelli, a cui voler bene al di là delle convinzioni o situazioni. Quella mano tesa è oggi più che mai l'unica, vera identità cristiana che ci è data di praticare.

La Spagna ti segna, pellegrini per grazia

Camminando
si apprende la vita.
Camminando
si conoscono le cose.
Cammina
guardando una stella,
ascoltando una voce,
seguendo le orme di altri passi.
Cammina,
cercando la vita,
curando le ferite lasciate dai dolori.
Niente può cancellare il ricordo
del cammino percorso.

Ruben Blades, *Camminando*

Nelle pagine precedenti ho cercato di riflettere sulle distorsioni di cui è continuamente oggetto il Cammino di Santiago: non possiamo accettare questa manipolazione, soprattutto rendere il Cammino incomprensibile, relegarlo ad uno dei tanti misteri "*esoterici*" che sembrano oggi far la fortuna in termini di interesse e di sfruttamento. Vale, fra le tante, una testimonianza che raccolgo in un testo del 1975 pubblicato in italiano nel 2006[10] nel cui retro di copertina sta scritto: "*Il cammino che porta a Santiago di Compostella è il più celebre tra quelli su cui si snoda un pellegrinaggio e, a partire dall'XI secolo, il più frequentato da devoti e turisti. Le sue origini sprofondano in un passato remoto e misterioso. Dopo il Diluvio Universale, causa della fine di Atlantide, i sopravvissuti di quella civiltà diffusero nel mondo, e specialmente sulle coste occidentali d'Europa, il loro bagaglio di conoscenze antichissime. La loro influenza fu decisiva per il progresso dell'uomo primitivo, che apprese non solo le tecniche di coltivazione e allevamento, ma anche l'arte del costruire: dai dolmen ai primi edifici in pietra. Per poter acquisire queste nozioni, le genti di tutta Europa si spinsero verso Ovest, seguendo percorsi tracciati con straordinaria precisione lungo i paralleli terrestri. Queste direttrici sono costellate di siti megalitici e di nome che richiamano quelli di stelle e costellazioni… Il cammino di Santiago che*

10 CHARPENTIER L., *Il mistero di Compostela. Una via iniziatica che attraversa i millenni*, Ed. L'Età dell'Acquario, Roma 2006

tutti conosciamo nasconde, trasfigurati in senso religioso, significati diversi, accessibili solo agli iniziati". È questa una grande manipolazione della verità e un'offesa anche alla stessa intelligenza umana.

"*La Spagna ti segna*", è il manifesto pubblicitario uscito su diversi quotidiani durante l'Anno Santo del 2004 per reclamizzare, come un prodotto commerciale qualsiasi, il Cammino di Santiago. Non c'è da meravigliarsi, fa parte del nostro tempo. La foto che accompagna lo slogan è appropriata, ben conosciuta da chi ha fatto il cammino. La pianta di un piede fasciata, una mano che lo massaggia: il messaggio tuttavia non ha niente di drammatico, anzi è molto incoraggiante, alla portata di tutti. Non è necessario essere degli atleti per compiere il cammino. Pellegrini lo si è per grazia, per dono. Tanto più verso Santiago. Illuminante il testo che spiega l'immagine e lo slogan: «*in Spagna c'è una strada che si percorre con il corpo e con l'anima. Dal X secolo ad oggi, pellegrini di tutto il mondo vivono, nel Camino de Santiago, un incontro unico con la cultura, la natura e la spiritualità. Unisciti a loro e scoprirai 116 città e paesi con più di 1800 edifici di grande valore artistico e storico. E l'ospitalità di un popolo indimenticabile. Fa parte del miracolo*». In poche parole si racchiude la "*magia del Cammino*" o "*il miracolo*". Si questo è tutto vero: storia, cultura, natura, spiritualità, ospitalità, corpo ed anima, è il Cammino. Ma il cammino è anche qualcosa di più, è la risposta ad una chiamata, è la chiamata ad un andare oltre, ad un andare più in alto. "*Ultreya*" e "*suseya*", dicevano i pellegrini medievali, sottolineando l'aspetto umano e soprannaturale del cammino a Compostella. Qui sta la differenza da qualsiasi altro itinerario storico o naturalistico.

Il cammino ti segna. Questo segno è il sigillo di un Dio che fin dall'inizio del mondo si è messo alla ricerca dell'uomo, di un Dio che si è fatto Lui stesso pellegrino per le strade del mondo, inviando i suoi discepoli per le vie dell'Impero di Roma. Quelle vie realizzate per scopi di dominio e di guerra, diverranno le vie della Buona Novella e della pace fra le nazioni. All'ingresso della cittadina di Najera, un tempo capitale del regno di Navarra che conserva ancora nello splendido monastero di *Santa Maria la Real* un Pantheon reale di grande fascino, in un muro di una vecchia fabbrica di laterizi è stato scritto con la vernice quello che viene chiamato "*il poema del Cammino*". L'autore E. Garibay, sacerdote e poeta, ha voluto racchiudere in versi il senso più autentico del pellegrinare a Santiago. Ecco il testo:

Polvere, fango, sole e pioggia
è il cammino di Santiago.
Migliaia di pellegrini
e più di mille anni.

Pellegrino, chi ti chiama?
Che forza misteriosa ti attrae?

Né il campo delle stelle,
né le grandi cattedrali.
Non è la bravura navarra,
né il vino della Rioja,
né i frutti di mare galiziani,
né i campi castigliani.

Pellegrino, chi ti chiama?
Che forza misteriosa ti attrae?

Né le genti del cammino,
né le usanze rurali.

Non sono la storia e la cultura,
né il gallo della Calzada,
né il palazzo di Gaudì,
né il castello di Ponferrada.

Tutto ciò vedo passando,
ed è una gioia veder tutto,
ma la voce che mi chiama
la sento molto più nel profondo.

Pellegrino, chi ti chiama?
Che forza misteriosa ti attrae?

La forza che mi spinge,
la forza che mi attrae
non so spiegarla neanch'io.

Solo Lui lassù lo sa.

"*Sol el de Arriba lo sabe*", solo Lui lassù lo sa. Quanto è profonda, vera e bella questa frase, soprattutto nel testo originale spagnolo. Il Cammino di Santiago è un pellegrinaggio che ti apre all'incontro con Dio. Ma è soprattutto un dono della sua grazia. Pellegrini per grazia, non viandanti o semplici camminatori, non turisti religiosi o amanti della natura e della storia o dell'avventura. Si è pellegrini per grazia, che sperimentano giorno dopo giorno, passo dopo passo la forza dell'amicizia con Dio, la preziosità della sua presenza, il desiderio dell'incontro con lui. Chi non sente questo desiderio ogni giorno e ogni sera dopo una tappa del Cammino, perde il senso stesso non solo dell'andare a Compostella, ma della sua stessa esistenza. "*La forza che mi spinge, la forza che mi attrae...*" le parole del poema sul muro di Najera viste, lette, fotografate da migliaia di pellegrini sono un invito per tutti a non limitare il Cammino ad un'esperienza qualsiasi, ma a viverlo come un dono soprannaturale per colmare le sete di felicità che ognuno porta nel proprio cuore.

Il grande Agostino ha fatto di questo desiderio il centro di tutta la sua vita: la ricerca di Dio fu il motivo guida della sua spiritualità, della sua riflessione teologica. La stessa fede fu per lui una continua ricerca, di Dio e di se stesso[11]. La realtà di Dio infatti è tanto insondabile che mai si potrà arrivare al fondo della sua conoscenza[12]. Più si cerca Dio e lo si scopre, più lo si ama; più lo si ama, mag-

11 AGOSTINO, *Soliloquia* I,1: "*Deum et animam scire volo*" (voglio conoscere Dio e la mia anima)
12 AGOSTINO, Semo 117: "*Si enim comprehendis, non est Deus*" (se pensi di averlo compreso, non è Dio)

giore diventa il desiderio di cercarlo ancora, come egli ci ricorda in un passaggio centrale della sua opera sul mistero trinitario: «*Si ergo quaeramus tamquam inventuri, et sic inveniamus tamquam quaesituri*»[13]. Trovare Dio è trovare la felicità della vita, perché «*ci hai fatto per te, Signore, e il nostro cuore è inquieto finché non riposa in te*»[14]. Il pellegrino autentico sente e porta nel cuore questo grande desiderio, per questo cammina e il suo cammino non si perde se non nell'abbraccio di un Dio, che è grande nell'amore e ricco di infinita tenerezza. Ha scritto Enzo Bianchi, priore di Bose: «*la dimensione della ricerca custodisce la distanza tra chi cerca e l'Essere cercato*»[15]. Solo nella preghiera questa distanza si riduce, come sottolinea una delle preghiere più belle e intense di Agostino: «*Io ti invoco, Dio di verità. Dio dal quale allontanarsi è cadere, al quale ritornare è risorgere, nel quale rimanere è costruirsi solidamente. Uscire da te è morire, ritornare in te è rivivere, abitare in te è vivere. Nessuno ti perde se non viene ingannato, nessuno ti cerca se non è chiamato, nessuno ti trova se non è purificato. Abbandonarti è perdersi, cercarti è amare, vederti è possederti. Verso di te là fede ci spinge, la speranza ci guida, la carità ci unisce. Dio per mezzo del quale noi trionfiamo del nemico, a te rivolgo la mia preghiera!*»[16].

13 AGOSTINO, *De Trinitate* IX,1,1. "*Cerchiamo dunque con l'animo di chi sta per trovare e troviamo con l'animo di chi sta per cercare*"
14 AGOSTINO, *Confessiones* I,1,1
15 BIANCHI E., *Lettere a un amico sulla via spirituale*, Edizioni Qiqajon-Comunità di Bose (BI) 2010, pag. 20
16 AGOSTINO, *Soliloquia* I,3a

Canta e cammina

Tu, divino Viandante,
esperto delle nostre strade
e conoscitore del nostro cuore,
non lasciarci prigionieri
delle ombre della sera.
Sostienici nella stanchezza...
Dacci il gusto di una vita piena,
che ci faccia camminare su questa terra
come pellegrini fiduciosi e gioiosi,
guardando sempre al traguardo
della vita che non ha fine.
Rimani con noi, Signore!
Rimani con noi!.
Amen.

Giovanni Paolo II, *Preghiera per l'Anno dell'Eucaristia*

Le vie intorno alla Tomba dell'Apostolo sono un formicaio di gente di ogni tipo, turisti, pellegrini, studenti universitari. Compostela, non Bruxelles sembra la capitale d'Europa, tante sono le lingue e i paesi di provenienza. Il sabato sera e la domenica la *rua do Vilar*, la *rua do Franco*, *rua da Raina*, *rua Nova*, *praza do Toural*, *praza de Mazarelos*, *praza de Fonseca*, *praza de Cervantes* e le altre del centro storico sono piene di vita, di musica, galiziana e fado soprattutto. Una confusione un po' mondana, un'allegria spontanea, semplice, sincera. Finalmente sono riuscito a venire a Santiago nei giorni della festa liturgica (24-25 luglio) nell'anno del mio 25° anniversario di sacerdozio (2009). Ci sono tante manifestazioni ricreative, culturali, sportive, musicali e persino politiche in ogni angolo della città. Ma per me il cuore e il centro di tutto è la casa del *Señor Santiago*, l'immensa cattedrale che svetta con le sue torri e i suoi pinnacoli. Da ogni piazza o via la si può ammirare in tutta la sua imponenza, da ogni angolatura è bellissima, ma è soprattutto la *praza do Obradoiro* il punto che maggiormente prende l'animo. Seduto in vari punti della piazza, cerco riparo dal sole di un luglio veramente bollente. Ogni angolo mi permette, nonostante la folla, di trovare raccoglimento; ho con me un'edizione tascabile del Nuovo Testamento, leggo così senza una logica precisa, vari brani, secondo l'ispirazione del momento. Davanti alla cattedrale passano centinaia di persone, la maggioranza sono pellegrini qui giunti dopo settimane e giorni di cammino a piedi o in bicicletta, alcuni si salutano, si abbracciano, scattano foto e fanno riprese. C'è un'armonia quasi perfetta fra di loro e la sacralità del luogo, perfino le pietre dei vari edifici che delimitano la piazza ma anche il cielo, il sole, l'aria, il vento e le piccole nubi diventano una cosa sola con chi si trova lì. Un ambiente ideale, perfetto che in qualche modo è un piccolo anticipo della gioia e dell'armonia dei "*cieli nuovi e della terra nuova*"[17] di cui parla la Sacra Scrittura.

La meraviglia della creazione nuova non riguarda solamente gli esseri umani, ma in un certo qual modo l'intero creato, che Dio vuole restituire alla sua originale integrità. Dopo il giudizio universale, avrà luogo anche la trasformazione del cosmo. L'Apostolo Paolo dice che la creazione sta aspettando con impazienza questo momento, perché desidera "*essere liberata dalla schiavitù della corruzione*"[18]. In questo nuovo universo, la dimora dei risorti è rappresentata dalla città di Dio, la Gerusalemme che scende dal cielo, bella come una sposa adorna per il suo sposo: "*Non ci sarà più la morte, né lutto, né lamento, né affanno, perché le cose di prima sono passate; e Dio tergerà ogni lacrima dai loro occhi*"[19]. La Gerusalemme celeste è la città del nostro fine: il nostro ultimo appuntamento è sulla piazza di quella città[20]. Siamo in cammino dalla città terrena alla celeste, pellegrini in terra straniera ma desiderosi della patria. Agostino, il grande vescovo e padre dell'occidente cristiano, ha composto anche il canto del pellegrino, una melodia solenne, una marcia cadenzata, più volte letta in tutti questi anni passati sulle strade di Spagna verso la città dell'Apostolo Giacomo:

> «*Cantiamo qui l'alleluia mentre siamo ancora privi di sicurezza,*
> *per poterlo cantare un giorno lassù, ormai sicuri.*
> *O felice quell'alleluia di lassù!*
> *Là nessuno ci sarà nemico, là non perderemo mai nessun amico.*
> *Lì risuoneranno le lodi di Dio…*
> *Qui cantiamo da morituri, lassù da immortali.*
> *Qui nella speranza, lassù nella realtà.*
> *Qui da esuli e pellegrini, lassù nella patria…*
> *Cantiamo da viandanti,*
> *ma cantando non indulgere alla pigrizia.*
> *Canta e cammina. Canta e cammina*»[21].

17 Ap 21,1; 2Pt 3,13
18 Rm 8,21
19 Ap 21,4
20 Cfr Ap 22,2
21 AGOSTINO, *Sermo CCLVI*, 1,2,3

L'ultimo approdo della storia umana, il giorno senza tramonto, sarà quando l'umanità riposerà nel seno di Dio. E Dio "*sarà tutto in tutti*"[22]. Un grande teologo, Karl Rahner, ha così sapientemente immaginato il momento dell'incontro definitivo con Dio: «*Allora tu sarai l'ultima parola, l'unica che rimane e non si dimenticherà mai. Allora, quando nella morte tutto tacerà e io avrò finito d'imparare e di soffrire, comincerà il grande silenzio, entro il quale risuonerai tu solo, Verbo di eternità in eternità. Allora saranno ammutolite tutte le parole umane; essere e sapere, conoscere e sperimentare saranno divenuti la stessa cosa. Conoscerò come sono conosciuto, intuirò quanto tu mi avrai già detto da sempre: te stesso. Nessuna parola umana e nessun concetto starà tra me e te; tu stesso sarai l'unica parola di giubilo dell'amore e della vita, che ricolma tutti gli spazi dell'anima*»[23].

Entro in chiesa per la Messa che conclude la novena in preparazione alla festa dell'Apostolo, i canonici con l'Arcivescovo sono già pronti, l'organo diffonde le sue solenni e poderose note fra gli archi e le navate. Nonostante la presenza di tanti pellegrini, c'è un clima di raccoglimento e di rispetto per il luogo sacro. Salgo un'altra volta sopra l'altare maggiore per l'*abrazo* al Santo. Se dovessi abbracciarlo per tutte le persone che me lo hanno chiesto farei fare una fila lunghissima agli altri pellegrini! Preferisco alla quantità l'intensità e visto che in quel momento ci sono poche persone mi fermo qualche istante di più, con maggiore calma avvicino il mio volto al suo e, come si fa con un amico e confidente, lo bacio. Dopo questo *abrazo* prolungato e intenso, scendo nella cripta dove in una teca d'argento con al centro la stella della via Lattea sono venerate le spoglie dell'Apostolo. Qui, nelle viscere della terra, nel 1884 fu collocata l'urna d'argento, sormontata da una stella, contenenti le ossa dell'Apostolo Giacomo e dei suoi discepoli, Teodoro e Attanasio, nello stesso posto del sepolcro originale che li aveva accolti prima del nascondimento avvenuto nel secolo XVI per evitare che cadessero in mano dei pirati inglesi.

Questa cattedrale, la sua bellezza solenne e arcana, la sua storia drammatica e affascinante, questo monumento alla stabilità della fede, alla profondità della speranza, queste pietre gravide di fatica umana ma anche di autentico amore e di estenuanti cammini come uno scrigno prezioso custodisce i resti di colui che "*primo fra gli Apostoli partecipò al calice della passione del Signore nostro Gesù Cristo*[24]". Questo edificio ha assaporato il canto festoso del giubilo ma anche i gravi lamenti del dolore, in questa chiesa hanno pregato i santi e hanno trovato perdono i peccatori. E oggi, all'inizio del terzo millennio cristiano, la casa del *Señor Santiago* diviene nuovamente luogo di grazia e di riconciliazione, un'occasione per i credenti per riflettere sulla genuina vocazione alla santità di vita e per quanti

22 1Cor 15,28
23 RAHNER K., *Dimensioni politiche del cristianesimo*, Città Nuova, Roma 1992, pag. 21.
24 Dalla Liturgia, orazione sulle offerte della Messa dell'Apostolo san Giacomo

non hanno fede, o forse l'hanno lasciata sfiorire, ricevere il dono della presenza di "*colui che illumina ogni uomo, affinché abbia finalmente la vita*"[25].

Nel Messaggio indirizzato all'Arcivescovo di Santiago in occasione dell'apertura della Porta Santa per l'anno giubilare 2010, papa Benedetto XVI ha scritto: «*Nel cammino si contemplano nuovi orizzonti che fanno riflettere sulla ristrettezza della propria esistenza e sull'immensità che l'essere umano ha dentro e fuori di sé, preparandolo ad andare in cerca di ciò a cui realmente il suo cuore anela. Aperto alla sorpresa e alla trascendenza, il pellegrino si lascia istruire dalla Parola di Dio, e in tal modo purifica la propria fede da adesioni e timori infondati. Così fece il Signore risorto con i discepoli che, storditi e sconfortati, si stavano recando a Emmaus. Quando alla parola si aggiunse il gesto di frazionare il pane, ai discepoli "si aprirono gli occhi" (cfr Lc 24, 31) e riconobbero colui che credevano immerso nella morte. Allora incontrano personalmente Cristo, che vive per sempre e fa parte della loro vita. In quel momento, il loro primo e più ardente desiderio è annunciare e testimoniare agli altri quanto accaduto (cfr Lc 24, 35). Chiedo ferventemente al Signore di accompagnare i pellegrini, di farsi conoscere e di entrare nei loro cuori, "affinché abbiano la vita e l'abbiano in abbondanza" (Gv 10, 10). Questa è la vera meta, la grazia, che il mero percorso materiale del Cammino non può far raggiungere da solo, e che porta il pellegrino a divenire un testimone dinanzi agli altri del fatto che Cristo vive ed è la nostra speranza eterna di salvezza*»[26].

Inizia il Vespro, lascio la cripta confortato dalla testimonianza apostolica, cerco e trovo un posticino ai piedi di una delle colonne del transetto; seduto sul pavimento seguo i gesti del celebrante, accompagno sottovoce i salmi cantati in latino grazie al foglietto che è stato a tutti distribuito, con accanto la traduzione nelle varie lingue. Un bel segno di ecumenismo e di attenzione alla tradizione e alla modernità. Al canto del Magnificat l'organo esprime tutta la sua potenza, ma anche le voci dei canonici non scherzano, tanto sono vibranti di giubilo. La celebrazione è ormai finita, c'è ancora forte il profumo dell'incenso, altri pellegrini finalmente possono sedersi nei posti ormai vuoti. Esco dalla cattedrale per la porta della *praza das Praterias*, si sente in lontananza il suono di una *gaita*, la cornamusa galiziana, alcuni giovani stanno ascoltando un cd di Carlos Núñez, *Cinema do Mar*. Mi fermo, colpito dalla melodia della musica, dopo il gregoriano dei canonici, anche le note più popolari e tradizionali esprimono l'omaggio delle genti all'Apostolo, giunto qui dalla lontana Galilea ai confini del mondo allora conosciuto per portare il messaggio del Vangelo.

Il sole è ancora alto in questo lembo d'occidente, la piazza dell'*Obradoiro* è più viva che mai e si sta riempiendo per la notte più attesa dell'anno in Galizia

25 CONCILIO ECUMENICO VATICANO II° Costituzione *Lumen Gentium n.16*
26 BENEDETTO XVI, *Messaggio in occasione dell'apertura dell'Anno Santo Compostelano* (19 dicembre 2009)

dove risplenderanno i *Fogos do Apostolo*, i fuochi artificiali, pronti ad illuminare lo splendido profilo della Cattedrale, con la famosa *quema*, la riproduzione spettacolare dell'incendio che ricorda il terribile saccheggio del 997 da parte di Al-Manzor. *La vida es sentimiento*, è il titolo dello spettacolo di suoni e luci che propone alcuni dei sentimenti dell'uomo come melanconia, gelosia, speranza, felicità, fede e amore. I versi dei poeti Rosalía de Castro, Álvaro Cunqueiro, Federico García Lorca illuminano la Cattedrale. Le parole scorrono sulla facciata e lungo il porticato del Museo Capitolare, ogni tanto le immagini si allargano oltre le pareti e scorrono verso l'alto confondendosi con le stelle nel cielo. Da una parte all'altra della piazza la gente applaude e segue con intensa emozione il susseguirsi delle scene e la narrazione poetica dell'avventura umana. Dai pinnacoli della facciata e delle torri anche le statue di Santiago e dei suoi due discepoli Teodomiro e Attanasio sembrano compiacersi di tanta festa e allegria. Ho tanto desiderato in questi anni vivere questa notte, con le sue emozioni, le sue luci, i suoi bagliori. Vorrei che il tempo per un po' si fermasse. Ma ormai i fuochi sono finiti e la piazza è quasi vuota, la festa e l'allegria si sono spostate per le vie intorno alla cattedrale, fra i mille locali e bar. Mi siedo, guardando le stelle ripenso alla *Balada ingenua* di Federico García Lorca: «*Notte chiara alla fine di luglio! In cielo è passato Santiago! La tristezza dell' anima mia la lascio sul bianco sentiero, vediamo se la trovano i bambini e l'affondano piano nell'acqua, vediamo se nella notte stellata molto lontano la portano i venti*»[27].

27 GARCIA LORCA F., *Tutte le poesie*, BUR Rizzoli, Milano 2006, pag. 94

Verso l'eternità: "no pain, no glory"

Signore, mio amico,
tu mi hai preso per mano:
io andrò senza timore
fino in fondo al cammino.

A. Duval, *Chansons*

È l'ultimo giorno a Santiago, domani mattina, con un volo *low coast* tornerò a casa, a quel cammino quotidiano e ordinario che spesso è più faticoso e monotono di ogni altra esperienza. Dedico le prime ore del pomeriggio ad una lettura religiosa anziché semplicemente artistica del *Portico de la Gloria*, l'opera simbolo della cattedrale compostellana e meta desiderata da ogni pellegrino. Ognuno vuole poggiare la propria mano sull'impronta lasciata lì da migliaia e migliaia di fedeli che nei secoli hanno pellegrinato alla tomba dell'Apostolo. Il portico è uno dei capolavori dell'arte mondiale e non solo il vertice architettonico-simbolico della scultura medievale del secolo XII. Il triplice portale strombato ha i suoi precedenti più illustri nel portico di Vézelay (1120 ca.), Dijion, Autun, Paray-le-Monial, nelle grandi cattedrali come Chartres, come anche il richiamo allo stile "bizantineggiante" che ricorda Venezia, Palermo e Cefalù. Tuttavia l'opera del Maestro Matèo è un *unicum* di grande e suggestivo impatto: la facciata del *Portico de la Gloria* presenta una struttura architettonica a tre piani sovrapposti, in cui si impiegarono per la prima volta in Spagna volte a doppia crociera. Il piano inferiore o cripta, popolarmente noto come "cattedrale vecchia", fu dedicato all'apostolo san Giacomo il Minore e oltre alla necessità strutturale di sostegno ben delineate da un grande pilastro centrale che sostiene gli archi e i costoloni delle volte del deambulatorio, rappresenta simbolicamente il mondo terreno, decorato con una profusione di fogliame e il mondo delle passioni umane, un mondo che ha bisogno della luce degli astri del firmamento, il sole e la luna, recati dagli angeli scolpiti nella chiave delle volte centrali. Il secondo piano, quello principale, è il portico vero e proprio, entrata occidentale della chiesa è composto da un portico a tre archi, con statue-colonne e rilievi in granito e marmo, originariamente policromi. Sopra le volte con nervatura di questa seconda struttura si eleva la tribuna, che da su un ampio corridoio che percorre tutto il perimetro della cattedrale in altezza, incluse le estremità del transetto e il deambulatorio: si completa così la struttura architettonica dell'edificio articolata su tre piani e integrata da tre spazi sovrapposti, cripta-portico-tribuna.

Il *Portico de la Gloria* è una sorta di canto del cigno della scultura medievale occidentale del XII secolo, segna il vertice di un'epoca ma anche il passaggio di fase che comincia a delinearsi nell'Europa cristiana: le nuove cattedrali del XIII secolo tenderanno a smaterializzare i loro muri, preferendo le vetrate alla pietra. Qui è soprattutto il richiamo teologico ad imporsi in tutta la sua forza. Siamo di fronte ad una "*Summa*" di alta spiritualità e catechesi alla cui base sta il testo dell'Apocalisse di Giovanni, guida teologica eloquente per comprendere il valore e il livello simbolico del *Portico de la Gloria* della cattedrale compostellana, come immagine della Gerusalemme celeste, alla quale accorrono in pellegrinaggio tutti i popoli del mondo per venerare le reliquie dell'apostolo e pellegrino e cantare le meraviglie del Signore nel suo tempio. Il tempio apostolico è il simbolo della "*nuova Gerusalemme che scende dal cielo come una sposa adorna, pronta all'incontro col suo sposo*"[28]. Si tratta, quindi, di una rappresentazione della città celeste, la "*civitas Dei*" di agostiniana memoria, prendendo per questo simboli provenienti oltre che dal testo giovanneo, dal IV Libro di Esdra, e dagli elementi apocalittici contenuti nei profeti Isaia, Ezechiele e Daniele.

L'arco centrale, il più maestoso, è presieduto dal Cristo glorioso in trono, secondo la visione che ebbe nell'isola di Patmos, l'apostolo Giovanni, fratello di Giacomo. La visione è culminata nel grande libro dell'Apocalisse, il libro che chiude la rivelazione biblica e interpreta la storia dell'umanità "*sub specie aeternitatis*". Il testo giovanneo più di ogni altro affascinò la cristianità latina avanti e dopo l'anno mille: tale interesse fu inoltre alimentato grazie alla diffusione in Occidente, tra il X e il XII secolo, dei codici miniati del *Commentario all'Apocalisse* del Beato di Liébana, figura chiave nella promozione del culto verso Santiago. Beato combatté l'eresia adozionista[29] del vescovo di Toledo, Elipando, da lui apostrofato, senza tanti giri di parole, come "*testicolo dell'Anticristo*". Con lui si schierò il grande Alcuino, precettore di Carlomagno. I suoi *Commentari* furono miniati nei monasteri di Navarra, di Castiglia e del León e, per la loro forza visionaria, divennero un best-seller dei cosiddetti secoli bui, copiati e ricopiati decine di volte[30]. In essi, l'arte mozarabica, nata dall'incontro nella penisola iberica della tradizione cristiana e di quella musulmana, trova la sua massima espressione. Fu l'autore più letto, spesso l'unico, nei monasteri europei medievali dal IX all'XI secolo.

28 Ap 21,2

29 Adozionismo, eresia sorta nel II e III secolo in Oriente secondo la quale Gesù era un semplice essere umano elevato (adottato) da Dio alla dignità divina nel momento del battesimo (Teodoto di Bisanzio; Paolo di Samosata e il discepolo Ario); in Occidente l'adozionismo spagnolo insegnava una doppia adozione di Cristo, una divina e una umana. Contro Elipando, il Beato di Liébana ci ha lasciato un'opera *L'apologetico* del 786: essa sarà poi ratificata dal Concilio di Narbona nel 788, dal concilio di Ratisbona nel 792, e infine nel 794, dal concilio di Francoforte, indetto da Carlo Magno, al quale partecipano 400 vescovi di Francia, Germania e Italia.

30 Ad uno di questi codici miniati, quello di Saint Sever (sec. XI), si ispirò Picasso per il celebre dipinto *Guernica* (1937)

Nel timpano dell'arco centrale incontriamo riassunte diverse pagine dell'Apocalisse. Presiede la scena una immagine maestosa e ieratica di Cristo Salvatore, indubbiamente inspirata nella descrizione che del *Figlio dell'Uomo* fa l'apostolo Giovanni[31]. In accordo con questo testo, lo troviamo cosciente della sua dignità e del suo potere. Nelle sue mani e nei suoi piedi mostra le cicatrici delle piaghe, come agnello immolato, attraverso la sua immolazione ottiene il trionfo. Le sue vesti vogliono dimostrare la realizzazione del suo sacerdozio. Completando l'idea dell'agnello immolato, ben descritto nella stessa Apocalisse,[32] Matèo ci presenta otto bellissimi angeli con gli strumenti della passione. L'umanizzazione della figura di Cristo nel timpano è in sintonia con la nuova sensibilità sviluppata in Occidente nel corso del XII secolo: attraverso la rappresentazione sofferente e umana di Gesù il fedele si sente da lui attratto; non più la distante e severa immagine del Cristo giudice, caratteristica dell'iconografia tradizionale del romanico, soprattutto avanti l'anno mille, ma un Cristo compassionevole e buono, che mostra sereno la sua vittoria sul male e sulla morte. La figura del Cristo in maestà, giudice dell'ultimo giorno, trionfa come Salvatore e Redentore, a torso nudo ma con i segni della passione ben in vista, è circondata dai quattro evangelisti, ognuno rappresentato con i propri simboli: Matteo (il banco delle imposte); Marco (il leone alato); Giovanni (l'aquila); Luca (il toro). Alla destra del trono di Dio, tra Luca e Giovanni, sgorga il fiume dell'acqua della vita che va a fecondare la nuova Gerusalemme[33]. Presso il trono, due angeli con gli incensieri che da ambo i lati rendono omaggio al Signore Sovrano[34]. Nell'archivolto sono rappresentati i ventiquattro anziani nell'atto di accordare i propri strumenti musicali per la solenne liturgia celeste[35]: essi rappresentano nella visione apocalittica le 24 classi di cantori e sacerdoti dell'antico tempio di Gerusalemme, sono seduti in una specie di divano dialogando tra di loro e vestendo tuniche bianche e sopra le loro teste portano una corona d'oro. Nelle loro mani sostengono gli strumenti musicali (14 chitarre, 4 salteri, 2 arpe).

La lettura e la contemplazione del portico va necessariamente estesa ai due archi: in quello di sinistra è rappresentato l'Antico Testamento e soprattutto l'attesa messianica, in quello di destra il Giudizio finale o escatologico. La ricca composizione figurativa dei due archi viene sostenuta da statue-colonna, montate su un gruppo di colonne in granito a fusto liscio, alternate ad altre istoriate, in marmo ed elicoidali: il tutto in perfetta simmetria spaziale e tematica con la colonna dell'arco centrale dove sul lato sinistro è presente la scena del sacrificio di Isacco messa in relazione col sacrificio di Cristo; al lato destro invece si trova la

31 Cfr. Ap 1,1-18
32 Cfr. Ap 5,14s
33 Cfr. Ap 22, 1s
34 Cfr. Ap 8,3-4
35 Cfr. Ap 4

scena della risurrezione dei morti, in relazione con il giudizio finale dell'arco destro. Le statue-colonna di sinistra rappresentano Mosè , Isaia, Daniele e Geremia recanti cartigli con i versetti biblici (cancellati con l'andar del tempo) che annunciano la venuta del Messia; le statue-colonne di destra rappresentano invece gli apostoli di Cristo e della Chiesa Pietro, Paolo, Giacomo e Giovanni nell'atto di conversare. Il doppio sistema portante è retto da un basamento di animali fantastici, forse simbolo dei peccati e dei vizi, schiacciati dal potere spirituale che il portico esprime con forza e vitalità. Sicuramente questo tema è ripreso nelle scena dell'arco centrale, alla cui base si può leggere l'episodio di Daniele nella fossa dei leoni,[36] episodio interpretato fin dall'antichità in chiave cristologia: Matèo scolpisce la figura maschile con barba e capigliatura abbondanti nel momento in cui sta aprendo con le mani le fauci di due leoni. Sul lato opposto di questa immagine si trova la figura di un fedele che prega inginocchiato, rivolto verso l'altare, con la mano destra sul petto, ad esprimere la sincerità della sua fede: è il "*santo dos croques*" (il santo delle capocciate, perché i pellegrini son soliti poggiarvi la loro testa, quasi a trarne sapienza e ispirazione), presunto autoritratto, secondo una tradizione, dell'autore del portico stesso, il Maestro Matèo.

La colonna centrale (detta *albero di Jesse*) raffigura la storia genealogica di Cristo, ed è sormontata dalla statua dell'apostolo Giacomo colma di espressione e serena bellezza in viso, nell'atto benevolo di accogliere i pellegrini e soprattutto nel suo ruolo di intercessore dei fedeli presso il Salvatore, che presiede il timpano della gloria. È l'immagine più celebrata di san Giacomo, colonna della chiesa in una sorta di rappresentazione allegorica della mediazione della Chiesa stessa, posta tra Dio e gli uomini. Viene in mette il passo del *Codex calixtinus* nel sermone attribuito a papa Leone: «*Sei soddisfatta, Spagna, di possedere moltissimi beni, ma sei ancora più felice per la presenza di san Giacomo... Un tempo sei stata celebre per le dicerie dovute alla vana congettura sulle colonne d'Ercole, ma adesso sei più felice, sorretta dall'incrollabile colonna che è san Giacomo. Quelle colonne ti avvicinarono al diavolo con la loro pericolosa superstizione, questa colonna, invece, ti ha legato al tuo Creatore grazie alla sua devota intercessione. Quelle colonne lapidee accrescevano la tua mancanza di fede, mentre questa colonna spirituale ti ha procurato la grazia della salvezza*»[37]. L'apostolo appare maiestatico, seduto su un seggio che poggia su dei leoni, vestito con la tunica e il mantello, a piedi nudi, coronato da un nimbo di rame dorato, appoggia la mano sinistra su un bastone a forma di *tau* e sulla destra ha un rotolo di pergamena, con il testo "*Misit me Dominus*" (Mi ha mandato il Signore). Solennemente collocato *in cathedra* l'apostolo occupa il posto riservato di solito, nei portali romanici, al Cristo Salvatore o alla Vergine

36 Cfr. Dan 7-12
37 CENTRO ITALIANO DI STUDI COMPOSTELLANI, *Il Codice Callistino. Prima edizione italiana integrale*, CISC-Edizioni Compostellane, Perugia-Pomigliano d'Arco 2008, pag. 198

Maria. L'immagine dell'Apostolo è come "*trasfigurata*", curata nella proporzione delle forme e della quiete spirituale che sprigiona da tutto il suo essere ha nella serenità e al contempo nella solennità del volto il suo elemento spirituale più alto. Anche la sua collocazione "architettonica" è sorprendente: sopra il capitello della Trinità, che riepiloga la generazione eterna di Cristo come figlio di Dio e il capitello delle tentazioni di Cristo che fa da preambolo al timpano della Gloria. È evidente il significato simbolico: l'uomo, pur portando in sé l'immagine della Trinità[38] è sottoposto continuamente alle prove e tentazioni della vita, prima di arrivare alla gloria del paradiso, in questo aiutato dall'intercessione fraterna dell'apostolo, amico del Signore. Il cammino dell'uomo raggiunge il suo fine di partecipazione alla vita divina, nonostante le difficoltà e il combattimento contro le forze del male.

Questa colonna di marmo, incastonata tra cinque colonne con i fusti ricavati da un unico blocco di granito, raffigura la genealogia umana di Cristo: da Jesse, padre del re David, che dorme placidamente nel suo letto, nasce un frondoso albero dai cui rami hanno origine i re di Giudea e i profeti che annunciano la venuta del Messia. Nella parte più alta del fusto le profetesse Anna ed Elisabetta si chinano di fronte a Maria, abbigliata con una fine tunica e un velo cinto da un diadema, che con viso sereno atteggia le mani in un gesto di umiltà, evocando il momento dell'Annunciazione. La Vergine è l'unico personaggio del fusto a non soffrire la pressione dei rami dell'albero, simboleggiando così che fu concepita senza peccato originale. Il capitello di questa colonna presenta invece la genealogia divina di Cristo: la Santissima Trinità nella sua versione di *paternitas*, cioè Dio Padre che sostiene in grembo il Figlio, nella posa premonitoria della crocifissione, e sopra lo Spirito Santo in forma di colomba.

I cinque solchi presenti in questa colonna, formati dall'atto di poggiarvi la mano destra, testimoniano il ringraziamento e la richiesta di benedizione all'apostolo compiuti da migliaia e migliaia di pellegrini lungo i secoli. È questo uno dei riti più diffusi insieme all'altro, caratteristico per il pellegrino, di abbracciare sull'altare maggiore il busto d'argento dell'Apostolo, ormai amico e compagno di vita e successivamente di scendere nella cripta per venerarne le spoglie. Ogni volta che sono entrato nella casa dell'Apostolo, non ho potuto non toccare con la mia mano quella colonna di marmo, un gesto ancora oggi compiuto da migliaia di persone, forse senza neanche sapere il perché. Molti lo fanno perché lo vedono fare. Lo scrittore olandese Cees Nooterboom in uno dei libri più belli e appassionati sulla Spagna, le sue città e le sue genti, i suoi itinerari di storia, fede e cultura ha scritto: «*Non è dimostrabile, eppure io ci credo: nel mondo ci sono luoghi in cui un arrivo o una partenza vengono misteriosamente moltiplicati dai sentimenti*

38 Cfr. Gen 1,26

di quanti nello stesso luogo sono arrivati o da lì ripartiti... Sotto il portico d'ingresso della cattedrale di Santiago de Compostela si erge una colonna di marmo che reca l'impronta di profondi solchi; una sorta di zampata o sigla espressionistica di grande impatto emotivo prodotta da milioni di mani, tra cui la mia... Appoggiando la mia mano sul quel negativo di mano, entravo misteriosamente a far parte di un'opera d'arte collettiva. Il pensiero diventa visibile nella materia: questo è sempre prodigioso. La forza di un'idea spinse re, contadini e monaci ad appoggiare la mano proprio in quel punto della colonna, e ogni singola mano consumò una parte infinitesimale di marmo durissimo, e in questo modo, proprio perché quel marmo dispariva, risultò visibile una mano»[39]. Non solo "*la forza di un'idea*" quanto piuttosto la forza della fede e le preghiere dei numerosi pellegrini, le loro gioie e le loro speranze hanno, lungo i secoli, modellato quella colonna e reso la materia informe "*sigillo*" della misericordia di Dio.

Mentre per l'ennesima volta appoggio la mia mano su questa colonna, l'organo diffonde le potenti note dell'inno all'Apostolo, la voce tenue di una suora guida l'assemblea «... *Santo adalid, patrón de las Españas, amigo del Señor... Firme y segura como a quella columna que te entregó la Madre de Jesús, será en España la Santa Fé cristiana bien celestial que nos legaste tú*...»[40]. Le noti scorrono via lenti e solenni, l'incenso del *Botafumeiro* si spande per le navate e pian piano arriva in alto, sotto le volte. Tutti sono presi dal volteggiare del grande incensiere, e allora ne approfitto per sfiorare, quasi come una carezza, i solchi di quella mano impressa nella pietra. E con gioia unisco al canto la mia debole voce «...*A tus plantas postrados, te ofrecemos la prenda más cordial de nuestro amor*...»[41]. Esco e in un negozio della *rua do Vilar* trovo i miei compagni intenti a fare acquisti. Compro anch'io una maglietta con disegnato un piede incerottato e la scritta «*no pain, no glory*», è troppo forte! Felice come un bambino, la indosso subito. Un po' di gloria, in fondo, anche i miei piedi se la sono meritata.

39 NOOTERBOOM C., *Verso Santiago. Itinerari spagnoli*, Universale Economica Feltrinelli, Milano 2002 pag. 9
40 *Santo Condottiero, patrono delle Spagne, amico del Signor... Ferma e sicura come quella colonna che ti consegnò la Madre di Gesù sarà in Spagna la santa fede cristiana, bene celeste che tu ci hai lasciato...*
41 *Prostrati ai tuoi piedi, ti offriamo il pegno più affettuoso del nostro amore...*

Gesù il Cristo, cammino vivente

Che io possa cercarti, desiderando;
desiderare, cercando,
trovare, amando; amare, trovando.
Non oso, Signore, penetrare le tue profondità,
perché come paragonare il mio intelletto al tuo Mistero?
Desidero in qualche modo comprendere
la verità che credo e che il mio cuore ama.
Non cerco di comprendere per credere,
ma credo per comprendere.
Sono certo che se non comincerò a credere,
non comprenderò mai

S. Anselmo d'Aosta, *Proslogium 1*

In una "*concha*", la conchiglia del pellegrino attaccata ad uno dei tanti zaini a fianco del letto nel rifugio del Seminario minore di Santiago, leggo questa frase «*Non basta essere nel cammino quanto piuttosto essere il cammino*». Queste parole mi hanno colpito, anche se il significato più profondo l'ho compreso camminando, e lo scopro man mano che ripenso all'esperienza fatta. Non dico niente di nuovo indicando quanto sia importante il viaggio o il pellegrinaggio nell'espressione della religiosità di tutti i tempi e di tutti i popoli come il pellegrinaggio alla Mecca o a Gerusalemme e a Roma per rimanere appena nell'ambito delle religioni monoteiste. Gli stessi fondatori delle religioni esistenti sono pellegrini o ricevono la rivelazione durante un viaggio presso luoghi ritenuti "*sacri*". Gli stessi Vangeli sinottici racchiudono l'attività messianica di Gesù di Nazareth in un viaggio a Gerusalemme, mentre Buddha riceve l'illuminazione sotto il fico di Benares al termine di un pellegrinaggio. Lo stesso Socrate, spostandoci in un ambito e in una cultura diversa, pellegrino al tempio di Apollo, comprende a Delfi la via aurea della sapienza: "*Conosci te stesso!*". Anche Omero nell'Odissea descrive il ritorno di Ulisse ad Itaca come il compimento di un viaggio verso una umanità perduta. Tanti gli anni di viaggio quanto i dieci anni di violenza e di guerra nell'assedio di Troia. E così si potrebbe continuare passando dalle religioni alla letteratura e a tante altre espressioni del genio umano, arrivando anche ad artisti e pensatori dei nostri giorni.

Chi ha percorso il cammino delle stelle, la "*via lattea*", il cammino di Santiago, si accorge mentre cammina che la cattedrale dell'Apostolo non può essere la meta, essa ne è solo un grandioso segno. La meta sei tu, è ciascuno di noi nel suo rapporto con sé stesso e con Dio: "*siempre se anda el camino!*", è l'espressione tipica che si sente quando si finisce il viaggio a Compostella. Forse la domanda posta da Dio ad Adamo nel giardino dell'Eden "*Dove sei?*"[42] è allo stesso tempo una risposta che l'autore della Genesi dà a noi che ci interroghiamo sul perché o sulla necessità di pellegrinare e di intendere la vita come un viaggio. Forse questa domanda risponde ad altre domande, i motivi per cui uno lascia casa e parte. La differenza che corre tra un pellegrino e chi, pur viaggiando, magari non lo è affatto. Si può essere sul cammino anche per caso. È la condizione del vagabondo che non sa dove si trova, né da dove viene e dove sta andando.

Invece il pellegrino conosce bene cosa si è lasciato alle spalle e dove è diretto. Quanto si incontrerà sul cammino sarà una scoperta sempre nuova. La conchiglia, simbolo del pellegrinaggio a Compostella, riassume i temi essenziali del cammino. Da un'unica origine partono le linee della "*vieira*" e tutte si riconducono allo stesso punto. Come dire che da Dio siamo generati e, ciascuno per la sua strada, a Lui torniamo. La conchiglia ricorda anche il battesimo. Il pellegrinaggio è nato come forma penitenziale, per ridonare a chi è "*lontano*" l'innocenza delle origini. Il segno della "*concha*" è anche il simbolo del cuore. Tutte le esperienze che si vivono durante il cammino della vita devono esservi custodite, poiché Dio si rivela nella storia di ognuno ed è lì che propriamente desidera essere cercato. «*Non basta essere nel cammino quanto piuttosto essere il cammino*». Il cammino di Santiago non è solo un tragitto geografico. Il cammino significa, in ultima istanza, la vita umana. Pellegrinare è camminare senza patria nell'esilio di questo mondo. La fatica del cammino, non riconducibile soltanto a quella fisica, ci indica che ogni uomo è , per essenza, *viator* anzi pellegrino, creato da Dio e liberato per mezzo di Cristo.

«*Per grazia di Dio io sono uomo e cristiano, per azioni gran peccatore, per condizione un pellegrino senza tetto, della specie più misera, sempre in giro da paese a paese. Per ricchezza ho sulle spalle un sacco con un po' di pane secco, la santa Bibbia, e basta*», le parole d'inizio dei *Racconti di un pellegrino russo,*[43] un classico della spiritualità cristiana, manifestano la condizione di creatura fragile e debole del pellegrino: l'affermazione della creaturalità dell'uomo è il pilastro del Cammino: chi non cammina non sa da dove parte né ha coscienza di dove deve arrivare. Pellegrino è colui che abbandona la sua casa, lascia la sua patria e intraprende di andare verso una terra lontana per cambiare la sua situazione. Quando uno si decide a camminare sperimenta la spogliazione, l'abbandono, si rende conto che quello che possiede non è un "*assoluto*". L'immagine del pellegrino riporta alla

42 Gen 3,9
43 CARRETTO C. (a cura di), *I racconti di un pellegrino russo*, Assisi, CE 1987, pag. 10

memoria la figura di Abramo. Ricorda la chiamata e l'esodo nel deserto e la terra promessa. La spiritualità del Cammino jacobeo coincide con la spiritualità biblica. Il credente è colui che esce dalla sua patria, da quello che considera proprio, nasce di nuovo, abbandona le sue sicurezze e i suoi limiti, e a differenza della moglie di Lot[44], senza voltarsi indietro comincia il suo itinerario verso la meta: il cammino di Santiago suscita e invita a pensare che l'uomo non è l'unico signore né della storia né della natura. Il viandante è colui che scopre il Creatore e sa di essere immagine di Dio.

Colui che cammina, senza altro tempo che quello cronometrato dalla creazione, senza altro rumore che il silenzio della natura e dei suoi passi, percepisce che essere uomo significa capacità di apertura, capacità di cercare, di incontrare ed interrogare tutto quello che lo circonda. Ma soprattutto la sua ricerca è volta all'infinito, al mistero, a Dio nella profondità della sua interiorità. Il pellegrino è inoltre un vessillo della speranza, perché sa che la sua meta è provvisoria, in quanto pian piano, passo dopo passo, scopre l'apertura verso la pienezza. Il cammino di Santiago è stato sempre un invito ad andare più in là, "*ultreya*": dal *Monte do Gozo*, guardando verso Santiago i pellegrini sanno che la gioia di aver raggiunto una meta non appaga la convinzione che l'uomo deve continuare a camminare, che si è appena all'inizio. Il pellegrino dopo essere stato presso la tomba di San Giacomo, aver contemplato il *Portico de la Gloria*, aver visto e toccato la colonna di Jesse che lo univa a tutta l'umanità, aver pregato e ricreato la sua anima con il silenzio, i canti e la Parola, si dirigeva a contemplare la grandezza dell'Oceano, e toccava con le sue mani, simbolicamente, il "*finisterrae*", il mondo allora conosciuto.

Tuttavia il pellegrino nell'incontro con se stesso e con l'Assoluto mai si trova solo. Il cammino del pellegrino ha un pedagogo. Per il viandante del cammino di Santiago il pedagogo è Cristo. Pedagogo e cammino, per il pellegrino medievale come ora per quello del terzo millennio, si fanno uno. Perché il cammino per l'uomo che crede è Gesù, e questo cammino non è che un simbolo dell'unico e autentico cammino per gli uomini. Per raggiungere l'Assoluto, per avvicinarsi a Dio non c'è che un cammino, Gesù Cristo, la forma visibile dell'Invisibile[45], l'Immagine del Padre, l'icona di Dio[46], il Verbo fatto carne[47]. Egli è Via, Verità, Vita[48], guida di tutti i viandanti[49]. Mi piace ricordare quello che il papa Paolo VI scriveva nel discorso di apertura del secondo periodo del Concilio Vaticano II il 29 settembre 1963: «*Donde parte il nostro cammino, quale via intende percorrere*

44 Cfr. Gn 19,26
45 Cfr. Gv 1,18
46 Cfr. Col 1,15
47 Cfr. Gv 1,14
48 Cfr. Gv 14,6
49 Cfr. Lc 24,13

e quale meta vorrà proporsi il nostro itinerario? Queste tre domande hanno una sola risposta, che qui in quest'ora stessa dobbiamo a Noi stessi proclamare e al mondo annunciare: Cristo! Cristo nostro principio, Cristo nostra via e nostra guida, Cristo nostra speranza e nostro termine. Abbia questo Concilio piena avvertenza di questo molteplice e unico, fisso e stimolante, misterioso e chiarissimo, stringente e beatificante rapporto tra noi e Gesù benedetto, fra questa santa e viva Chiesa che noi siamo e Cristo da cui veniamo, per cui viviamo e a cui andiamo!»[50].

Attualmente il cammino a Compostella, in una Spagna mistica, ardente, struggente, sfrenata, laica, sfarzosa, gloriosa e incantata, terra di Madonne e regine, cattedrali e monasteri, cavalieri e conquistatori continua ad accogliere la ricerca di numerosi viandanti. Parlare del cammino risulterà sempre una riflessione povera se non si torna a calcare la strada che racchiude più parole di tutti i diari scritti dai numerosi pellegrini. Considerato che il pellegrinare non riguarda le gambe soltanto, ma soprattutto il cuore, ogni cristiano può e deve adottare questa attitudine nella sua vita, orientandola fino all'incontro col Padre, attraverso Cristo, cammino vivente[51] con la forza dello Spirito. Il cammino che Gesù propone ai suoi discepoli va nel senso contrario a quello della sua incarnazione, innalza e divinizza l'uomo facendolo partecipe del dinamismo della sua morte e risurrezione e della sua stessa vita[52]. Chi non si considera pellegrino, difficilmente potrà sentirsi cristiano, discepolo di un pellegrino e membro di un popolo che cammina verso Dio. È così anche per la Chiesa, popolo pellegrinante per eccellenza che dal deserto dell'Esodo verso la Gerusalemme celeste «*prosegue il suo pellegrinaggio fra le persecuzioni del mondo e le consolazioni di Dio*»[53].

Nella cattedrale compostellana un rito, che risale all'epoca medievale, viene ripetuto ancora oggi ogni domenica e nelle solennità al termine della *Messa del pellegrino*: è il "*botafumeiro*", il grande incensiere d'argento di 60 Kg. che viene fatto oscillare spettacolarmente da un estremo all'altro della navata a crociera. Alcuni sostengono che fosse usato un così grande turibolo per spargere più incenso possibile e attutire l'odore di una folla enorme di pellegrini che quotidianamente raggiungevano la casa dell'Apostolo. Ma forse è un altro il significato di questo rituale sempre più richiesto dai pellegrini: esso rappresenta bene il culmine del Cammino di Santiago, la trasfigurazione del pellegrino, che qui giunto purificato da giorni e giorni di fatica, solitudine e preghiera, riconciliato con il sacramento della penitenza, dopo aver preso parte alla mensa del Signore nel banchetto eucaristico può innalzare il suo ringraziamento con la solenne incensazione. "*Come incenso salga a te o Dio la mia preghiera, le mie mani alzate come*

50 PAOLO VI, in *Enchiridion Vaticanum 1*, EDB, 1993, nn. 143-145
51 Cfr Eb 10,19-22
52 Cfr. 2Pt 1,4
53 CONCILIO ECUMENICO VATICANO II, Costituzione *Lumen Gentium* n.8

sacrificio della sera" [54]; "*Come incenso spandete un buon profumo, fate fiorire fiori come il giglio, spandete profumo e intonate un canto di lode"* [55]. Il fumo simboleggia il movimento ascendente della preghiera, evoca l'antica offerta dei sacrifici, allude inoltre alle buone disposizioni che dovrebbero risplendere nei cristiani e alla loro autentica testimonianza: "*siano rese grazie a Dio, il quale ci fa partecipare al suo trionfo in Cristo e diffonde per mezzo nostro il profumo della sua conoscenza nel mondo intero! Noi siamo infatti dinanzi a Dio il profumo di Cristo*"[56]. Il sorprendente esito del pellegrinaggio è che questo non si conclude a Compostella, ma permane per sempre nel cuore di chi l'ha intrapreso il desiderio profondo di seguire quel pellegrino chiamato Gesù di Nazareth e di portarne il suo messaggio sconvolgente sulle strade di questo mondo, fino ai confini della terra.

54 Sal 141,2
55 Sir 39,14
56 2Cor 2,14-15

CONCLUSIONE

Oltre Santiago, itinerario di un pellegrino

Tu, il Cristo, rendimi disponibile
a celebrare l'istante con Dio, a lottare
con un cuore riconciliato, a raggiungerti
attraverso una vita del tutto semplice.

Frère Roger di Taizè , *Preghiera*

Giunto al termine di questa fatica "letteraria", lo sguardo è proiettato in avanti oltre Compostella, oltre Finisterre. E lo faccio con un ricordo e con le parole di Frére Roger di Taizè, uno dei grandi testimoni del nostro tempo. Nell'estate del 1984, giovane prete, insieme ad alcuni seminaristi siamo stati nella cittadina della Borgogna per vivere l'esperienza spirituale della comunità ecumenica di Taizè. L'incontro con giovani provenienti da tanti paesi d'Europa e del mondo, ma soprattutto il clima di preghiera, di dialogo e di approfondimento della Parola di Dio scandivano i vari momenti della giornata. Poi alla sera, su quelle colline verdeggianti di vigneti l'atmosfera assumeva un sapore del tutto particolare: il raccoglimento si faceva più intenso, una lieve brezza rinfrescava l'aria e si aveva la percezione che il vento dello Spirito ricreava nuove tutte le cose.

Una di queste sere fummo invitati a condividere la "*cena monastica*" con Frère Roger e la comunità dei fratelli. Intorno ad una mensa povera e frugale, un silenzio quasi di contemplazione, rimasi colpito dalla semplicità e solennità con cui Frére Roger stava in mezzo a noi. Poche parole di saluto e un invito, a stargli vicino, dopo, alla preghiera della sera che conclude la giornata di Taizè nella grande chiesa della Riconciliazione. La preghiera e i canti a Taizè, sono un tutt'uno. Un momento unico, qualcosa di sublime, tante voci, tante lingue, tanti dialetti un solo inno di lode, quasi una nuova Pentecoste. È la forza straordinaria di Taizè: la preghiera e il canto che diventa preghiera. Ho visitato tante chiese, tanti santuari, partecipato a incontri mondiali della Gioventù o ad altri avvenimenti ecclesiali, piccoli e grandi ma la preghiera di Taizè rimane uno dei momenti più significativi della mia vita. Forse in Africa, nel mio amato Burkina ho riassaporato quell'intensità spirituale, quella beatitudine e coinvolgimento interiore. Ebbene in quella sera d'agosto al termine della preghiera comunitaria, con ancora la melodia del canto che risuonava nella grande aula, Frère Roger si alzò in piedi in mezzo all'assemblea, ai monaci e ai tanti giovani, guardò verso di me; un cenno della mano, mi avvicino, un grande abbraccio, si inginocchia davanti, sussurra poche parole «*è un prete novello d'Italie*», poi bacia le mie mani e chiede per sé, per la comunità e per tutti i giovani lì raccolti la Benedizione. Pochi secondi, un'esperienza stupenda di comunione, di accoglienza, di amicizia fraterna.

Ho conservato tra i momenti più belli della mia vita sacerdotale il ricordo di quel gesto, Frère Roger con la sua fede e la sua testimonianza ha indicato un cammino per tanti giovani, credenti e non, un cammino preciso, inequivocabile: celebrare ogni istante della vita l'incontro con Dio. Ecco le sue parole, tratte da una *Lettera a tutte le comunità*, scritta in America Latina: «*Tu che, senza guardare indietro, vuoi seguire il Cristo, nell'istante stesso, e ancora nell'istante, voltati verso Dio e abbi fiducia nel Vangelo. Qui attingi alle fonti di giubilo. Pensi di non saper pregare. Pertanto il Cristo risorto è là, ti ama prima che l'ami. Per mezzo del suo Spirito che abita nei nostri cuori, egli intercede in te più ancora di quanto tu lo possa immaginare… Quando stenti a capire cosa vuole da te, diglielo. Perfino nelle occupazioni quotidiane, nell'istante, digli tutto, anche l'insopportabile… Quando sorgono la prova interiore o le incomprensioni dall'esterno, ricordati che, nella stessa ferita dove si riversano le angosce dell'inquietudine, si elaborano le energie per amare. Se cammini nella nebbia, attenderlo, lui, il Cristo, è lasciargli il tempo di mettere ogni cosa al proprio posto… Nel deserto del tuo cuore zampillerà una sorgente d'allegria. Non l'euforia, nemmeno una gioia qualsiasi, ma questo giubilo che proviene direttamente dalle sorgenti d'Eternità. Tu che, senza guardare indietro, vuoi seguire il Cristo, preparati, in una vita del tutto semplice, a lottare con un cuore riconciliato. Tu che, senza guardare indietro, vuoi seguire il Cristo, ricordati che camminare alla sua sequela non è mai seguire te stesso. Egli è la via, e su questa via sarai trascinato irresistibilmente ad una vita del tutto semplice, una vita di condivisione. Il Vangelo ti porta a lasciare tutto… Non preoccuparti se hai pochissimo da condividere: una fede così piccola, pochi beni. Nella condivisione di questo poco, inesauribilmente, Dio t'offre la sovrabbondanza*»[1].

Queste parole mi hanno accompagnato in questi anni; sono state fonte d'ispirazione e di consolazione in tanti momenti, lieti e difficili. Nel ministero sacerdotale non mancano di certo prove e incomprensioni, entusiasmi e soddisfazioni, delusioni e speranze. In un ritiro spirituale mi colpì una frase di don Divo Barsotti «*Dio ci fa un grande onore non quando ci dà qualcosa, ma quando ci chiede qualcosa*». Non so esattamente quanto il Signore mi ha chiesto, so quanto io ho chiesto a Lui e quanto Lui sia stato generoso, paziente, misericordioso con me. Potrei anch'io ripetere con tanta umiltà le parole del grande Agostino: «*Tardi ti ho amato, bellezza tanto antica e tanto nuova, tardi ti ho amato!… Hai chiamato e hai gridato e hai rotto la mia sordità, hai brillato, hai mostrato il tuo splendore e hai*

1 Lettera da Taizé, ciclostilato in proprio anno 1985

dissipato la mia cecità... mi hai toccato e mi sono infiammato della tua pace»[2]. In questa esperienza della vita Dio cammina insieme a noi, e in questo camminare insieme si manifesta la sua promessa pronunciata fin dagli inizi della storia umana: "*Camminerò in mezzo a voi, sarò vostro Dio e voi sarete il mio popolo. Io sono il Signore vostro Dio, che vi ho fatto uscire dal paese d'Egitto; ho spezzato il vostro giogo e vi ho fatto camminare a testa alta*"[3]. Quando Dio cammina con gli uomini, essi possono procedere a testa alta, sperimentare la salvezza e la libertà,[4] quando Dio cammina con l'uomo, lo protegge da tutti i pericoli, gli infonde fiducia, lo convince che con la sua forza potrà superare tutte le difficoltà e raggiungere la meta. Camminando sotto il suo sguardo, Egli conosce ogni nostro passo. L'esperienza del Cammino di Santiago è in qualche modo un prolungamento di questa storia di relazione, d'incontro, di comunione tra Dio e l'uomo che affonda le sue radici nella storia della salvezza. L'avventura umana diviene per forza di cose l'avventura cristiana; qui sta tutta la bellezza e la dignità della nostra condizione, come il Papa Leone Magno ci ricorda in uno dei suoi discorsi nella festa della Natività del Signore: «*Riconosci, cristiano, la tua dignità e, reso partecipe della natura divina, non voler tornare all'abiezione di un tempo con una condotta indegna. Ricordati che, strappato al potere delle tenebre, sei stato trasferito nella luce del Regno di Dio. Con il sacramento del battesimo sei diventato tempio dello Spirito Santo! Non mettere in fuga un ospite così illustre con un comportamento riprovevole e non sottometterti di nuovo alla schiavitù del demonio. Ricorda che il prezzo pagato per il tuo riscatto è il sangue di Cristo*»[5].

L'avventura del *Camino* è stata per me esaltante e coinvolgente in tutti i sensi, un'esperienza che mi ha accompagnato lungo un bel tratto della mia vita di credente. È stata soprattutto una continua prova, non di natura fisica, ma spirituale ed ecclesiale, un progressivo confrontare la mia fede con quanto di più grandioso il cristianesimo ci ha consegnato: storia e leggenda, arte e letteratura, devozione e spiritualità, filosofia e teologia, passioni tragiche ed avventure di ogni genere rendono il *Camino* qualcosa di unico, lasciando un segno profondo. Oggi questa dimensione si è ulteriormente rafforzata. Il cammino verso Compostella è più attuale che mai perché esso ci fa percepire il bisogno che abbiamo di Dio. L'uomo moderno ha ancora necessità di Dio, non può fare a meno di lui. È questo il grido che papa Benedetto ha levato durante il suo pellegrinaggio nella città dell'Apostolo: «*È una tragedia che in Europa, soprattutto nel XIX secolo, si affermasse e diffondesse la convinzione che Dio è l'antagonista dell'uomo e il nemico della sua liberà... Dio è l'origine del nostro essere e il fondamento e culmine della nostra libertà, non il suo oppositore... Noi uomini non possiamo vivere nelle*

2 AGOSTINO, *Confessiones X,27,38*
3 Lv 26,12s
4 Cfr Is 43,2; Sal 18,30; Sal 66,12; Sal 139, 3.7-8
5 LEONE MAGNO, *Discorso I per il Natale,* 1-3

tenebre, senza vedere la luce del sole. E, allora, com'è possibile che si neghi a Dio, sole delle intelligenze, forza delle volontà e calamita dei nostri cuori, il diritto di proporre questa luce che dissipa ogni tenebra? Perciò, è necessario che Dio torni a risuonare gioiosamente sotto i cieli dell'Europa; che questa parola santa non si pronunci mai invano; che non venga stravolta facendola servire a fini che non le sono propri. Occorre che venga proferita santamente. È necessario che la percepiamo così nella vita di ogni giorno, nel silenzio del lavoro, nell'amore fraterno e nelle difficoltà che gli anni portano con sé»[6]. Ecco perché «*chi compie il pellegrinaggio a Santiago, in fondo, lo fa per incontrarsi soprattutto con Dio, che, riflesso nella maestà di Cristo, lo accoglie e benedice nell'arrivare al Portico della Gloria*»[7].

Nel provare a raccontare questa mia esperienza del *Camino*, all'inizio di queste pagine ho citato le parole del poeta Antonio Machado che il cantautore spagnolo Joan Manuel Serrat ha stupendamente messo in musica[8] «*Viandante, le tue orme sono il cammino, e niente più; viandante, non c'è un cammino, si fa il cammino camminando*»[9]. L'andare avanti è seguire Cristo, oggi e sempre, è «*incollarsi al camminatore di Dio, che si è ficcato Gerusalemme in testa e non smette di salire... È seguire le orme delle due o tre Marie, donne a vele spiegate, correre con Giovanni, correre con Pietro – superare l'uno, raggiungere l'altro – verso una tomba rimasta a bocca aperta, una pietra rotolata. E camminare all'aperto*»[10]. Ecco questo è per me il Cammino di Santiago, un camminare all'aperto, senza paura, con la speranza nel cuore di raggiungere la meta che è solo ed esclusivamente l'abbraccio con Lui «*affinché possa diventare il fratello di Dio e imparare a conoscere il Cristo degli uomini ardenti*»[11]. Questa espressione così ardita, usata da Thomas Merton, monaco dal «*sangue eretico*»,[12] credo che qualifichi il vero discepolo del Signore, capace di scommettere la propria vita con lo stesso ardore del Maestro, fino a dare come Lui tutto se stesso per il Vangelo, fino alla testimonianza suprema del sangue.

In tutti questi anni, nei vari cammini percorsi verso Santiago, non sono mai voluto andare fino a Finisterre (se non una volta con il pullman come un normale turista piuttosto che come pellegrino): il mio cammino non ha avuto mai bisogno di arrivare davanti all'immensità dell'oceano per compiere, come in una sorta di liturgia pagana, quei riti "magici" quali bruciare scarpe e vestiti usati nei giorni della marcia e lì rimanere a contemplare la vastità dell'orizzonte o a immaginare chissà quali energie da interiorizzare. Il mio *Camino* si è sempre e solo compiuto nella casa del *Señor Santiago*, sotto le robuste arcate del *Portico*

6 BENEDETTO XVI, dall' *Omelia nella Praza do Obradoiro*, 6 novembre 2010
7 BENEDETTO XVI, dall' *Omelia nella Praza do Obradoiro*, 6 novembre 2010
8 SERRAT J.M., *Cantares. Dedicado a Antonio Machado, poeta*, Zafiro/Novola 1969
9 MACHADO A., *Proverbi e cantari* XXVIII, in *Poesie*, Newton Compton, Roma 1971, p.341
10 SONNET J-P., *Il canto del viaggio*, Edizioni Qiqajon, Comunità di Bose 2009, p.84-85
11 MERTON T., *La montagna dalle sette balze*, Garzanti, Milano 1979, p. 497
12 Cfr. HIGGINS W.M., *Sangue eretico. La geografia spirituale di T. Merton*, Garzanti, Milano 2001

de la Gloria, simbolo in pietra della Gerusalemme nuova, unica e vera meta del nostro pellegrinaggio terreno.

Lì, ai piedi dell'Apostolo Giacomo, che primo fra gli apostoli ha bevuto al calice del martirio, dinanzi all'immagine gloriosa del Cristo morto e risorto, Signore del tempo e della storia, circondato dai profeti dell'antica alleanza e dagli apostoli della nuova, insieme alla miriade dei redenti espressi dai ventiquattro vegliardi dell'Apocalisse e all'assemblea festosa degli evangelisti, dei santi e dei martiri ha felice compimento non solo un cammino di giorni, di mesi, di anni ma l'intera parabola di ogni persona e della stessa umanità.

Termina il "*Camino*"..., comincia una nuova storia «*sub specie aeternitatis*».

APPENDICE: testi *jacobei* di Giovanni Paolo II e Benedetto XVI

Giovanni Paolo II

Santa Messa del pellegrino: omelia – *Santiago de Compostela, 9 novembre 1982*

Cari Fratelli nell'Episcopato, cari fratelli e sorelle.

1. Sono giunto oggi all'ultima tappa del mio viaggio attraverso le terre di Spagna, proprio nel luogo che gli antichi chiamavano "*Finis terrae*" e che ora è una finestra aperta verso le nuove terre, anch'esse cristiane, al di là dell'Atlantico. Sono già passato per diverse Chiese locali, disseminate nello splendido paesaggio di questo amato Paese. Ho anche visitato alcuni Santuari, ed in questo momento mi trovo presso uno dei luoghi sacri e più celebri della storia, famoso nel mondo intero: la cattedrale Basilica che contiene la tomba di san Giacomo, l'Apostolo che – secondo la tradizione – fu l'evangelizzatore della Spagna. Questa bella città di Compostela è stata durante i secoli la mèta di un cammino tracciato nella terra d'Europa con i passi dei pellegrini che, per non smarrirsi, guardavano le stelle del firmamento.

Anch'io sono pellegrino: pellegrino-messaggero che vuole percorrere il mondo, per compiere il mandato che Cristo diede ai suoi Apostoli allorché li inviò ad evangelizzare tutti gli uomini e tutti i popoli. Pellegrino portato in Spagna da Teresa di Gesù ho ammirato i frutti del lavoro di evangelizzazione compiuto da tante migliaia di discepoli di Cristo in venti secoli di storia cristiana. Pellegrino che ha percorso le benedette terre spagnole, seminando a piene mani la parola del Vangelo, la fede e la speranza. Ora sto con voi, cari fratelli e sorelle, venuti da tutte le diocesi di Galizia e da tante parti di Spagna.

In questa Messa del Pellegrino, il Vescovo di Roma vi saluta tutti con affetto ecclesiale: saluto i vostri Prelati e tutti i partecipanti. Mi allieta il vedervi in così gran numero ed il sapere che durante l'Anno Santo Compostelano, diversi milioni di pellegrini – più che nei precedenti Anni Santi – sono venuti a Santiago in cerca del perdono e dell'incontro con Dio. Stiamo per celebrare l'Eucaristia: culmine e centro della nostra vita cristiana, mèta alla quale ci conduce l'itinerario della penitenza, della conversione, della ricerca incessante del Signore, atteggiamento proprio del cristiano che deve sempre essere in cammino verso di lui.

2. Depositata nel mausoleo della vostra Cattedrale, conservate la memoria di un amico di Gesù, di uno dei discepoli prediletti del Signore, il primo degli Apostoli che col suo sangue diede testimonianza al Vangelo: san Giacomo il Maggiore, il figlio di Zebedeo. I rappresentanti del Sinedrio pretesero di imporre la legge del silenzio a Pietro ed agli Apostoli che "*Con grande forza rendevano testimonianza della risurrezione del Signore Gesù e tutti essi godevano di grande*

stima" (*At* 4, 33); "*Vi avevamo espressamente ordinato di non insegnare più nel nome di costui, ed ecco voi avete riempito Gerusalemme della vostra dottrina e volete far ricadere su di noi il sangue di quell'uomo*" (*At* 5, 28). Però Pietro e gli Apostoli risposero: "*Bisogna obbedire a Dio piuttosto che agli uomini. Il Dio dei nostri padri ha risuscitato Gesù, che voi avete ucciso appendendolo alla croce. Dio lo ha innalzato alla sua destra facendolo Capo e Salvatore, per dare a Israele la grazia della conversione e il perdono dei peccati. E di questi fatti siamo testimoni noi e lo Spirito Santo, che Dio ha dato a coloro che si sottomettono a lui*" (*At* 5, 29-32).

La missione della Chiesa cominciò a realizzarsi precisamente grazie al fatto che gli Apostoli, pieni di Spirito Santo ricevuto nel Cenacolo il giorno di Pentecoste, obbedirono a Dio piuttosto che agli uomini. Quest'obbedienza la pagarono con la sofferenza, col sangue, con la morte. La furia dei capi del Sinedrio di Gerusalemme si infranse contro la decisione fermissima, che portò san Giacomo al martirio quando Erode – come ci dicono gli Atti degli Apostoli – "*cominciò a perseguitare alcuni membri della Chiesa e fece uccidere di spada Giacomo, fratello di Giovanni*" (*At* 12, 1). Egli fu il primo degli Apostoli a soffrire il martirio. È l'Apostolo che da diversi secoli viene venerato in tutta la Spagna, e in tutta Europa e nella Chiesa intera qui, a Compostela.

3. San Giacomo era fratello di Giovanni Evangelista. Essi furono i due discepoli a cui – in uno dei dialoghi più impressionanti che riporta il Vangelo – Gesù fece quella famosa domanda: ""*Potete bere il calice che io sto per bere?". Ed essi risposero: «Possiamo»*" (*Mt* 20, 23). Era la parola della disponibilità, del coraggio; un atteggiamento tipico dei giovani, però non loro esclusivo, ma di tutti i cristiani, ed in particolare di coloro che accettano di essere apostoli del Vangelo. La generosa risposta dei due discepoli fu accettata da Gesù. Egli disse loro: "*Il mio calice lo berrete*" (*Mt* 20, 23). Queste parole si compirono in Giacomo, figlio di Zebedeo, che col suo sangue diede testimonianza della risurrezione di Cristo a Gerusalemme. Gesù aveva fatto la domanda sul calice che avrebbero dovuto bere i due fratelli, quando la loro madre, come abbiamo letto nel Vangelo, si avvicinò al Maestro, per chiedergli un posto di speciale rilievo per entrambi nel Regno. Però Cristo dopo aver costatato la loro disponibilità a bere il calice, disse loro: "*Il mio calice lo berrete; però non sta a me concedere che vi sediate alla mia destra o alla mia sinistra, ma è per coloro per i quali è stato preparato dal Padre mio*" (*Mt* 20, 23).

La disputa per conseguire il primo posto nel futuro Regno di Cristo, che i suoi discepoli immaginavano in modo troppo umano, suscitò l'indignazione degli altri Apostoli. Gesù approfittò allora dell'occasione per spiegare a tutti che la vocazione al suo Regno non è una vocazione al potere ma al servizio, "*appunto come il Figlio dell'uomo, che non è venuto per essere servito, ma per servire e dare la sua vita in riscatto per molti*" (*Mt* 20, 28).

Nella Chiesa, l'evangelizzazione, l'apostolato, il ministero, il sacerdozio, l'episcopato, il papato, sono servizio. Il Concilio Vaticano II, nella cui luce cammina il Popolo di Dio in questi ultimi anni del secolo XX, ci ha spiegato magnificamente, in vari documenti, come si serve, come si lavora e come si soffre per la causa del Vangelo (cf. *Lumen Gentium*, 18.20; *Christus Dominus*, 15). Si tratta di servire l'uomo del nostro tempo come lo servì Cristo, come lo servirono gli Apostoli. Giacomo il Maggiore visse la propria vocazione di servizio nel Regno instaurato dal Signore, offrendo, come il Divino Maestro, "*la vita in riscatto di molti*".

4. Qui, a Compostela, abbiamo la sua testimonianza. Una testimonianza di fede che, lungo i secoli, intere generazioni di pellegrini hanno voluto quasi "toccare" con le proprie mani o "baciare" con le proprie labbra, venendo appositamente alla Cattedrale di Santiago sino dai Paesi europei e dall'Oriente. I Papi, da parte loro, diedero impulso a questi pellegrinaggi, che avevano come mete anche Roma e Gerusalemme. Il senso e lo stile del Pellegrinaggio è profondamente radicato nella visione cristiana della vita e della Chiesa (cf. *Lumen Gentium*, 9). La via per Santiago animò una vigorosa corrente spirituale e culturale di fecondo intercambio fra i popoli d'Europa. Però quanto realmente cercavano i pellegrini, con il loro atteggiamento umile e penitente, era la testimonianza della fede cui mi sono riferito prima: la fede cristiana che sembra palpitare nelle pietre compostelane con le quali è costruita la Basilica del Santo. Questa la fede cristiana e cattolica che costituisce l'identità del popolo spagnolo.

Alla fine della mia visita pastorale in Spagna, qui, vicino al Santuario dell'apostolo san Giacomo, vi invito a riflettere sulla vostra fede, sullo sforzo per collegarvi di nuovo con le origini apostoliche della vostra tradizione cristiana. Infatti, la Chiesa di Cristo, nata da lui, cresce e matura verso Cristo attraverso la fede trasmessa dagli Apostoli e dai loro successori. È a partire da questa fede che occorre affrontare le nuove situazioni, i nuovi problemi ed obiettivi di oggi; vivendo la contemporaneità ecclesiale in atteggiamento di conversione, in servizio all'evangelizzazione, offrendo a tutti il dialogo della salvezza, per consolidarsi sempre più nella verità e nell'amore.

5. La fede è un tesoro che "*noi abbiamo in vasi di creta, perché appaia che la potenza straordinaria viene da Dio e non da noi*" (*2 Cor* 4, 7). La fede della Chiesa ha la sua origine ed il suo fondamento nel messaggio di Gesù che gli Apostoli diffusero per tutto il mondo. Attraverso la fede, che si manifesta come annuncio, testimonianza e dottrina, si trasmette agli uomini senza interruzione storica la rivelazione di Dio in Gesù Cristo. Gli Apostoli, predicando il Vangelo, stabilirono con gli uomini di tutti i popoli un dialogo incessante che sembra risuonare con speciale accento qui, vicino alla "testimonianza" dell'apostolo san Giacomo e del suo martirio. Di questo incessante dialogo ci parla la lettera ai Corinzi nel brano che abbiamo letto oggi durante la proclamazione della Parola.

Dice san Paolo, e sembra che lo dica san Giacomo: "*Portando sempre e dovunque nel nostro corpo la morte di Gesù, perché anche la vita di Gesù si manifesti nel nostro corpo. Sempre infatti, noi che siamo vivi, veniamo esposti alla morte a causa di Gesù, perché anche la vita di Gesù si manifesti nella nostra carne mortale*" (*2 Cor* 4, 10-12). Sembra che i pellegrini rispondano: "*Ho creduto, perciò ho parlato... convinti che colui che ha risuscitato il Signore Gesù, risusciterà anche noi con Gesù e ci porrà accanto a lui insieme con voi... perché la grazia, ancora più abbondante ad opera di un maggior numero, moltiplichi l'inno di lode alla gloria di Dio*" (*2 Cor* 4, 13-15). Così perdura a Compostela la testimonianza apostolica e si realizza il dialogo delle generazioni attraverso il quale cresce la fede, la fede autentica della Chiesa, la fede in Gesù Cristo, Figlio di Dio fatto uomo, morto e risorto per darci la salvezza. Egli, ricco di misericordia, è il Redentore dell'uomo. Una fede che si traduce nello stile di vita secondo il Vangelo, ossia, uno stile di vita che riflette le beatitudini, che si manifesta nell'amore come chiave dell'esistenza umana e che potenzia i valori della persona, per impegnarla nella soluzione dei problemi umani del nostro tempo.

6. È la fede dei pellegrini che venivano e continuano a venire qui da tutta la Spagna e dall'estero. La fede delle generazioni passate che "ieri" vennero a Compostela, e della generazione attuale che continua a venire ancora oggi. Con questa fede si costruisce la Chiesa, una, santa, cattolica ed apostolica. Così, dunque, vicino all'apostolo san Giacomo si costruisce in noi la Chiesa del Dio vivente. Questa Chiesa professa la sua fede in Dio, annuncia Dio, adora Dio. Così lo proclamiamo nel Salmo responsoriale della liturgia che stiamo celebrando: "*Dio abbia pietà di noi e ci benedica, / su di noi faccia splendere il suo volto; / perché si conosca sulla terra la tua via, / fra tutte le genti la tua salvezza. / Ti lodino i popoli, Dio, / ti lodino i popoli tutti*" (Sal 66 [67], 2-4).

Il mio pellegrinaggio attraverso le terre di Spagna, finisce qui, a Santiago di Compostela. Sono passato per la vostra Patria predicando Cristo, crocifisso e risorto, diffondendo il Vangelo, in atteggiamento di "*testimone di speranza*", ed ho incontrato da tutte le parti apertura generosa, corrispondenza entusiasta, affetto sincero, affabile ospitalità, capacità creativa e desideri di rinnovamento cristiano. Per questo, desidero ora proclamare e celebrare con le parole del Salmista la gloria e la lode del Dio vivo, Padre, Figlio e Spirito Santo. Sia per la maggior gloria di Dio – "*ad maiorem Dei gloriam*" – tutto questo servizio del Vescovo di Roma pellegrino. Con tale spirito l'ho incominciato e vi prego di riceverlo così.

In questa città di Compostela, mèta verso la quale hanno peregrinato, durante i secoli, tanti uomini e popoli, desidero, assieme a voi, figli e figlie della Spagna cattolica, invitare tutte le nazioni, d'Europa e del mondo – tutti i popoli e tutti gli uomini della terra – all'adorazione e lode del Dio vivo, Padre, Figlio e Spirito Santo.

"*Ti lodino i popoli, Dio / ti lodino i popoli tutti*" (*Sal* 66 [67], 6). Amen.

Giovanni Paolo II

Atto europeistico a Santiago de Compostela – *Martedì, 9 novembre 1982*

Maestà,
eccellentissimi e illustrissimi Signori, Signore, fratelli.

1. Giunto al termine del mio pellegrinaggio in terra spagnola, ho desiderato sostare in questa splendida Cattedrale, così strettamente vincolata all'apostolo Giacomo e alla fede della Spagna. Permettetemi che prima di tutto ringrazi vivamente Sua Maestà il Re, per le significative parole che mi ha appena rivolto. Questo luogo, così caro alla pietà dei galleghi e di tutti gli spagnoli, è stato nei secoli un punto di attrazione e di convergenza dell'Europa e di tutta la Cristianità. Per questo ho voluto incontrare qui gli illustri rappresentanti di Organismi europei, dei Vescovi e delle Organizzazioni del continente. A tutti rivolgo il mio deferente e cordiale saluto, e con voi desidero riflettere questa sera sull'Europa.

Il mio sguardo interiore si distende in quest'ora, su tutto il Continente europeo, sull'immensa rete delle vie di comunicazione che congiungono tra loro le città e le nazioni che lo compongono; e rivedo i cammini che, fin dal Medio Evo, convogliarono e convogliano a san Giacomo di Compostela – come dimostra l'Anno Santo che si celebra quest'anno – folle innumerevoli di pellegrini, attratti dalla devozione verso l'Apostolo.

Fin dai secoli XI e XII, sotto l'impulso dei monaci di Cluny, i fedeli di ogni parte d'Europa convennero in folle sempre più numerose al sepolcro di san Giacomo, proseguendo, fino al luogo considerato "Finis terrae" di allora, quel celebre "camino de Santiago", che già gli spagnoli percorrevano come pellegrini, trovando lungo la via assistenza e alloggio presso figure esemplari di carità, come san Domenico de la Calzada e san Giovanni Ortega, o in luoghi come il Santuario della Vergine della Strada. Qui convenivano dalla Francia, dall'Italia, dal Centro-Europa, dai Paesi nordici, dalle Nazioni slave, cristiani di tutte le condizioni sociali, dai regnanti ai più umili abitanti di villaggio; cristiani di tutti i livelli spirituali, dai santi, come Francesco d'Assisi e Brigida di Svezia (per non parlare dei santi spagnoli), ai peccatori pubblici in cerca di penitenza.

L'intera Europa si è ritrovata attorno alla "memoria" di Giacomo in quegli stessi secoli nei quali essa si costruiva come continente omogeneo e spiritualmente unito. Per questo lo stesso Goethe affermerà che la coscienza dell'Europa è nata pellegrinando.

2. Il pellegrinaggio a Santiago fu uno degli elementi forti che favorirono la comprensione reciproca di popoli europei tanto diversi, quali erano i latini, i germani, i celti, gli anglosassoni e gli slavi. Il pellegrinaggio avvicinava, di

fatto, metteva in contatto e univa tra loro quelle genti che, di secolo in secolo, raggiunte dalla predicazione dei testimoni di Cristo, abbracciavano il Vangelo e contemporaneamente, si può dire, emergevano come popoli e nazioni. La storia della formazione delle nazioni europee scorre parallela a quella della loro evangelizzazione, fino al punto che le frontiere europee coincidono con quelle della penetrazione del Vangelo. Dopo venti secoli di storia, nonostante i sanguinosi conflitti che hanno contrapposto tra loro i popoli d'Europa, e nonostante le crisi spirituali che hanno segnato la vita del Continente – fino a porre alla coscienza del nostro tempo gravi interrogativi sulle sorti del suo futuro – si deve ancora affermare che l'identità europea è incomprensibile senza il Cristianesimo, e che proprio in esso si ritrovano quelle radici comuni dalle quali è maturata la civiltà del vecchio continente, la sua cultura, il suo dinamismo, la sua operosità, la sua capacità di espansione costruttiva anche negli altri continenti; in una parola, tutto ciò che costituisce la sua gloria.

E ancor oggi, l'anima dell'Europa rimane unita, perché, oltre alle sue origini comuni, vive gli identici valori cristiani e umani, come quelli della dignità della persona umana, del profondo sentimento della giustizia e della libertà, della laboriosità, dello spirito di iniziativa, dell'amore alla famiglia, del rispetto della vita, della tolleranza, del desiderio di cooperazione e di pace, che sono note che la caratterizzano.

3. Volgo il mio sguardo all'Europa come al Continente che ha più contribuito allo sviluppo del mondo, tanto sul piano delle idee quanto su quello del lavoro, delle scienze e delle arti. E mentre benedico il Signore per averlo illuminato con la sua luce evangelica fin dalle origini della predicazione apostolica, non posso tacere lo stato di crisi in cui esso si dibatte, alle soglie del terzo millennio dell'era cristiana.

Parlo a rappresentanti di Organizzazioni nate per la cooperazione europea, e a fratelli nell'Episcopato delle diverse Chiese locali d'Europa. La crisi investe sia la vita civile che quella religiosa. Sul piano civile, l'Europa è divisa. Innaturali fratture privano i suoi popoli del diritto di incontrarsi tutti reciprocamente in un clima di amicizia, e di congiungere liberamente i loro sforzi e le loro genialità in servizio di una convivenza pacifica e di un apporto solidale alla soluzione dei problemi che affliggono altri continenti. La vita civile è anche segnata dalle conseguenze di ideologie secolaristiche, la cui estensione va dalla negazione di Dio o dalla limitazione della libertà religiosa, all'importanza preponderante attribuita al successo economico rispetto ai valori umani del lavoro e della produzione; dal materialismo ed edonismo, che intaccano i valori della famiglia feconda e unita, della vita appena concepita e la tutela morale della gioventù, a un "nichilismo" che disarma le volontà dal fronteggiare problemi cruciali come quelli dei nuovi poveri, degli emigrati, delle minoranze etniche e religiose, del sano uso dei mezzi di comunicazione di massa, mentre attrezza le mani del terrorismo. Anche sul piano religioso l'Europa è divisa. Non tanto né principalmente in ragione delle divisioni avvenute lungo i secoli, quanto per la defezione di battezzati e credenti dalle ragioni profonde della loro fede e dal vigore dottrinale e morale di quella visione cristiana della vita, che garantisce equilibrio alle persone e alle comunità.

4. Per questo, io, Giovanni Paolo, figlio della Nazione polacca, che si è sempre considerata europea, per le sue origini, tradizioni, cultura e rapporti vitali, slava tra i latini e latina tra gli slavi; io, successore di Pietro nella Sede di Roma, Sede che Cristo volle collocare in Europa e che l'Europa ama per il suo sforzo nella diffusione del Cristianesimo in tutto il mondo; io, Vescovo di Roma e Pastore della Chiesa universale, da Santiago, grido con amore a te, antica Europa: "Ritrova te stessa. Sii te stessa". Riscopri le tue origini. Ravviva le tue radici. Torna a vivere dei valori autentici che hanno reso gloriosa la tua storia e benefica la tua presenza negli altri continenti. Ricostruisci la tua unità spirituale, in un clima di pieno rispetto verso le altre religioni e le genuine libertà. Rendi a Cesare ciò che è di Cesare e a Dio ciò che è di Dio. Non inorgoglirti delle tue conquiste fino a dimenticare le loro possibili conseguenze negative; non deprimerti per la perdita quantitativa della tua grandezza nel mondo o per le crisi sociali e culturali che ti percorrono. Tu puoi essere ancora faro di civiltà e stimolo di progresso per il mondo. Gli altri continenti guardano a te e da te si attendono la risposta che san Giacomo diede a Cristo: "Lo posso".

5. Se l'Europa sarà una, e può esserlo con il dovuto rispetto per tutte le sue differenze, ivi comprese quelle dei diversi sistemi politici; se l'Europa tornerà a pensare, nella vita sociale, con il vigore che possiedono alcune affermazioni di principio come quelle contenute nella Dichiarazione Universale dei Diritti dell'Uomo, nella Dichiarazione Europea dei Diritti dell'Uomo, nell'"Atto" finale della Conferenza per la Sicurezza e la Cooperazione in Europa; se l'Europa tornerà ad agire, nella vita più propriamente religiosa, con il dovuto riconoscimento e rispetto di Dio, nel quale si fonda ogni diritto e ogni giustizia; se l'Europa aprirà di nuovo le porte a Cristo e non avrà paura di aprire alla sua salvatrice potestà i confini degli Stati, i sistemi economici come quelli politici, i vasti campi della cultura, della civiltà, dello sviluppo (cf. *Insegnamenti di Giovanni Paolo II*, I [1978), 35 ss), il suo futuro non rimarrà dominato dall'incertezza e dal timore, ma si aprirà ad una nuova stagione di vita, sia interna che esteriore, benefica e determinante per il mondo intero, sempre minacciato dalle nubi della guerra e dal possibile uragano dell'olocausto atomico.

6. Ora mi vengono in mente i nomi di grandi personalità: uomini e donne che hanno dato splendore e gloria a questo Continente per il loro genio, capa-

cità e virtù. La schiera è talmente numerosa, tra i pensatori, gli scienziati, gli artisti, gli esploratori, gli inventori, i reggitori di popoli, gli apostoli e santi che non permette esemplificazioni. Essi costituiscono un patrimonio stimolante di esempio e di fiducia. L'Europa ha ancora riserve di energie umane incomparabili, capaci di sostenerla in questo storico lavoro di rinascita continentale e di servizio all'umanità.

Mi è caro ricordare ora, con semplicità, la forza d'animo di Teresa di Gesù, la cui memoria ho inteso particolarmente onorare in questo viaggio, e la generosità di Massimiliano Kolbe, martire della carità nel campo di concentramento di Auschwitz, che ho recentemente proclamato santo. Però meritano un ricordo particolare i santi Benedetto da Norcia e Cirillo e Metodio, Patroni d'Europa. Sin dai primi giorni del mio pontificato, non ho mai cessato di sottolineare la mia sollecitudine per la vita dell'Europa, e di indicare quali sono gli insegnamenti che provengono dallo spirito e dall'azione del "patriarca dell'Occidente" e dei "due fratelli greci", apostoli dei popoli slavi. Benedetto seppe unire la romanità con il Vangelo, il senso della universalità e del diritto con il valore di Dio e della persona umana. Con il suo famoso motto "ora et labora" – prega e lavora -, ci ha lasciato una regola valida ancor oggi per l'equilibrio della persona e della società, minacciate dal prevalere dell'"avere" sull'"essere".

I Santi Cirillo e Metodio seppero anticipare alcune conquiste, che sono state pienamente assunte dalla Chiesa nel Concilio Vaticano II, circa l'inculturazione del messaggio evangelico nelle rispettive civiltà, assumendone la lingua, i costumi e lo spirito della stirpe in tutta la pienezza del proprio valore. E questo lo realizzarono nel secolo IX, con l'approvazione e l'appoggio della Sede Apostolica, iniziando così quella presenza del Cristianesimo tra i popoli slavi, che rimane ancora oggi insopprimibile, al di là delle attuali vicende contingenti. Ai tre Patroni d'Europa ho dedicato pellegrinaggi, discorsi, documenti pontifici e culto pubblico, implorando sul Continente la loro protezione, e additando allo stesso tempo il loro pensiero e il loro esempio alle nuove generazioni.

La Chiesa è inoltre cosciente della parte che le compete nel rinnovamento spirituale e umano dell'Europa. Senza rivendicare posizioni che occupò nel passato e che nell'epoca attuale sono totalmente superate, la Chiesa stessa si pone in servizio, come Santa Sede e come Comunità cattolica, per contribuire al conseguimento di quei fini che procurino un autentico benessere materiale, culturale e spirituale alle nazioni. Per questo, anche a livello diplomatico, essa è presente per mezzo dei suoi Osservatori nei diversi Organismi comunitari non politici; per la medesima ragione mantiene relazioni diplomatiche, il più possibile estese, con gli Stati; per lo stesso motivo, ha partecipato, in qualità di membro, alla Conferenza di Helsinki e alla firma del suo importante "Atto" finale, così come alle riunioni di Belgrado e di Madrid; quest'ultima, radunata oggi, e per la quale formulo i migliori voti, in un momento non facile per l'Europa. Ma è anzitutto la vita ecclesiale ad essere chiamata in causa, al fine di continuare la sua testimonianza di servizio e di amore, per contribuire al superamento delle attuali crisi del Continente, come ho avuto occasione di ripetere recentemente al Simposio del Consiglio delle Conferenze Episcopali Europee (cf. Giovanni Paolo II, *Allocutio ad Consilium Conferentiarum Episcopalium Europae habita*, die 5 oct. 1982: vide *supra*, pp. 689 ss)

7. L'aiuto di Dio è con noi. La preghiera di tutti i credenti ci accompagna. La buona volontà di molte persone sconosciute, artefici di pace e di progresso, è presente in mezzo a noi, come garanzia che questo Messaggio diretto ai Popoli d'Europa vada a cadere su un terreno fertile. Gesù Cristo, Signore della storia, tiene aperto il futuro alle decisioni generose e libere di tutti coloro che, accogliendo la grazia delle buone ispirazioni, si impegnano a un'azione decisa per la giustizia e la carità, nel segno del pieno rispetto della verità e della libertà.

Affido questi pensieri alla santissima Vergine, perché li benedica e li renda fecondi; e ricordando il culto che si rende alla Madre di Dio nei numerosi Santuari d'Europa, da Fatima a Ostra Brama, da Loreto a Czestochowa, la supplico di accogliere le preghiere di tanti cuori: perché il bene continui ad essere una gioiosa realtà in Europa e Cristo tenga sempre unito a Dio il nostro Continente.

Giovanni Paolo II

Discorso durante il «Rito del pellegrino» dinanzi al "*Portico de la Gloria*" della Cattedrale compostellana – *Sabato, 19 agosto 1989*

Cari confratelli nell'Episcopato,
fratelli e sorelle in Cristo.

1. "*Quale gioia, quando mi dissero: Andremo alla casa del Signore. / E ora i nostri piedi si fermano alle tue porte, Gerusalemme!*" (Sal 122, 1-2). Come un pellegrino tra gli altri desidero ringraziare il Signore, da cui proviene ogni bene, perché mi trovo a Santiago de Compostela. Dinanzi a questo maestoso "*Portico della Gloria*", che ammiro per la seconda volta, mi sento veramente scuotere da quell'emozione accesa nei cuori di migliaia e migliaia di pellegrini di Santiago che nel corso dei secoli hanno posato lo sguardo su questo singolare e originale monumento di pietra, immagine evocatrice della vera Gerusalemme celeste.

Prima di varcare la soglia della casa e del tempio di san Giacomo, per venerare il suo sepolcro ed abbracciare la sua statua, desidero salutare i presenti, giunti anch'essi in pellegrinaggio al sepolcro dell'Apostolo. Innanzitutto desidero porgere il mio fraterno saluto al Pastore di questa arcidiocesi, monsignor Antonio Maria Rouco Varela, che ringrazio per le cordiali parole che ha voluto rivolgermi. Saluto inoltre il suo Vescovo ausiliare, monsignor Ricardo Blazquez Perez, i signori Cardinali e gli altri Vescovi presenti, giunti da altre diocesi della Spagna e del mondo, accompagnati da tanti pellegrini. Insieme a loro saluto anche i numerosi sacerdoti, religiosi e religiose. Porgo inoltre il mio cordiale saluto ai seminaristi ed ai giovani che, in rappresentanza di tutti gli altri e con il mantello da pellegrino sulle spalle, mi hanno accompagnato fino alla cattedrale.

In modo particolare rinnovo il mio affettuoso saluto alle loro maestà i sovrani di Spagna, che hanno voluto partecipare a questa liturgia. Attraverso di loro mi sia concesso rivolgere ancora una volta il mio affettuoso saluto all'amato popolo spagnolo. Dio ha voluto che, come Vescovo di Roma, successore di san Pietro, nato nella Galizia orientale, giungessi ancora una volta, come pellegrino, e mi incontrassi in questo luogo santo, nella Giustizia occidentale del Finisterre ispanico, con giovani pellegrini di tutto il mondo a lode di Gesù Cristo via, verità e vita.

2. "*Gerusalemme è costruita / come città salda e compatta. / Là salgono insieme le tribù, / le tribù del Signore, / secondo la legge di Israele, / per lodare il nome del Signore*" (Sal 122, 3-4).

Questo pellegrinaggio assume un significato eccezionale, poiché è la mè ta di tutti coloro che partecipano alla quarta Giornata Mondiale della Gioventù. Compostela, focolare spazioso e dalle porte aperte, dove è stato distribuito per secoli e secoli, senza alcuna discriminazione, il pane della "perdonanza" e della grazia, vuole trasformarsi, a partire da questo momento, in luce splendente di vita cristiana, in riserva di energia apostolica per nuovi cammini di evangelizzazione, sulla spinta della fede dei giovani, di una fede sempre giovane. Sono una moltitudine quanti si sono uniti al mio pellegrinaggio – ne sono presenti in spirito anche molti altri -, perché si sentono tutti chiamati dalla parola di Cristo: "*Io sono la Via, la Verità e la Vita*" (Gv 14, 6). Questi stessi pellegrini trasmettono al mondo contemporaneo il seme della speranza di una nuova generazione di discepoli di Cristo, intimamente fiduciosi e generosamente impegnati, così come l'apostolo san Giacomo nell'avventura di diffondere e radicare la buona Novella fra gli uomini. Questa evangelizzazione si presenta come prerogativa dei giovani di cuore generoso e creativo, aperti alla costruzione di un mondo senza frontiere, in cui prevalga una civiltà dell'amore, i cui protagonisti devono essere tutti i figli di Dio sparsi per il mondo.

3. "*Domandate pace per Gerusalemme: / sia pace a coloro che ti amano, / sia pace sulle tue mura*" (Sal 122, 6-7). Oggi, qui, dinanzi al "*Portico della Gloria*", questo pellegrinaggio della quarta Giornata Mondiale della Gioventù si presenta come un segno chiaro ed eloquente per il mondo. Le nostre voci proclamano unanimemente la nostra fede e la nostra speranza. Desideriamo accendere un fuoco di amore e di verità che attiri l'attenzione del mondo, come in passato le luci misteriose viste in questo luogo. Desideriamo scuotere il torpore del nostro mondo, con il grido convinto di migliaia e migliaia di giovani pellegrini che annunciano Cristo redentore di tutti gli uomini, centro della storia, speranza delle genti e salvatore dei popoli. Con loro e con tutti i presenti dinanzi a questo "*Portico*", rivive davanti ai nostri occhi l'incontro di una moltitudine di pellegrini davanti alle porte del tempio di san Giacomo descritto dal Codex Callistinus: "*Quivi giungono innumerevoli genti da tutte le nazioni... Non vi è lingua né dialetto le cui voci non vi risuonino... Le porte della Basilica non si chiudono mai, né di giorno né di notte... Tutto il mondo vi giunge esclamando: «E-ultr-eia (Avanti, orsù!) E-sus-eia (In alto, orsù!)»*". Sì. Per un momento Santiago de Compostela è oggi la tenda dell'incontro, la mè ta del pellegrinaggio, il segno eloquente della Chiesa pellegrina e missionaria, penitente e in cammino, orante ed evangelizzatrice che va per i sentieri della storia "*fra le persecuzioni del mondo e le consolazioni di Dio, annunziando la passione e la morte del Signore fino a che egli venga*" (cf. *Lumen Gentium*, 8).

4. "*Per i miei fratelli e i miei amici / io dirò: su di te sia pace! / Per la casa del Signore nostro Dio, / chiederò per te il bene*" (Sal 122, 8-9). Sono venuto innanzitutto per proclamare e confermare in tutti voi che la Chiesa è Popolo di Dio in cammino. È dunque non senza ragione che i primi cristiani che seguirono Cristo furono chiamati gli uomini del cammino (cf. Eb 9, 2). La Chiesa, lungo il suo percorso sui sentieri della storia, non cessa di affermare costantemente la presen-

za di Gesù di Nazaret, poiché sul cammino di ogni cristiano è presente il misterioso Pellegrino di Emmaus, che continua ad accompagnare i suoi illuminandoli con la sua Parola chiarificatrice ed alimentandoli con il suo Corpo e Sangue, pane di vita eterna. Per questo, non deve sembrare strano che "*la strada di Santiago*" sia stata considerata talvolta paradigma del pellegrinaggio della Chiesa nel suo cammino verso la città celeste; cammino di preghiera e penitenza, di carità e solidarietà; tratto della vita in cui la fede, facendosi storia negli uomini, rende a sua volta cristiana la cultura. Le chiese e le abbazie, gli ospedali e gli asili della strada di Santiago parlano ancora di quell'avventura cristiana del pellegrinaggio, in cui la fede si faceva vita, storia, cultura, carità, opere di misericordia.

Ormai alle soglie dell'anno duemila la Chiesa desidera continuare ad essere compagna di viaggio per l'umanità; anche per la nostra umanità, a volte dolente e abbandonata a causa di tante infedeltà e sempre bisognosa di essere guidata verso la salvezza attraverso la densa nebbia che le incombe dinanzi quando si affievolisce la coscienza della comune vocazione cristiana, persino fra gli stessi fedeli. Lasciandosi condurre dallo Spirito, i cristiani semineranno ovunque i valori di pace e di verità che scaturiscono dal Vangelo, capace di dare un significato nuovo, una linfa nutritiva al mondo e alla società attuale. È quindi necessario che il ricordo di uno straordinario passato cristiano sproni tutti i figli della Chiesa e, aggiungerei, in particolare i figli e le figlie della nobile Spagna, ad impegnarsi in un'opera appassionante: far fiorire un nuovo umanesimo cristiano, che dia pieno significato alla vita in un momento in cui vi è tanta sete e fame di Dio.

5. "*Riconoscete che il Signore è Dio... / Varcate le sue porte con inni di grazie, / i suoi atri con canti di lode, / lodatelo, benedite il suo nome*" (Sal 100, 3-4). Ecco la ragione prima che mi ha spinto a giungere fino alla tomba dell'Apostolo: annunciare da qui che Cristo è e continuerà ad essere la via, la verità e la vita. In queste parole così evocatrici troviamo la radice della Rivelazione totale di Cristo all'uomo, ad ogni uomo, che deve accoglierlo come via, se non vuole perdersi, accettarlo come verità, se non vuole cadere nell'errore, ed aprirsi all'effusione della vita – la vita eterna – che scaturisce da lui, se non vuole farsi catturare da ideologie e culture di morte e di distruzione. Oggi come ieri, abbiamo bisogno di scoprire personalmente, come il nostro Apostolo, che Cristo è il Signore, per trasformarci in servitori ed apostoli, in testimoni ed evangelizzatori e costruire così una civiltà più giusta, una società umana più vivibile. Questo è il retaggio che san Giacomo ha lasciato non solo alla Spagna e all'Europa, ma a tutti i popoli del mondo. E questo è anche il messaggio che il Papa, successore di Pietro, desidera affidare a voi perché la buona Novella della salvezza non si trasformi in sterile silenzio, ma trovi un'eco favorevole e produca abbondanti frutti di vita eterna.

Nel "*Portico*" di questa cattedrale, che con grande efficacia chiamate "*Portico della gloria*" per la sua bellezza architettonica e il suo profondo significato spirituale, possiamo ammirare l'immagine della beata Vergine Maria, in un espressivo gesto di accettazione della volontà divina. Possa ella, pellegrina della fede e Vergine del cammino, aiutare tutti noi a pronunciare con fermezza e sottomissione il "*sì*" definitivo al progetto divino, affinché possa essere nella Chiesa e nel mondo la vera forza rinnovatrice della grazia e tutti gli uomini possano tornare a camminare come fratelli sulla via che conduce alla dimora eterna.

Vi chiedo, dal profondo della mia anima, di non trascurare ciò che vi appartiene: il retaggio storico di san Giacomo, e che rendendo grazie a Dio per il passato, non cessiate di guardare al futuro di modo che, mantenendovi fedeli alla vostra fede cattolica, professata sempre in comunione con il successore di Pietro, possiate presentare sempre al mondo, con giovanile freschezza, l'eterno messaggio evangelico dell'Apostolo. "*Poiché buono è il Signore, / eterna la sua misericordia, / la sua fedeltà per ogni generazione*" (Sal 100, 5). Intercedano san Giacomo e nostra Signora per voi dinanzi al trono dell'Altissimo!

E così sia!

Benedetto XVI

Santa Messa in occasione dell'Anno Santo Compostellano *Omelia – Plaza del Obradoiro – Sabato, 6 novembre 2010*

Amatissimi fratelli in Gesù Cristo.

Rendo grazie a Dio per il dono di poter essere qui, in questa splendida piazza ricolma di arte, cultura e significato spirituale. In questo Anno Santo, giungo come pellegrino tra i pellegrini, accompagnando tanti che vengono fin qui assetati della fede in Cristo risorto. Fede annunciata e trasmessa fedelmente dagli Apostoli, come san Giacomo il Maggiore, che si venera a Compostela da tempo immemorabile.

Sono grato per le gentili parole di benvenuto di Monsignor Julián Barrio, Arcivescovo di questa Chiesa particolare, e per la cortese presenza delle Loro Altezze Reali i Principi delle Asturie, dei Signori Cardinali, così come dei numerosi Fratelli nell'Episcopato e nel Sacerdozio. Il mio saluto cordiale giunga anche ai Parlamentari Europei, membri dell'intergruppo "*Camino de Santiago*", come pure alle Autorità Nazionali, Regionali e Locali che hanno voluto essere presenti a questa celebrazione. Tutto ciò è segno di deferenza verso il Successore di Pietro e anche del profondo sentimento che san Giacomo di Compostela risveglia in Galizia e negli altri luoghi della Spagna, la quale riconosce l'Apostolo come suo Patrono e protettore. Un caloroso saluto anche alle persone consacrate, seminaristi e fedeli che partecipano a questa Eucaristia e, con un'emozione particolare, ai pellegrini, costruttori del genuino spirito giacobeo, senza il quale si capirebbe poco o nulla di quello che qui si svolge.

Una frase della prima lettura afferma con ammirevole semplicità: "*Con grande forza gli apostoli davano testimonianza della risurrezione del Signore Gesù*" (*At* 4,33). In effetti, al punto di partenza di tutto ciò che il cristianesimo è stato e continua ad essere non si trova un'iniziativa o un progetto umano, ma Dio, che dichiara Gesù giusto e santo di fronte alla sentenza del tribunale umano che lo condannò come blasfemo e sovversivo; Dio, che ha strappato Gesù Cristo dalla morte; Dio, che farà giustizia a tutti quelli che sono ingiustamente gli umiliati della storia. "*Di questi fatti siamo testimoni noi e lo Spirito Santo, che Dio ha dato a quelli che gli obbediscono*" (*At* 5,32), dicono gli apostoli. Così infatti essi diedero testimonianza della vita, morte e resurrezione di Cristo Gesù, che conobbero mentre predicava e compiva miracoli. A noi, cari fratelli, spetta oggi seguire l'esempio degli apostoli, conoscendo il Signore ogni giorno di più e dando una testimonianza chiara e valida del suo Vangelo. Non vi è maggior tesoro che possiamo offrire ai nostri contemporanei. Così imiteremo anche san Paolo che, in mezzo a tante tribolazioni, naufragi e solitudini, proclamava esultante: "*Noi [...]*

abbiamo questo tesoro in vasi di creta, affinché appaia che questa straordinaria potenza appartiene a Dio, e non viene da noi" (*2Cor* 4,7).

Insieme a queste parole dell'Apostolo dei gentili, vi sono le parole stesse del Vangelo che abbiamo appena ascoltato, e che invitano a vivere secondo l'umiltà di Cristo, il quale, seguendo in tutto la volontà del Padre, è venuto per servire, "*e dare la propria vita in riscatto per molti*" (*Mt* 20, 28). Per i discepoli che vogliono seguire e imitare Cristo, servire il fratello non è più una mera opzione, ma parte essenziale del proprio essere. Un servizio che non si misura in base ai criteri mondani dell'immediato, del materiale e dell'apparente, ma perché rende presente l'amore di Dio per tutti gli uomini e in tutte le loro dimensioni, e dà testimonianza di Lui, anche con i gesti più semplici. Nel proporre questo nuovo modo di relazionarsi nella comunità, basato sulla logica dell'amore e del servizio, Gesù si rivolge anche ai "capi dei popoli", perché dove non vi è impegno per gli altri sorgono forme di prepotenza e sfruttamento che non lasciano spazio a un'autentica promozione umana integrale. E vorrei che questo messaggio giungesse soprattutto ai giovani: proprio a voi, questo contenuto essenziale del Vangelo indica la via perché, rinunciando a un modo di pensare egoistico, di breve portata, come tante volte vi si propone, e assumendo quello di Gesù, possiate realizzarvi pienamente ed essere seme di speranza.

Questo è ciò che ci ricorda anche la celebrazione di questo Anno Santo Compostelano. E questo è quello che nel segreto del cuore, sapendolo esplicitamente o sentendolo senza saperlo esprimere a parole, vivono tanti pellegrini che camminano fino a Santiago di Compostela per abbracciare l'Apostolo. La stanchezza dell'andare, la varietà dei paesaggi, l'incontro con persone di altra nazionalità, li aprono a ciò che di più profondo e comune ci unisce agli uomini: esseri in ricerca, esseri che hanno bisogno di verità e di bellezza, di un'esperienza di grazia, di carità e di pace, di perdono e di redenzione. E nel più nascosto di tutti questi uomini risuona la presenza di Dio e l'azione dello Spirito Santo. Sì, ogni uomo che fa silenzio dentro di sé e prende le distanze dalle brame, desideri e faccende immediati, l'uomo che prega, Dio lo illumina affinché lo incontri e riconosca Cristo. Chi compie il pellegrinaggio a Santiago, in fondo, lo fa per incontrarsi soprattutto con Dio, che, riflesso nella maestà di Cristo, lo accoglie e benedice nell'arrivare al Portico della Gloria.

Da qui, come messaggero del Vangelo che Pietro e Giacomo firmarono con il proprio sangue, desidero volgere lo sguardo all'Europa che andò in pellegrinaggio a Compostela. Quali sono le sue grandi necessità, timori e speranze? Qual è il contributo specifico e fondamentale della Chiesa a questa Europa, che ha percorso nell'ultimo mezzo secolo un cammino verso nuove configurazioni e progetti? Il suo apporto è centrato in una realtà così semplice e decisiva come questa: che

Dio esiste e che è Lui che ci ha dato la vita. Solo Lui è assoluto, amore fedele e immutabile, meta infinita che traspare dietro tutti i beni, verità e bellezze meravigliose di questo mondo; meravigliose ma insufficienti per il cuore dell'uomo. Lo comprese bene santa Teresa di Gesù quando scrisse: "*Solo Dio basta*". È una tragedia che in Europa, soprattutto nel XIX secolo, si affermasse e diffondesse la convinzione che Dio è l'antagonista dell'uomo e il nemico della sua liberà. Con questo si voleva mettere in ombra la vera fede biblica in Dio, che mandò nel mondo suo Figlio Gesù Cristo perché nessuno muoia, ma tutti abbiano la vita eterna (cfr *Gv* 3,16).

L'autore sacro afferma perentorio davanti a un paganesimo per il quale Dio è invidioso dell'uomo o lo disprezza: come Dio avrebbe creato tutte le cose se non le avesse amate, Lui che nella sua infinita pienezza non ha bisogno di nulla? (cfr *Sap* 11,24-26). Come si sarebbe rivelato agli uomini se non avesse voluto proteggerli? Dio è l'origine del nostro essere e il fondamento e culmine della nostra libertà, non il suo oppositore. Come l'uomo mortale si può fondare su se stesso e come l'uomo peccatore si può riconciliare con se stesso? Come è possibile che si sia fatto pubblico silenzio sulla realtà prima ed essenziale della vita umana? Come ciò che è più determinante in essa può essere rinchiuso nella mera intimità o relegato nella penombra? Noi uomini non possiamo vivere nelle tenebre, senza vedere la luce del sole. E, allora, com'è possibile che si neghi a Dio, sole delle intelligenze, forza delle volontà e calamita dei nostri cuori, il diritto di proporre questa luce che dissipa ogni tenebra? Perciò, è necessario che Dio torni a risuonare gioiosamente sotto i cieli dell'Europa; che questa parola santa non si pronunci mai invano; che non venga stravolta facendola servire a fini che non le sono propri. Occorre che venga proferita santamente. È necessario che la percepiamo così nella vita di ogni giorno, nel silenzio del lavoro, nell'amore fraterno e nelle difficoltà che gli anni portano con sé.

L'Europa deve aprirsi a Dio, uscire all'incontro con Lui senza paura, lavorare con la sua grazia per quella dignità dell'uomo che avevano scoperto le migliori tradizioni: oltre a quella biblica, fondamentale a tale riguardo, quelle dell'epoca classica, medievale e moderna, dalle quali nacquero le grandi creazioni filosofiche e letterarie, culturali e sociali dell'Europa. Questo Dio e questo uomo sono quelli che si sono manifestati concretamente e storicamente in Cristo. Cristo che possiamo trovare nei cammini che conducono a Compostela, dato che in essi vi è una croce che accoglie e orienta ai crocicchi. Questa croce, segno supremo dell'amore portato fino all'estremo, e perciò dono e perdono allo stesso tempo, dev'essere la nostra stella polare nella notte del tempo. Croce e amore, croce e luce sono stati sinonimi nella nostra storia, perché Cristo si lasciò inchiodare in essa per darci la suprema testimonianza del suo amore, per invitarci al perdono e alla riconciliazione, per insegnarci a vincere il male con il bene. Non smettete di imparare le lezioni di questo Cristo dei crocicchi dei cammini e della vita, in lui ci viene incontro Dio come amico, padre e guida. O Croce benedetta, brilla sempre nelle terre dell'Europa! Lasciate che proclami da qui la gloria dell'uomo, che avverta delle minacce alla sua dignità per la privazione dei suoi valori e ricchezze originari, l'emarginazione o la morte inflitte ai più deboli e poveri. Non si può dar culto a Dio senza proteggere l'uomo suo figlio e non si serve l'uomo senza chiedersi chi è suo Padre e rispondere alla domanda su di lui. L'Europa della scienza e delle tecnologie, l'Europa della civilizzazione e della cultura, deve essere allo stesso tempo l'Europa aperta alla trascendenza e alla fraternità con altri continenti, al Dio vivo e vero a partire dall'uomo vivo e vero. Questo è ciò che la Chiesa desidera apportare all'Europa: avere cura di Dio e avere cura dell'uomo, a partire dalla comprensione che di entrambi ci viene offerta in Gesù Cristo.

Cari amici, eleviamo uno sguardo di speranza a tutto ciò che Dio ci ha promesso e ci offre. Che Egli ci doni la sua forza, rinvigorisca quest'Arcidiocesi compostelana, vivifichi la fede dei suoi figli e li aiuti a mantenersi fedeli alla loro vocazione di seminare e dare vigore al Vangelo, anche in altre terre. Che san Giacomo, l'amico del Signore, ottenga abbondanti benedizioni per la Galizia, per le altre genti della Spagna, dell'Europa e di tanti altri luoghi al di là dei mari, dove l'Apostolo è segno di identità cristiana e promotore dell'annuncio di Cristo. Amen!

BIBLIOGRAFIA

Storia – cultura – letteratura

ASENSI M., *Iacobus*, Editore Sonzogno, Venezia 2005

BARRET P.-GURGAND J., *Alla conquista di Compostella*, PIEMME, Casale Monferrato 2000

BATTISTI TORINDO G., *Il Cammino delle stelle*, Deui Publishing, Rieti 2002

BRUCKNER M., *7 passi sul cammino di Santiago*, editrice Mediaevo, Crema 2001

CARDINI F.- OURSEL R (a cura di), *Compostella. Guida del pellegrino di San Giacomo / Storia di Carlo Magno e di Orlando*, Edizioni San Paolo, Milano 1989

CASTINEIRAS M.A., *El pórtico de la Gloria*, San Pablo, Madrid 1999

CAUCCI von SAUCKEN P., *Guida del pellegrino di Santiago. Libro quinto del Codex Calixtinus*, Jaca Book, Milano 1983

CAUCCI von SAUCKEN (a cura di), *Santiago. L'Europa del Pellegrinaggio*, Jaca Book, Milano 1993

CAUCCI von SAUCKEN P., *Santiago e i cammini della Memoria*, Edizioni Compostellane, Pomigliano d'Arco 2007

CENTRO ITALIANO DI STUDI COMPOSTELANI, *Il Codice Callistino. Prima edizione italiana integrale*, CISC-Edizioni Compostellane, Perugia-Pomigliano d'Arco 2008

CHARPENTIER L., *Il mistero di Compostella. Una via iniziatica che attraversa i millenni*, L'Età dell'Acquario Edizioni, Firenze 2006

CHERUBINI G., *Santiago de Compostella. Il pellegrinaggio medievale*, Protagon Editori Toscani, Firenze 2000

COELHO P., *Il Cammino di Santiago*, Bompiani Editore, Milano 2001

COSTOYA G.C., *El misterio del apostol Santiago. Mito y realidad del enigma jacobeo*, Plaza Janés, Barcelona 2004

COSTOYAS R.S., *El pórtico de la Gloria. Autor e interpretacion*, Ed. Fallas Novas, Santiago 1999

FAZIOLI E., *I Luoghi magici di... Santiago di Compostela*, ed. Hermatena, Riola (BO) 2003

FERNANDEZ CONDE F.J., *Priscilliano y el priscilianismo. Historiografia y realidad*, Ediciones Trea, Gijon 2007

FERRAROTTI F., *Partire, tornare. Viaggiatori e pellegrini alla fine del millennio*, Donzelli Editore, Pomezia 1999

GUERRA CAMPOS J., *La Bula "Deus omnipotens" (1884)*, Edicion del Cabildo de la S.A.M.I. Catedral de Santiago de Compostela, 1985

HAUFF M., *Il cammino di Santiago*, Edizioni Arkeios, Roma 2004

HERRONIERE de la H., *La ballata dei pellegrini*, Sellerio Editore, Palermo 2004

INDEMINI P., *Il cammino di Santiago de Compostela. Un viaggio alla scoperta di sé*, L'Età dell'Acquario Edizioni, Firenze 2006

LOSADA B., *La pellegrina*, La Nuova Frontiera, Roma 2004

MACLAINE Sh., *Il Cammino*, Sperling & Kupfer Editori, Milano 2000

MARTINEAUD S., *Il libro d'oro di Compostella*, Edizioni Messaggero, Padova 2005

MARTINEZ GARCIA L., *Il cammino di Santiago. Una visione storica da Burgos alla meta*, Edizioni Messaggero, Padova 2009

MULLINS E., *Il pellegrinaggio a Santiago de Compostela*, Bruno Mondadori Editore, Milano 2004

NOOTEBOOM C., *Verso Santiago. Itinerari spagnoli*, Feltrinelli traveller, Milano 2001

PERICARD MEA D., *Compostela e il culto di S. Giacomo nel Medioevo*, Il Mulino, Bologna 2004

PUGLIESE C., *La Via lattea. Il pellegrinaggio a Santiago de Compostela*, Edizioni Berti, Milano 2005

OURSEL R., *La via lattea. I luoghi, la vita, la fede dei pellegrini di Compostella*, Jaca Book, Milano 1985

OURSEL R., *Pellegrini del Medioevo. Gli uomini, le strade, i santuari*, Jaca Book, Milano 1997

OURSEL R., *Vie di pellegrinaggio e santuari*, Jaca Book, Milano 1998

SANCHEZ DRAGO F., *Historia magica del Camino de Santiago*, Editorial Planeta, Barcelona 2004

SINGUL F., *Il cammino di Santiago. Cultura e pensiero*, Carocci editore, Roma 2007

STOPANI R., *Le vie di pellegrinaggio del Medioevo*, Editrice Le Lettere, Firenze 1998

Guide e diari

AGA-ROSSI L., *Il mio Cammino di Santiago*, Effatà Editrice, Cantalupa (To) 2005

ANNUNZIATO P., *30 giorni. Emozioni di un Cammino di Santiago*, Edizioni Paestum 2009

ARDITO F., *Peregrinos – 33 giorni a piedi lungo il Camino de Santiago,* Touring Club Italiano, Milano 2005

ARTUSO N., *Il passo perfetto. Diario dal bordo*, Orson media Editions, Padova 2003

ASOLAN P., *A Santiago – Diario di un prete sul cammino*, Editore Marietti, Milano 2006

CALLEGARI L.- LEPORE T., *A Santiago lungo il cammino del Nord*, Terre di Mezzo editore, Milano 2009

CENTINI M., *Il Cammino di Santiago*, Xenia, Milano 2009

CORRADINI F., *Buscando luz. Un artista sul cammino di Santiago di Compostella*, Editore Berti, Piacenza 2007

CROCETTA C., *Il cammino di un clown pellegrino. Verso Santiago di Compostella e oltre*, Edizioni del Noce, Padova 2005

LOZANO BRAVO M., *Guía practica del peregrino. Camino de Santiago*, Editoriale Everest, León, 2002

BOCCONI LAMBERTI A., *Sola sul Cammino*, Xenia Editore, Milano 1999

CARDONI M., *Sulla strada di Santiago*, Edizioni San Paolo, Roma 2004

CURATOLO A., *Guida al cammino di Santiago de Compostela*, Editrice Berti, Milano 2000

DE BERNARDI C., *Contare i passi. Dai Pirenei all'oceano sul Cammino di Santiago*, Editore Mursia, Milano 2010

FRANZA T., *La lunga marcia. Viaggio sentimentale a Santiago de Compostella*, A&B editore, Roma 2008

GIOVANZANA M., *Il Cammino di Santiago de Compostela*, Editrice Berti, Piacenza 1999

GOZZO R., *Pellegrino dove vai? Io e la mia bicicletta a Santiago*, EDB, Bologna 2003

HARRISON K., *Il cammino di Santiago,* Feltrinelli Editore, Milano 2006

HOINACKI L., *Il Cammino a piedi verso Santiago de Compostela*, Neri Pozza ed., Vicenza 1996

KERKELING H., *Vado a fare due passi. La mia avventura sul Cammino di Santiago de Compostela*, Corbaccio, Milano 2008

LATINI R., *A Santiago, lungo la via della Plata e il Cammino sanabrese*, Terre di Mezzo editore, Milano 2010

LENZI C., *Le stelle nello zaino*, Edizioni Tipoarte, Bologna 2004

LEPORE F.R., *Andando a Santiago di Compostela*, Edizioni Idealibri, Rimini 2000

LOMBARDI G., *Oltre Santiago: i vestiti bruciati*, Edizioni Dehoniane, Bologna 2008

MARANI D., *A Santiago per la via della Plata*, Terre di Mezzo editore, Milano 2005

MORETTI A., *Cammino maledetto*, Editrice UNI Service, Trento 2009

NADAL P., *El Camino de Santiago a pie*, Edizioni El Pais Aguilar, Madrid 2003

ODIFREDDI P.-VALZANIA S., *La via lattea*, Longanesi, Milano 2008

RUSSO N., *La via di Santiago*, Editore CDA & Vivalda, Torino 2006

Spiritualità

AA.VV., *Orar por el camino de Santiago*, Editorial Montecarmelo, Burgos 2002

ALBIZZI L., *Il cammino dei volti. Diario di un pellegrino*, Edizioni del Servizio Editoriale Fiesolano, 2007

ALEGRE J., *Raíces y claves de la Peregrinación jacobea. Caminar por estrellas*, Edilesa, León 2004

ALVAREZ SOUSA A. (dir.), *Homo peregrinus*, Ediciones Xerais de Galicia, Vigo 1999

ALVEAR J.M., *El camino de Santiago. Cuaderno del peregrino*, PPC, Madrid 2003

ARENAS F.J., *Elementos simbolicos de la peregrinacion jacobea*, Edilesa León 1998

ARLEGUI J., *Peregrinos a Santiago. Cronica y guía espiritual*, Edebé, Barcelona 1999

ASOLAN P.- GANDINI D. (a cura di), *La Strada Buona. Appunti dopo Santiago*, Editore Marietti 1820, Genova-Milano 2008

BARLETTI A., *La Flecha amarilla*, Edizioni Feeria, Panzano in Chianti (FI) 2003

BARRIO BARRIO J., *Peregrinar en espiritu y en verdad. Escritos jacobeos*, ITC, Santiago de Compostela, 2004

BARRIO BARRIO J., *Peregrinos de la fe y testigos de Cristo Resucitado*, Edita Arzopispado de Santiago de Compopstela, 2010

BERSON G., *Con San Giacomo a Compostela*, Editore Lindau, Torino 2008

BORTOLI G., *Ultreya! Il cammino dell'anima*, Edizioni del Noce, Padova 2004

BOVE D., *Poesie di un Pellegrino*, Libreria Editrice Urso, Avola 2010

BROSSE de la G., *Guide spirituel des chemins de Saint-Jacques*, Presses de la Renaissance, Paris 2010

CASTRO MIRAMONTES F.J., *Al encuentro de la vida. Diario de un peregrino*, San Pablo, Madrid 2006

CASTRO MIRAMONTES F.J., *Le impronte del cammino*, San Paolo, Roma 2010

CHIALA' S., *Parole in cammino*, edizioni Qiqajon, Comunità di Bose 2006

COBREROS J., *Camino de Santiago, geografia del Espiritu*, ediciones Obelisco, Barcelona 2003

Comision Dioc. del Año Santo, *Guía Espiritual*, Arzobispado de Santiago de Compostela, 2010

COSI F.-REPOSSI A., *Il bastone e la conchiglia. Guida pratica e spirituale al cammino di Santiago*, Ancora, Milano 2007

GANDINI D., *Il Portico della Gloria*, EDB, Bologna 1996

GARCIA-MONGE J.A.-TORRES PRIETO J.A., *Camino de Santiago, Viaje al interior de uno mismo*, Desclée De Brouwer, Bilbao 1999

GRIGGI M., *Camino de Santiago e... Ultreya*, Erga Edizioni, Genova 2002

GRUN A., *In cammino. Una teologia del peregrinare*, Edizioni Messaggero, Padova 2005

HERVIEU-LEGER D., *Il pellegrino e il convertito. La religione in movimento*, Il Mulino, Bologna 2003

YZQUIERDO PERRIN R., *Estampas compostellanas*, Edilesa, León 2004

LEROY J.-C., *Santiago de Compostela. Oltre e tutto*, edizioni Cantagalli, Siena 2006

MAGGIONI R., *Santiago de Compostela. Guida spirituale*, Editore VELAR, Gorle (BG) 2010

MARQUEZ VILLANUEVA F., *Santiago: trayectoria de un mito*, ed. Bellaterra, Barcelona 2004

OLLIVIER B., *Una strada per ricominciare. Da Santiago di Compostella alla via della seta*, Terre di Mezzo edizioni, Milano 2010

OURSEL R., *Pellegrini del Medioevo.Gli uomini, le strade, i santuari*, Jaca Book, Milano 1978

PEREZ LOPEZ S.L., *Religiosidad popular y peregrinacion jacobea*, ITC, Salamanca 2004

POMARA L., *Santiago. La fuerza del Camino*, Paoline, Milano 2006

RODRIEGUEZ FERNANDEZ J.C., *Guía para una peregrinacion a Compostela*, Ass. Riojana de Amigos del Camino de Santiago, Logroño 1994

SEREX A., *In cammino verso Santiago*, Terre di Mezzo editore, Milano 2009

Servizio Nazionale per la Pastorale Giovanile, *Ultreya. Guida dello spirito per il cammino di Santiago*, LDC, Torino 2004

SOLCA' G., *Santiago de Compostela. Pellegrinaggio in Occidente*, Elvetica Edizioni 2000

SORGATO D., *Tempo lento,* Editore Il Filo di Roma, Roma 2008

TORRES PRIETO J.A., *Tu solus peregrinus. Viaje interior por el Camino de Santiago*, Abadia de Santos Domingo de Silos, Burgos 1996

TORRES PRIETO J.A., *Jesus, el peregrino*, BAC, Madrid 1998

VIOLA L., *La vera storia di San Giacomo*, San Paolo, Cinisello Balsamo 2005

WOLF N., *Pellegrini verso chi? Pellegrini verso dove? Strade antiche e mete nuove*, EDB, Bologna 2011

ZAPPONI E., *Pregare con i piedi. In cammino verso Finis Terrae*, Bulzoni editore, Roma 2008

Siti internet

www.pellegrinando.it

www.webcompostella.com

www.confraternitadisanjacopo.it

www.pellegrinibelluno.it

www.camminfacendo.altervista.org

www.pellegrinipersempre.it

www.infocamino.com

www.mundicamino.com

www.jacobeo.net

CAPITULUM hujus Almae Apostolicae et Metropolitanae Ecclesiae Compostellanae sigilli Altaris Beati Jacobi Apostoli custos, ut omnibus Fidelibus et Peregrinis ex toto terrarum Orbe, devotionis affectu vel voti causa, ad limina Apostoli Nostri Hispaniarum Patroni ac Tutelaris **SANCTI JACOBI** convenientibus, authenticas visitationis litteras expediat, omnibus et singulis praesentes inspecturis, notum facit: Dnum Alexandrum Lusini

hoc sacratissimum Templum pietatis causa devote visitasse. In quorum fidem praesentes litteras, sigillo ejusdem Sanctae Ecclesiae munitas, ei confero.

Datum Compostellae die 20 mensis Junii anno Dni 2016.

Annus Sanctus

SIGILLUM CAPITULI BEATI IACOBI COMPOSTELLAE

Canonicus Deputatus pro Peregrinis

La *Compostela,*
l'attestato rilasciato dal Capitolo della Cattedrale di Santiago al termine del *Camino*

SANT

A
SANTIAGO
648 Km

O GATO NEGRO

Principado de Asturias
Camino de Santiago
Itinerario Cultural Europeo
ETAPA OVIEDO-GRADO
distancia 23,1 km
Concejo de Oviedo

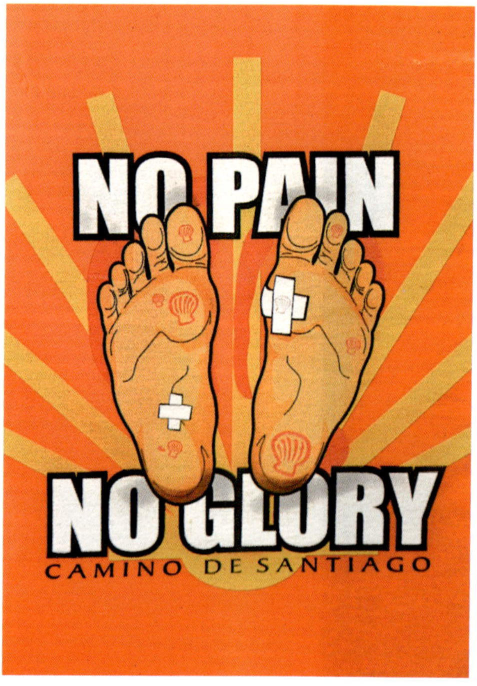
NO PAIN
NO GLORY
CAMINO DE SANTIAGO

AC-840
MELIDE
GOLADA
GUARDIA CIVIL
AC-234
ARZUA
SANTIAGO

Il ricavato della vendita del libro è destinato dall'autore per la realizzazione di un padiglione pediatrico dell'ospedale "Notre-Dame de la Misericorde" di Bam in Burkina Faso (Africa).

Finito di stampare nel mese di Maggio 2012
Stampato in Italia